集人文社科之思 刊专业学术之声

集 刊 名：北京史学
主办单位：北京市社会科学院历史研究所
主　　编：刘仲华
副 主 编：高福美
执行主编：李　诚

BEIJING HISTORICAL STUDIES

编辑委员会（按姓氏笔画排序）

马　创　王　岗　王建伟　宝洪波　左玉河　朱　游　刘仲华

孙冬虎　李　帆　李　诚　李建平　杨共乐　吴文涛　岳升阳

郑永华　赵志强　倪玉平　黄兴涛　解永俊

编辑部

编辑部主任：刘仲华

本辑编审：李　诚

2023年秋季刊（总第18辑）

集刊序列号：PIJ-2018-284
中国集刊网：www.jikan.com.cn/北京史学
集刊投约稿平台：www.iedol.cn

2023 年秋季刊
（总第 18 辑）

北京史学

北京市社会科学院历史研究所　编

李　诚　执行主编

BEIJING HISTORICAL
STUDIES

社会科学文献出版社
SOCIAL SCIENCES ACADEMIC PRESS (CHINA)

北京市社会科学院集刊
编辑工作委员会

目录
CONTENTS

京畿治理

京津冀史上林田水利之争略例

孙冬虎[*]

摘　要： 在京津冀地区的历史上，辽代蓟州盘山上方寺所属山林田产被
地方豪强攘夺又失而复得，金代宛平县仰山寺与本土势力围绕
山林主权展开层层诉讼，清代至民国时期直隶怀来县与山西天
镇县关于桦林沟权属的勘察划定，明清容城县与新安县以夏秋
河洪由何种路径汇入白洋淀为焦点的持续斗争，这些都构成了
环境史语境下比较典型的"环境事件"。环境问题与社会问题
看似性质各异，实则往往彼此交织而不可截然分开。钩稽这些
事件的来龙去脉，有助于认识区域自然环境与社会人文变迁的
若干侧面。

关键词： 环境事件　山林权属　筑堤障水　法律诉讼

　　环境史语境下的所谓"环境事件"，大体是指以某个环境要
素为焦点而展开的人类活动的始末缘由及其连带效应。环境要素
的有形载体也是物质资源，其间既涉及人与自然的关系，更包括
不同人群之间的资源争夺与环境改造。由此酿成的社会矛盾激化
后，势必产生从口头争执到暴力冲突的纷争，同时不可避免地伴
随着法律诉讼。相关的冲突即使始于民间，最终也必然要由官方

* 孙冬虎，北京市社会科学院历史研究所研究员。

解决。官与官之间，民与民之间，官与民之间，所有参与者都是矛盾的一方。围绕山林田产的所有权归属、筑堤防灾中某些以邻为壑的行为展开的争斗，在京津冀地区的历史上不乏其例。

一　辽代蓟州盘山上方寺山林田产纠纷

辽天祚帝乾统七年（1107）南抃《上方感化寺碑》，记载了蓟州（治今天津市蓟州区）盘山上方寺的一桩土地纠纷，从中可见土地权属和植被变迁的一个侧面。除去开头的铺垫及结尾叙述撰文始末之外，碑文的主体部分如下：

魏太和十九年，无终县民田氏兹焉营办。唐太和咸通间，道宗、常实二大师，前季后昆，继踵而至。故碑遗像，文迹具存。尔后人多住持，处亦成就。布金之地，广在山麓。法堂佛宇敞乎下，禅宝经龛出乎上。松杪云际，高低相望。居然缁属，殆至三百。自师资传衣而后，无城郭乞食之劳。以其创始以来，占籍斯广。野有良田百余顷，园有甘栗万余株。清泉茂林，半在疆域。斯为计久之业，又当形胜之境。宜乎与法常住，如山不骞。是使居之则安，不为争者所夺。

奈何大康初，邻者侵竞，割据岩壑。斗诤坚固，适在此时。徒积讼源，久不能决。先于蓟之属县三河北乡，自乾亨前有庄一所。辟土三十顷，间艺麦千亩。皆原隰沃壤，可谓上腴。营佃距今，即有年祀。利资日用，众实赖之。大安中，燕地遣括天荒使者驰至，按视厥土。以豪民所首，谓执契不明。遂围以官封，旷为牧地。吞我林麓既如彼，废我田壤又若此。使庖舍缺新蒸之供，斋堂乏饼饵之给。可叹香火，而至于是。

寺僧法云暨法逍，次言及众曰："先世有所遗籍，吾侪不能嗣守，亦空门之不肖者也。安忍坐受其弊，拱默而已！"相与诣阙陈诉，历官辨论。一旦得直其诬，两者复为所有。寻奉上命，就委长史。辨封立表，取旧为定。自是樵爨耕获之利，随用而足。以小大协力，始终一心，而令释氏家肥不减畴昔。赫矣能事，于前有光。虽汶阳归已侵之疆，兴平还既夺之地，不是过也。[1]

　　中国历史上有许多朝代崇尚佛教，某些著名寺院得到帝王权贵赏赐的土地、财帛不可胜计。作为最重要的寺产，来自这些土地的租税和其他各类收获，是寺院日常生活和延续发展的物质保障，对相应时代的社会经济也往往具有重要影响。上述碑文显示，蓟州盘山上方寺创始于北魏孝文帝太和十九年（495），经过唐文宗太和年间、懿宗咸通年间等重要阶段及其以后的持续经营，寺院拥有的田产在辽代已经达到"野有良田百余顷，园有甘栗万余株，清泉茂林，半在疆域"的巨大规模。早在辽景宗乾亨年间（979—982）之前，上方寺就在蓟州三河县（治今三河市）北部有一所田庄，开辟土地30顷（即3000亩），其中1000亩种植小麦。这里土地肥沃，上方寺已经租佃多年，用以满足本寺僧众的日常生活所需。

　　如此平静安稳的局面，在辽道宗大康初年（1075年或稍后）被打破。僧人虽然在精神上超然物外，但终究无法脱离社会现实。寺院住持和其他管理者实际上与庄园主无异，当然就不免与寺外的势力产生冲突。碑文显示，大康初年，邻近的地方豪强肆意侵扰上方寺，强行占据寺产。双方的激烈斗争持续很久，寺院几次诉讼却始终没有判决结果。稍后的辽道宗大安年间（1085—

1　南抃：《上方感化寺碑》。陈述辑校：《全辽文》，中华书局，1982，第289—290页。

1095），朝廷向燕地即辽南京地区派出的"括天荒使者"来到三河县。从这个官职的名称来看，他们的任务应当是奉命调查搜集撂荒的无主土地信息，上报朝廷令人开垦以增加国家的赋税来源。三河县豪强谎称上方寺田庄的土地产权不清，使者得到举报后就把这些土地圈起来，天长日久就变得荒草离离。地方豪强先是吞并寺院在盘山的林木，接着又使寺院在三河县的土地严重荒废，由此导致僧人衣食之源断绝，佛殿摆放的贡物无从供给，进而香火寥落，令人徒唤奈何。

地方势力给寺院造成的困境，激起了僧人法云、法逍夺回前辈所留田产的斗志。他们率领众僧到官府申诉，多次与官员辩论是非曲直，最后终于洗雪冤屈，盘山山麓的林木与三河田庄的耕地重新判归寺院所有。不久，官府派员对山林和耕地划定边界、建立标志，恢复了上方寺旧有的规模。寺院的日常所需再无后顾之忧，僧人同心协力维护了自身的经济权益。案件判决后，上方寺请南抃撰文，立碑记下这场持续数年的产权纠纷。南抃对法云等僧人的果敢行动非常赞赏，认为即使是南齐萧道成的部将刘伾收复蛮人侵占的汶阳，唐代郭子仪部将李奂在兴平击败安禄山叛军，其光彩程度也不过如此。碑文显示了上方寺的林木之多、土地之广，也留下了大安年间"括天荒使者"与地方豪强造成大片良田撂荒的史实，成为寻找辽代区域环境变迁轨迹的重要线索。

二　金代宛平县仰山寺林木权属诉讼

明代万历年间的宛平知县沈榜，曾在西山栖隐寺得到一块断碑。栖隐寺，又作仰山寺，其地在今北京门头沟区妙峰山镇樱桃沟村以北的仰山上，今尚存虎皮石围墙环绕的栖隐寺遗址。这块断碑镌刻着金朝大定十八年十月初一（1178 年 11 月 11 日）的一则公告，出自金代宛平县令等人之手，记载了本地人士李仁莹

等诬告僧人法诠侵占山林的诉讼过程和公文往还，间接证实了仰
山寺附近在辽金时期分布着大片森林。沈榜《宛署杂记》称此事
是"元时僧人告争山林，该管官司为之听理，僧因刻石以志不
朽"，并将这块断碑所载的公告列入"元朝公移"栏目之下。[1]毫
无疑问，这个判断比碑文的实际年代晚了至少 100 年。

　　这篇碑文长约 1400 字，记述了案件的来龙去脉。宛平县人李
仁莹等来到县衙，状告仰山寺僧人法诠，称其非法占据寺院附近的
山林，由此开始了一场关系到土地与山林归属权的诉讼。此案自下
而上由宛平县、大兴府、工部、大理寺、都察院层层审理批复，再
自上而下由工部、大兴府批转宛平县宣告判决结果。文告称：

> 今月二十六日，奉大兴府指挥，奉尚书工部符文：今月初
> 八日，承都省批，大理寺断，上工部呈，大兴府申，宛平县李
> 仁莹等每仰山寺僧法诠争山林事来断。李仁莹等告仰山寺僧法
> 诠占固山林，依制，其僧法诠不合占固。外据李仁莹等到官虚
> 供不实之罪，合下本处契勘，照依制法决遣施行。[2]

　　文告写于大定十八年十月一日，则"今月"当指该年九月。
这一系列司法过程完成于九月初八，二十六日由工部与大兴府批
转宛平县，知县在十月一日发布了判决公告晓谕众人。宛平县李
仁莹等显然是地方的豪强势力，先是状告仰山寺僧人非法占据山
林，随后又在衙门撒谎，犯了"到官虚供不实之罪"。经过逐级
审理与核对查验，李的伪证罪行被发觉，因此做出了山林归仰山
寺所有的判决。之所以得出这样的判决，是因为僧人出示了多项
重要证据，年代由远及近，包括：金太宗天会年间"皇伯宋国王

1　沈榜：《宛署杂记》卷 20《志遗七》，北京古籍出版社，1983，第 295 页。

2　沈榜：《宛署杂记》卷 20《志遗七》，第 295 页。

书示"，即太宗之子、熙宗伯父、宋国王完颜宗磐的指令；天会九年（1131）"其山林系是本寺山坡"的施状碑文；熙宗"天会十五年（1137）二月为恐人户侵斫山林，此时僧存帅告本管玉河县申覆留守司文解"；海陵王贞元二年（1154）关于山林"休令采斫，依旧为主占固施行"的谕旨；正隆二年（1157）确认"禁约军人不得采斫"寺院"诸杂树木"的榜文。此外，还有附近村民与寺院订立的"抽到四至内安窑打柴文约"，也就是按时、分批进入山林打柴的约定，以及某些村民因违反约定偷偷进入山林砍柴而被判赔钱的记录。[1]

寺院提供的来自官方与民间的大量证据，有力地支持了山林归属的最终判决。审案机构派员查验，表明这些证据属实。李仁莹等并无其他支撑，只好承认自己虚告。检视此前的各级公文，也没有准许百姓随意采斫山林的法令。因此，该案最终裁定：

> 本寺僧法诠元告争山林，东至芋头口，南至逼平口，西至铁岭道，北至搭地鞍，其四至分明断本依旧为主。今据元告人僧法诠告乞，依奉府衙旨挥已前断事理合出给执照，仍出榜禁约施行。除已行下本村首领并两争人省会所断，并旨挥本人依断为主外，合出榜省会依准所断事理，不得于本寺山林四至内乱行非理采斫；如有违犯，许令本寺收拿赴官，以凭申覆上衙断罪施行。不得违犯，各令省会知委。[2]

官府的判决再度明确了寺院所属山林的四至界线，并且依照僧人的请求，给他们出具执照作为产权的凭证，同时张榜把判决结果晓谕四方。除了要求村中首领及参与争斗者服从各项判决之

1　沈榜:《宛署杂记》卷20《志遗七》，第296页。
2　沈榜:《宛署杂记》卷20《志遗七》，第296—297页。

外，还责令他们张榜告知周围百姓，不得在上述界线之内随意采伐林木。如果有人违法，寺院有权将其押送官府问罪。宛平知县等发布的上述公告，标志着寺院取得了山林归属诉讼的胜利。寺院把公告刻在石碑上既有宣示作用，也是防备日后再起纷争的法律凭证。

三 民国怀安县云头山桦林分界始末

怀安县位于张家口西南，阳原县以北，东邻宣化，西与山西天镇县交界。自唐末设置怀安县，其治所一直在今县境南部的怀安城，1951年才迁到今县境西北部的柴沟堡。关于境内的林木情况，民国《怀安县志》记载：榆，"本县各处均产之，为数亦多，有高至五丈、圆茎达丈余者，但成林者少，其皮与叶遇饥年均可供食"；杨，"本县南山一带及柴沟堡，栽植者颇多"；柳，"本县五区特多"；松，"本县栽植甚少，所得见者亦属凤毛麟角而已"；柏，"现虽提倡栽植，然以不善培养，成活者亦少"；桑，"本县县城及柴沟堡各试验场栽植尚多"；槐，"各庙寺及居民院中多栽植"；其中有一种洋槐，"本县试验场及各学校均有之"；臭椿，"本县柴沟堡一带多植之"；桦，"性宜山地，干高直，皮色赤黑而内纯白，木质坚于杨而逊于榆，可作农用之杈、扒、木锹等具。产于县属黑龙寺沟最多"。[1] 关于桦树林归属问题的交涉，正是发生在黑龙寺沟一带。

黑龙寺及其附近六条南北向延伸的大沟，位于直隶怀安县与山西天镇县交界处。这一带出产的桦树林木众多，具有很高的经

---

1 民国《怀安县志》卷5《物产志·植物·林木》，察哈尔省印刷局，1934年铅印本，第39页。

济价值，因而引起两县之间的纠纷。清光绪三十一年（1905）本已划定辖境与林权的分界线，二十年后的民国 13 年（1924）却再起冲突。经过两省官员的实地踏勘，议定仍然遵守光绪年间的勘界结果，山林分属两县所有。北起怀安县魏宁庄（今魏家山村），向南沿着界碑西侧的山间小径抵达黑龙寺以东，是为两省暨两县的分界线。此线以西、自西向东排列的桦林头沟与桦林二沟，连同黑龙寺一起，归属天镇县；此线以东的桦林三沟至六沟，亦即庙东第一沟至第四沟，隶属于怀安县。有关法律文件与亲历者的记述相互印证，生动地记录了事件的全过程。民国《怀安县志》专门列出《桦林交涉》一节，可见此事对于该县关系之重大。兹转录如下：

> 本县西南，接壤天镇县两界之间，有黑龙寺焉。左右有大沟六道，满山悉为桦树。而因附近居民，不时任便砍伐，以致惹起经界纠纷，迭为构讼。光绪三十一年，经怀安知县普，天镇知县邓，会同到山勘验，并会讯明确。仍依界碑，以黑龙寺略东之南北大沟一道为界。东隶怀安，西隶天镇。当场取具两方甘结，并联衔出示在案。民国初年，经教育局呈准，即将黑龙寺界东所有桦林，完全划为学校公有林，亦在案。而天镇人民盗伐如故，于十三年又起交涉。各由县长据情分报上峰，经直隶省派阳原孟县长，山西省派阳高李县长，会同两县长官，及地方士绅，重行勘察。咸以光绪三十一年划分县界原案，公道无偏，令各仍旧，永遵勿替。并各分报备案，迄今相安无事。然以事关重要，特将会衔盖印布告，除另摄照外，并将黑龙寺山沟全图，一并附后，以备考征云。[1]

---

1 民国《怀安县志》卷 10《志余·桦林交涉》，第 20 页。

光绪三十一年的会刊告示，明确了黑龙寺沟桦林的归属，也奠定了晋冀两省在这个局部的分界基础。这张由两县行政官员共同发布的告示如下：

钦加同知衔、赏戴花翎、特授正定府阜平县、调署怀安县正堂，加六级、纪录八次普。

钦加同知衔、特授山西天镇县正堂，加五级、纪录十次邓。

为会衔示谕事！照得天邑黑龙寺，介居两邑之间，所有山上一带树株，往往为附近居民乘间砍伐，以致迭次构讼。前经两县到地勘验，并会讯明确，其黑龙寺应归天邑管辖。仍以黑龙寺之东面有南北大沟一条为界，东隶怀安，西隶天镇，界限极其分明，均已各具甘结在案。第恐无知愚民，不谙界限，仍蹈从前覆辙，合亟会衔出示晓谕。为此，示仰两邑附近村民，并诸色人等，一体知悉：嗣后采樵放牧，务当各守各界。倘敢越界砍伐树株，一经查获，或被告发，该管地方官定传案重究，绝不宽贷，勿谓言之不预也。其各凛遵，毋违，特示。

右仰通知。光绪三十一年四月十三日。实贴魏宁庄，告示。[1]

作为行政分界与林权归属说明的《黑龙寺山沟全图》（图1），清楚地展现了清代光绪年间至民国时期山岭亦即山林划界的具体情形。该图所示如下：

1　民国《怀安县志》卷10《志余·桦林交涉》，第20页。

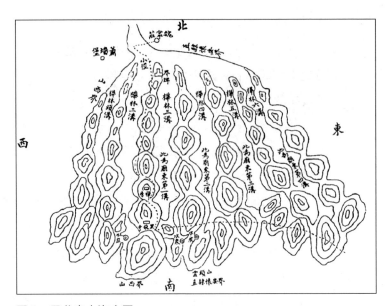

图 1　黑龙寺山沟全图

资料来源：民国《怀安县志》卷10《志余·桦林交涉》，1934年铅印本，第20页。

民国13年（1924）九月，怀安县法院推事郭潏哲撰写《桦林交涉记》一文，详细叙述与天镇县交涉黑龙寺沟桦林归属之事，兹节录如下，以见其来龙去脉：

> 吾邑云头山，有桦林焉。面积约五方里，偏西则为天镇境。两邑人民，常往砍伐。后起争端，两邑长官，遂有划界之举。以云头山中之黑龙寺为界，东隶怀安，西隶天镇，界限极其分明，此清光绪三十一年事也。数年之间，相安无事。后因越界砍伐，又起争端。直省长与山西省长，各派委员重行勘界。两邑人民，因言语冲突，几致用武。此案遂悬隔数年，未经解决。
>
> 今年秋，吾邑教育局长钟业丰以此案极待解决，于是束邀各区绅士，及各机关人员，群往勘界，以资结束。并与天镇县，约定九月二十日会勘。予蒙东区绅士，推举为代表，遂于十七日欣然登程，洎抵治城，寓教育局内。翌日开一预

备会，到会者颇不少，齐县长耀琛亦到会。县议会副议长李钟瀛谓："桦林界限，曾经划清，并经两邑长官，会衔出示晓谕附近居民在案。今天镇人士仍缠讼不休者，其曲固不在吾邑也！此次交涉之手续，自当根据原案。"群意曰然。……

第四日，为出发之期。出西清风习习，胸襟荡然。及抵位凝庄，下榻于曹绅家。虽山村小舍，颇清雅洁净。至此次所到交涉人员，则有县长齐耀琛，教育局长钟业丰，县议会副议长李钟瀛，劝业所长李曦，自治讲习所长郭濬明，教育局董事程厚、宗翰章，视学张履中，中区委员冯光科，西区巡官刘月菴，县署书记魏宝琮，劝业员岳秀。其余为法警二人，马步队十余人，仆役数人而已。位凝庄距云头山为五里，距治城约四十里。地势较高于治城数十丈，气候寒冷。所种有豆麦谷黍，居民勤苦异常。惟一湾清湍，映带左右，夏日避暑，此为最宜。相传此地有明季曹尚书府第，然只见有砖窑三间，已坍塌不堪，无复旧观。然欤？否欤？无从考证。

第五日，为会勘之期。出村中向南行，入乱山中。瀑布飞流，银河倒泄，诚奇景也！而道路崎岖，良不易行。怪石嵯峨，时虞滑足。行至半山，已汗流浃背。稍憩片时，复鼓余勇，再接再厉。峰回路转，始抵黑龙寺。回顾来路，曲似长蛇，险若羊肠，真不亚蜀道难矣！黑龙寺位于云头山巅，院落一层，房屋数间。左右有三泉，水清澈照人，故亦名神泉寺。再上数丈，则为山之最高峰。大石一方，矗立云端，棱角嶙峋，有云即雨，所谓"神石生云"者是欤！寺无围墙，举目四望，则满山遍野，俱成桦林。碧草葱笼，弥望皆是。而山中野花，千红万紫，犹有开者！

入寺中，先有天镇人民相候，强欲予等登两界台会勘。无如两界台为我县之马鬃山，况此案所争之点，在黑龙寺，而不在两界台，本无往登之必要，故拒绝不往。未几，阳原孟县长，阳高李县长，天镇承审员某，偕同绅士任乃铨、阎厚、薛殿元、冯尔霖等均来寺内，叙寒暄毕。吾邑人士出前次两邑会衔布告，由孟、李二县长合阅，并邀同登寺之最高处，以测量寺侧之大沟，果否为南北大沟。再证之于指南针，确为布告中所载之南北大沟。

于是下山，到位凝庄会餐毕，开会讨论。首由阳高李县长开言，谓："桦林界限，予已了然。布告所载，已成铁案。但予系直隶人，如辅助天镇，君等将谓予为卖国。如辅助怀安，予作宰山西，又无以对山西。好在呈报时，两不伤感情。此予之苦衷，君等其谅之。"劝业所长李曦曰："县长亦何难之有？惟有据实呈报，吾邑人士将感激之不暇也。"询诸阳原孟县长，亦以据实呈报为言。予等深表谢忱。散会时，已明月在天、星河皎洁矣。

是役也，用费达三百元！最出力者，为李钟瀛、钟业丰、李曦，功固不可没也。惟天镇人士，强欲予等登两界台划界。如以此划界，则六沟桦林，尽属天镇矣，奚可哉！尤可笑者，天镇所绘之图，竟将吾邑之位凝庄绘入柳树屯附近，是吾邑西南半壁，亦尽属天镇矣。夫于两界台划界，既乏根据；所绘之图，又系伪造，此吾邑之所以终能获最后之胜利也。是为记。……民国十三年九月二十三日。[1]

黑龙寺沟桦林所有权的交涉过程表明，民国年间地方行政事务的办理程序相当严谨。两省边境地区出现经济权益纠纷历来不可避免，清光绪年间的判定结果在民国年间得到确认并继续予以执行，不失为解决此类问题的成功例证。位凝庄，是魏宁庄的同音异写，其地位于今怀安县西南隅、距怀安城西南三十二里的

---

1 民国《怀安县志》卷10《志余·桦林交涉》，第21—23页。

魏家山村。在当代的桦林沟所在区域，黑龙寺以西的山西天镇县建立了黑龙寺林场，黑龙寺以东的河北怀安县建立了面积更大的东方红林场，以桦树为主的森林资源得到了更高程度的保护和利用。

四　明清新安县与容城县规避水患之争

山林与耕地的争夺焦点，在于产权带来的经济利益。多水地区防洪堤坝与排涝沟渠的定点选线，虽然最终也以趋利为目标，但首先考虑的因素是避害，尤其要防止周边之人以邻为壑。在海河平原白洋淀边，明清时期的新安县（治今安新县新安镇）与容城县（治今容城县）之间，因为堤坝选线、沟渠开挖、水闸定点及其何时开闭等问题都曾产生过矛盾冲突。

容城位于白洋淀之北，地势高于南面淀泊广布的新安县。容城境内的河水一向顺着地势，通过雹河（或作瀑河）进入新安县北部的淀泊，最终沿着白洋淀水系的河湖东流入海。明万历初年的张光远《新安县孟家沟筑堤障水记》，记录了此前发生在隆庆年间的一次民间纠纷。兹节录如下：

> 新安当九河尾间，水多称害，而孟家沟者，尤西水要害地。先是，北水自容城小里村来，由三台乡山西村以投南之雹河，东达天津，则就下自然之势耳。山西村弗便，而曲防以壅之，则小里村受其害。以是，两村之民，交讼于上。会官勘议，数年乃定，盖仍以雹河为壑也。隆庆辛未秋，为山西村者不能与小里争，顾盗决此沟，以徙水害。遂至杜家疃东连村落者可十有八，凡漂禾稼可千余顷，而邑城亦岌岌焉。蚁穴是惧，不几于壑其国哉！乡民李鲲等诉之，邑侯蒋公而筑之。未几，壬申夏，复修其都，士民乃奔控郡守张公。公

偕蒋侯，率父老躬诣其地。相水势顺逆，较民害多寡，检前
官之断案，乃罪盗决者而大加板筑。百姓呼跃，声动数里，
而东南之砥障耆定。仍帖乡民刘宣化等永永护之，以杜鼠雀
争，俾无遗弱肉者患。今年秋雨决旬，洪涛泛涨，十八村之
民获免漂没而遂粒食者，谁不旦夕窥金堤而佛手！[1]

上文记载的事件，发生在明代隆庆年间的新安、容城两县交
界处。小里村，位于容城西南边隅；三台、山西村在新安西北边
隅，地处小里村东南，这三个村落至今一直不曾改名。从小里
村向南至山西村一线以西，今有流入白洋淀湖群之一藻苲淀的北
瀑河，其前身应系滱河的上游分支，孟家沟堤可能指北瀑河东北
岸、山西村西南的一段河堤。（图2）

容城西南的沟渠之水从地势稍高的小里村一带南流，顺势进
入新安县的山西村，汇入滱河后再经白洋淀到天津，这是传统的
水流线路。为了保护新安县城及其以北诸村的安全，明代在孟家
沟东北岸修了一道挡水河堤。清康熙《新安县志》称："孟家沟
堤，自孟家沟、李家园、韩家沟、大窑洼，（引者按：此处似有
阙文）系山西村、马家庄、申明亭、狮子村、独家疃、店上村、
张村、涞城、公堤村、六里等村地亩夫所修。独山西村派牌甲，
以所患在庄房也。"[2] 由此可见，尽管孟家沟堤由附近多个村庄共
同派夫修筑，但因为决口之患就在山西村，所以，按照"某村
决口某村修筑"的传统规矩，[3]只有山西村按照地方保甲制度的要
求，承担了日常派人维护河堤安全的任务。

1 张光远：《新安县孟家沟筑堤障水记》，康熙《新安县志》卷8《艺文志·记》，清康熙
   十九年增刻本，第57—58页。

2 康熙《新安县志》卷1《舆地志·堤堰》，第45页。

3 康熙《新安县志》卷1《舆地志·堤堰》，第44页。

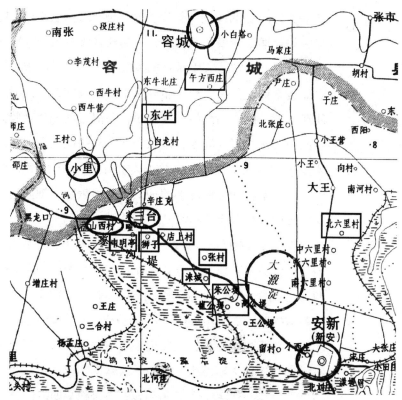

图2　容城新安交界地带村落与淀泊
资料来源：据《河北省地图集》与康熙《新安县志》所示改绘。

　　从容城小里村向南的河水，本是顺着地势在山西村以南汇入
雹河，然后转东入淀再达天津。但是，身处下游、负担过重的山
西村颇感不满，于是设法使河道壅滞，导致上游的小里村因排水
不畅而受害。两村百姓都向官府提出诉讼，打了几年官司，仍然
决定水入雹河，维持旧有格局。隆庆五年（1571）秋，山西村的
百姓眼见无法与上游的小里村争胜，竟然自行改"堵"为"疏"，
偷偷掘开堤岸，把水害引向比本村地势更低的新安县城以北诸
村。这样一来，杜家疃（应按前引县志作"独家疃"，即今安新
县三台镇西北紧邻的大北头村）以东的十八个村落深受其害，共
计有千余顷的庄稼被淹，新安县城也变得非常危险。乡民代表就
此提出诉讼，知县蒋学成随之主持筑堤堵口。第二年夏天，继续

着手弥补河堤的疏漏，新安百姓也到保定向知府张旆提出要求。张旆与蒋学成带领乡民代表，一起到容城与新安交界之地查看地势与水流，确定从哪里排水损失最小。他们重新审理了前任官员对此类案件的判决，给偷偷掘开水口的人定罪，大力加固河堤以使河水不再威胁山西村东南诸村，赢得百姓一片欢腾。官府专门委派乡民永久看守河堤，以防乡间再起争端。在这之后虽然又遇秋雨连绵、河淀暴涨，新安县城以北的十八村百姓能够免于水灾，人人都在仰仗河堤的保护，因而由衷感激地方官的德政。这样的事例，在古代并不鲜见。

容城县虽然比新安县地势稍高，但身处水患比较频繁的淀边区域，官民历来重视筑堤防洪。由于地方官员对防洪事务处置不当，两县之间的矛盾冲突从明代延续到了清代。道光元年（1821），充当幕僚的浙江会稽人许有怀撰《免修四工闸废堤碑文》，刻碑立于容城县午方村玉泉寺，用以记录容城与新安之间围绕如何修建排洪渠道与河堤之事发生的纷争。从雍正四年（1726）至道光元年（1821），这个过程延续了近百年。兹录碑文如下：

> 盖闻水势就下，自古皆然。午方、白龙、东牛庄等村，与新安大潋淀毗连，所有本邑界内之瀑河、萍河，许、郑、王、龚四沟，夏秋泛涨沥水，俱由午方村南流入大潋淀，汇达大河入海，相沿几千年，从无更易。
>
> 雍正四年兴修水利，蒙和硕怡亲王、大学士朱查勘，新土地势居下，议明于三台村南开河一道，引漕会瀑，以入于淀。在于新安城北四五里，筑护城堤一道，以护县治。具题后，即令投效职员周家相等办理。讵周家相系新安人，徇私废公，妄冀将大潋淀尽开稻田，从中渔利。擅违公令，将护城堤不筑于城北四五里，而改筑于城北十数里外，于容邑午方村南交界处所，名曰新堤，将大潋淀拦入堤内。又将三台村南议开之河改挖于新堤之北，名曰新河，横截容邑各河沟

沥水，不令由大澱淀达海，而令归新河，曲流而出。新河地势，头高、尾跷、中洼，形如仰月。尾间高于中间两丈余，水势不能逆上，以致横流倒漾。午方各村，几成泽国，随冲决堤口数处。怆悴之间，新民亦受其害。两无俾益，国帑虚靡。经怡亲王亲驾小舟复加查勘，大加骇异，立将坏事之周家相削职，扶同误事之编修张麟甲等分别处分。饬令庶吉士杨士鉴等，查明应作何改正之处详议，一面出示晓谕，有案可查。嗣因木已成舟，只得迁就从事。在于新堤中间，建设四工闸一座，宣泄沥水，仍由大澱淀达海，稻田无成，相安数十年。

乾隆二（引者按：二，衍文）十一年，二次兴修水利。蒙钦差部堂刘奏请动帑，又将新河开挖宽深，并将四工闸设立涵洞、闸板，以备启闭。迨新河随挖随淤，上游四沟、两河，身各宽一二丈不等，四尺涵洞尚不能泄一沟之水，焉能泄四沟、两河之水？迨夏秋泛涨，又将涵洞冲坍，堤口溃决。两邑人民，攘臂争斗，几成大案。

乾隆二十七年，新安又议将四工闸升高，改设滚水坝。蒙前宫保总督部堂方，饬委保定府王，切实勘明。详蒙宫保大人批："容城一带沥水，断非四尺涵洞所能宣泄。即新令违道干誉，罔恤容民患苦。而水势就下，坌积无路，必自冲决，其为患新邑更甚。该府所勘均系实在情形，仰清河道速即照议饬遵。至大澱淀民粮地亩，既据该府查明，并无此项升科案据，该县何得妄生议论！但事关赋役，仍饬保定府同知前往，带同该县确切查勘，据实具报。"自此以后，稻田不复再议，河堤不复再修，又相安五十余年，至今颂德不朽。

嘉庆二十一年夏间，新民遽将四工闸堵塞，午方各村又成泽国。经署县杨秉，蒙饬委分府单查勘详明，嗣后闸口永远流出，不得堵塞；各车道依旧留在，以便两邑人民出入，当蒙批准。会蒙出示晓谕，亦俱有案可稽。

　　道光元年，新安又欲修堤挖河。蒙县尊何公洞激详明各大宪，蒙总督部堂方，饬委清河道叶，确切查勘。蒙总督大人批："四工闸毋庸兴修。"复蒙布政司屠批："新安何故为此损人利己之事？仰保定府急速严饬。"自此以后，各村颂何县尊之德，颂各大宪之德，亦如当年颂部堂方之德矣。于是乎记。

　　道光元年岁次辛巳，立于午方村玉泉寺。[1]

　　容城县城南三里的午方（今午方北、东、西庄）、西南八里的东牛庄、西南十里的白龙村，与新安县西北隅的三台村隔界相望。这些村庄的地势略高于三台村，容城境内顺势南流的几条河渠，历来经三台村附近注入新安县城西北五里的大溵淀（图2、图3）。

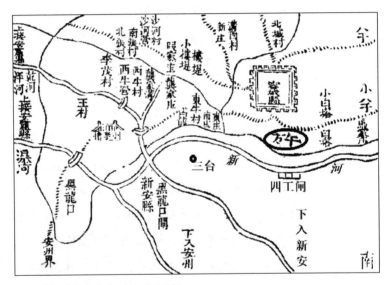

图3　容城南部与新安北部示意
资料来源：光绪《容城县志》卷首图，清光绪二十二年刻本，第3页。

1　许有怀：《免修四工闸废堤碑文》，光绪《容城县志》卷7《艺文志下》，清光绪二十二年刻本，第43—45页。

　　基于上述地理环境，雍正四年（1726）怡亲王允祥与大学士朱轼主持兴修水利时，决定顺着地势在三台村南开河，把瀑河等向东引入大澱淀。另在新安县城以北四五里的三台村南筑堤一道，用以保护新安城的安全。但是，负责具体办理此事的周家相，恰巧是新安县人。他试图把家乡的大澱淀开垦为稻田谋利，于是擅自违反已有决定，把护城堤从原计划的新安城北四五里改移到城北十余里，一直抵达容城县午方村南的两县交界处，称作"新堤"，把大澱淀拦入堤内。周家相又将原计划在三台村南开挖的引河改在新堤以北，称作"新河"，以此拦截容城各河之水，使之东去而不再进入大澱淀。但是，新河沿途的地势是两头高、中间低，尾闾比中间高出两丈有余，由此引起水势横流倒灌，不仅容城县的午方等村被淹，新堤决口也危害到了南侧地势更低的新安县，徒耗钱粮却招致两县受害。怡亲王亲驾小舟实地查勘，撤职查办了周家相以及负有连带责任的张麟甲等官员，令杨士鉴等调查后提出改正方案。无奈新堤已经筑成，也只得从中间打开一道南北向的缺口，在此修建一座四工闸，把容城各河沟之水依旧引入大澱淀。新安开稻田的计划作罢，两县数十年间暂且相安无事。但是，新堤、新河与四工闸的修建，终究为两县埋下了此后近百年纷争不断的隐患。围绕着新河是否利用、四工闸开启还是关闭这些利益攸关的核心问题，立场不同的双方持续进行了激烈的较量。

　　乾隆十一年（1746）再次兴修水利，按照协办大学士刘于义上年的奏请，将新河拓宽挖深，四工闸设立涵洞、闸板，以备新河启用后适时关闭。但是，新河淤塞严重，四尺宽的涵洞无法承受上游诸河之水。夏秋洪水到来后，涵洞冲坍，新堤溃决。两县为此发生激烈冲突，几乎酿成严重的械斗大案。

　　乾隆二十七年（1762），新安县准备把四工闸升高，改建为滚水坝。直隶总督方观承命保定知府王祖庚详查实情，据此批评新安县令违背行水规律沽名钓誉，不仅毫不体恤容城的疾苦，而且对本县的危害更大。方观承强调，朝廷并无向大淀淀百姓征粮的法令，县令不得妄自主张把淀泊开成稻田，责成保定府同知与新安县令一同查勘上报。此后，开稻田、修新堤之事不再提起，彼此相安又有五十余年，容城百姓也一直称颂方观承的善政。

嘉庆二十一年（1816）夏，新安县突然堵塞四工闸，导致容城县午方村等地再次被淹。时任容城县令杨传荣禀告上司，保定府同知单某奉命查勘，提出此后四工闸永远不得堵塞，原有各车道继续留给两县出入。这个主张被上级批准，晓谕官民得知。

道光元年（1821），新安县又打算培修新堤、挖深新河。容城县令何志清向上峰慷慨陈词、禀明实情，直隶总督方受畴命令清河道叶绍本详查，随后在批复中否定了兴修四工闸的计划。接着，直隶布政使屠之申指斥新安一方的做法损人利己，请保定府急速查处。经历了这些波折，容城各村像称颂乾隆年间的方观承一样，感激县令何志清以及秉公而断的朝廷大员。他们在午方村玉泉寺立碑作为永久纪念，其间也应包含据此杜绝未来纷争之意。缺水的干旱地区常见水权之争，多水的环境最担心他人以邻为壑。清代容城与新安之间关于排水出口问题的百年较量，不论作为社会事件还是环境事件，都不失为多水区域如何处理与左邻右舍关系的典型案例。

结　语

从历代文献中钩稽与环境因素相关的历史事件并加以考辨和解析，是探讨人地关系变迁的途径之一，这也是环境史研究的基本内容。京津冀地区历史上的环境变迁极为复杂，决定变迁轨迹的因素既包括自然界固有的发展规律，更有社会力量影响下的行政决策在一定时期发挥着决定性作用。在这个区域内，典型的环境事件不胜枚举，有待广泛挖掘与深入探讨。

辽代蓟州盘山上方寺、金代宛平县仰山寺与地方豪强之间的山林田产诉讼，体现了两种身份的社会人群对物质财富的激烈争夺，最终都是朝廷着意保护的宗教人士一方获得了法定的所有权。数年之间的土地荒废与山林砍伐，尚不足以从根本上改变区域环境的宏观特征，这类事件所影响到的社会人群还比较有限。与此相比，围绕容城县排入新安县白洋淀的河水尤其是夏秋季节的洪涝究竟该经行何地，明清时期两县之间的冲突时断时续地持续了数百年。下游河淀宣泄不畅则顶托水位导致上游成灾，清代官员为在新安境内垦田谋利而改变传统的排水路径，对社会和环境的影响都相当广泛和久远。对下游险工地段附近的村庄而言，来自上游的洪水无疑似利剑高悬，山西村阻滞排洪或掘开河堤把洪水东引，尽管确有以邻为壑之怨，却也符合人类趋利避害的本性，因此需要各级官员为此做出合理决策，避免水患造成的物质损失以及百姓因水而起的械斗乃至由此结成的世仇。这些史事发生在当代京、津、冀三地范围内，因而也是区域环境史或社会史应当关注的问题。

清代直隶南、北运河治理经费变动及其原因 *

袁钰莹 **

摘　要： 清政府对大运河漕运的依赖更胜前代，非常重视其治理。直隶南、北运河是大运河的北段，中央政府不仅每年定期向其拨发岁修、抢修两项常规工程款，对于处理突发情况的另案大工项目也十分慷慨。清代直隶南、北运河的治理经费经历了由少到多，在咸丰朝骤减，而后又逐步恢复的过程。北运河的经费始终高于南运河。这种特征既与两河的河情及工程状况相关，很大程度上也受到国家政治局势与河流功能地位的影响。

关键词： 清代　直隶　南运河　北运河　河工经费

　　清政府重视河工，尤其在国家财政比较充裕的清前中期，中央政府对黄河、运河、淮河、永定河等关乎国家财政、京畿或地方区域社会稳定的重要河流均投入了大量人力、物力、财力，清代河工经费也由此成为财政史与河政史都颇为关注的对象。大运河贯通南北，明清两代在保障首都物资供应、维护国家政权大一统、促进国内外文化交往等方面发挥着重要作用。[1] 清代八旗各类人

---

* 本文系国家社会科学基金重大项目"明清华北核心区生态环境变迁与经济发展研究"（项目编号：22&ZD224）阶段性成果。

** 袁钰莹，北京市社会科学院历史研究所助理研究员。

1　倪玉平：《大运河是国家治理能力的重要体现》，《北京社会科学》2022 年第 10 期。

群入驻京畿，直隶生齿日繁，漕粮在维持京畿地区的社会经济稳定上发挥着关键作用，清政府对大运河的依赖也更胜前代。清代"凡岁漕京师者八省"，包括山东、河南、江苏、安徽、江西、浙江、湖北和湖南。[1] 根据学者研究，清代流入北京的漕粮并不总是达到额定的四百五十万石，实征额通常在三百余万石，[2] 但在当时的运输条件和技术下，每年三百余万石已经是非常可观的运量。来自大江南北不同地区的漕船在每年不同时段北上，数百万石粮食最终都汇集于直隶境内的运河河段，转运至京城。直隶境内运河河道通畅平稳与否，直接关系到整个漕运体系能否顺利正常运转。

大运河在直隶境内的部分包括南、北两条河道（图1）。南段河道以山东临清为南起点，南接鲁运河，自西南流向东北，中途有卫河汇入，以天津海河三岔河口为北终点，称南运河（也称卫河）。直隶北运河上游分三支，西支温榆河，中支白河（古称沽水），东支潮河（古称鲍丘水）。三河汇流至通州北关与通惠河相汇后，继续向东南流经河北香河县至天津，与南运河在三岔河口汇流入海河。因该段河道为漕运所经且地理位置偏北，故称北运河。这两条河流虽然只是区域性河流，但由于关涉漕运且地近京畿，直接影响到国家财政和两岸畿辅地区的社会经济稳定，因此，二者的河道治理与维护受到中央政府高度重视，直接由中央管理修治："直隶河道工程，子牙河则系民力修防；天津以南运河，则系浅夫修防；永定河、北运河则系分司岁加修理"。[3] 子牙河、永定河及南、北运河都是海河的主要支流，也是直隶地区的重要河流，但是子牙河修防主要依靠民间力量，后三者则由政府

1　《大清会典 乾隆朝》卷13《户部·漕运》，凤凰出版社，2018，第77—78页。

2　李文治、江太新：《清代漕运》，社会科学文献出版社，2008，第47—50页。

3　《和硕怡亲王奏为请定直隶河工等事》（雍正五年十二月初七日），乾隆《永定河志》卷12《奏议三》，学苑出版社，2013，第392页。

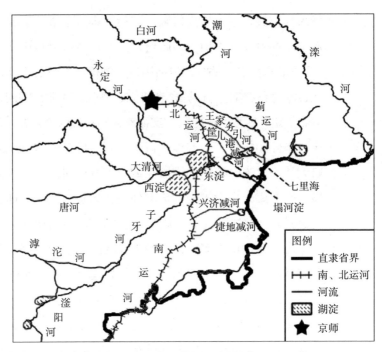

图 1 清代直隶主要河流及南、北运河主要引河工程示意

资料来源：直隶省界与河湖信息来自谭其骧《中国历史地图集》第 8 册《清时期》（中国
地图出版社，1996）图 7—8，以及中国历史地理信息系统数据库 CHGIS，2016，"1820
Layers GBK Encoding"（https://doi.org/10.7910/DVN/2K4FHX, Harvard Dataverse, V1）。
北运河减河参考李华彬主编《天津港史 古、近代部分》图 3-4-2（人民交通出版社，1986，
第 40 页）。

专司修防治理，反映出几条河流受政府重视程度的差异。无论是
维持专司机构日常运作、雇募民夫工匠，还是采购秸秆土石等物
料，都所费不赀，因此，中央政府不仅重视永定河与南、北运河
的治理工程，也经常调整其治理经费额度并关注经费调拨的实况。
永定河因为靠近京城且存有三部专志，相关记载较为详细，故以
往学界对直隶治河经费的研究主要关注永定河，[1] 对于大运河的研

---

1 即乾隆《永定河志》、嘉庆《永定河志》、光绪《永定河续志》。相关研究如许存健《清后
 期永定河治理经费研究（1820—1911）》，《北京社会科学》2018 年第 12 期；江晓成《清
 前期河工经费的来源及结构——以康熙朝永定河治理为中心》，《农业考古》2020 年第 3 期。

究则主要讨论长江以北至淮河流域的河段，[1] 对于直隶南、北运河治理经费的关注较少。尽管南、北运河的河工经费缺乏专项记录，但从各类史料中仍可找到一些相关信息。本文即以此为基础，结合其他史料，分析清代两河治理经费的变迁情况，探讨其背后的原因，以期丰富和深化对清代治河活动及河工经费问题的认识。

一　清代河工类别及其经费支出规定

清人将河道工程项目分为岁修、抢修、另案、大工四类，乾隆《永定河志》记载："河工定例，三汛之后，遇有河身淤浅，堤工单薄，估报挑筑，谓之岁修。预备料物于临汛之时，遇有危险随时抢办，谓之抢修。"[2] 嘉庆朝《清会典》对四类工程做了更详细的说明，其中关于岁修和抢修的定义如下：

> 凡旧有埽工处所，或系迎溜顶冲，或因年久旧埽腐坏，每岁酌加镶筑，曰岁修。
>
> 河流间有迁徙，及大汛经临，迎溜生险，多备料物，昼夜巡防抢护，曰抢修。

二者的修防施工时限规定如下：

1　如马俊亚《被牺牲的"局部"：淮北社会生态变迁研究（1680—1949）》，北京大学出版社，2011；殷振兴《明清时期淮安清口水利治理初探——以顺黄坝为例》，《东南文化》2012 年第 5 期；陈梦玲、郭昭昭《明代大运河淮扬段水利工程的系统治理》，《档案与建设》2021 年第 11 期。
2　《署直隶总督臣英廉为遵旨严查据实覆奏事》（乾隆四十七年十二月二十五日），乾隆《永定河志》卷 18《奏议九》，第 568 页。

各辨其桃汛、伏汛、秋汛而御之。每岁清明节后二十日
为桃汛,自桃汛至立秋前为伏汛,自立秋至霜降为秋汛。岁
修于冬令水落后兴工,次年桃汛后完竣。春修后间有蛰刷,
随时镶筑。抢修则视工之平险无定期。[1]

未包括在岁修和抢修例常项目中的一些突发性、规模较大的
工程则属于另案或大工:

岁修、抢修所不及者,曰另案,曰大工。凡新生埽工,
接添埽段,不在岁修、抢修常例者,曰另案。其堵筑漫口,
启闭闸坝,事非恒有者,曰大工。均临时相度情形,先行具
奏,次将工段丈尺开单汇奏,照例题估题销。[2]

整体上,岁修是对已建工程设施的日常定期维护,抢修是对
经常性突发、新生的险情进行处理的工程,另案主要是岁修和抢
修常规项目之外对埽工、埽段的扩建。堵闭河流漫口、启闭防洪
闸坝等不常有的工程则属于大工。由于另案与大工两类工程经常
一起出现,所以在清人的议论和记述中,多将二者统称为另案。

各类工程性质不同,其经费划给和使用规定也存在不同。总
体而言,岁修和抢修为计划内的项目,每年都会定期定额进行财
政拨款。所谓“岁修者,以岁定额款,兴通常工程之谓也。”“抢
修者,工须亟办,于抢修项下提出经费,无论何时,赶紧兴修之
要工也。河工经费,原定有岁修、抢修之二项,岁修费为通工常
修之用而设,抢修费专备要工抢做之需焉。其性质异,因之其办
法亦不同,岁修宜早,抢修则贵乎神速,神速云者,必须迅即估

1　嘉庆《大清会典》卷47《工部·都水清吏司》,光绪石印本,第8页。
2　嘉庆《大清会典》卷47《工部·都水清吏司》,第10页。

工，克日储料，撒手抢办，一气呵成，稍有松懈，即失抢修之名义矣。"岁修工程相对常规和固定，强调每年尽早开工完工。抢修工程应对的是常见紧急突发情况，工程建设和经费支用更强调时效性。虽然河道工程有岁修、抢修之分，但二者之间的界限并不截然分明，抢修工程有两种说法，一种是不属于岁修明列的工程，皆为抢修，另一种是除了岁修春工及大汛险要外，"在于汛期内外，临时勘估抢办者，方为抢修"。两种说法究竟何者为准，还需视对应河道的经费而定。如果经费仅分为岁修、抢修两者，则按第一种说法划定。"倘于岁、抢修经费外，复设有防险、备险之常额者"，则按第二种说法划定。若像永定河的情况"除岁、抢修经费外，另有备防稽料之常额，然料岁虽分别请销，而工则仍归抢修案内造报"，则划分岁、抢修界限更加困难。整体上"仅有备防料价，而其他各项工料，无不属诸抢修"，则还是应参考第一种说法为是。[1]

另案大工是岁修、抢修项目无法解决的大型工程或突发事件，一般根据工程具体需要确定款项金额，其来源则不限于政府财政拨款，也须因时因地制宜。其所需款额通常较大且需求急迫，故筹备实施比岁修、抢修更加困难：

> 遇有工程紧要，需款浩繁，非常年岁、抢修经费所能办到，因而勘估工需，专请奏咨拨款兴修者，谓之另案。另案工程，非岁、抢修者之可比，悬工待款，准驳未能预必，不准固宜另筹补救善法，即或邀准，而辗转行文，亦须久稽时日，及至明文饬修，已恐赶办不及。此另案工程，尤较岁、抢修之为困难者也。其筹备之法，应于估报请修之后，即将所需

---

1 章晋墀、王乔年：《河工要义》第四编《修守事宜》，民国7年（1918）铅印本，第88—90页。

工料，概行筹划一通，如工程究拟如何做法，料物究需若干，何处采办，料价、运脚之低昂若何，约须若干时日料物可齐，若干时日工程可竣。一面设为驳饬不准之办法，又拟如何补救，需款若干，岁、抢修经费项下，能否腾挪办理。[1]

各大类工程项下的具体支出项目颇为繁杂。南、北运河与永定河同为中央治理的直隶河流，河工经费支出项目较为类似。参考三部《永定河志》记载的情况，南、北运河的经费收支项目大体包括河道工程建设所用料物的购买、使用人力所支付的餐食工费、祭祀庙宇的营建修缮、占用旗民田地赔补和常设官兵人员薪俸支付等几个主要方面。政府一般将各项支出统一归入对应工程案内进行核销，文献记载中，以单项河道工程费用的总计为主，通常没有更细的经费支出具体数目。下文将主要按岁修、抢修、另案大工三个类别，对南、北运河的治理经费进行分析。

二 南、北运河的岁修、抢修经费

岁修、抢修类工程属于河道常规经费支出，经费数额大体上与工程难度及规模有关。文献中缺乏关于南、北运河治理工程详尽、科学的记载，所以很难用现代工程的标准对其难度与规模进行评估。不过通常情况下，规模越大、难度越高的工程，需要投入更多人力物力并经常进行修理维护，因此可以参考河道修治主体以及责任人需要对工程质量负责的期限（即保固期）方面的有关规定，从侧面进行分析。

---

1 章晋墀、王乔年：《河工要义》第四编《修守事宜》，第6—7页。

在承担修理工作的主体方面，"直隶河道工程，子牙河则系民力修防；天津以南运河，则系浅夫修防；永定河、北运河则系分司岁加修理"。[1] 在北方地区，因为人力和组织等因素，民间力量通常不足以支持其对治理难度高的河流进行修治。"与华南和中央政府相较而言，直隶士绅的领导能力相对较弱，这是华北的普遍特征。19世纪中期以后，地方领导、参与各项活动的趋势明显。一些地方开始在河流治理中比以往更主动，但即使如此，这些努力在应对重大问题上还是不成功的。"[2] 因此，永定河、北运河、南运河与子牙河在官修与民修方面的差别既表明了其重要性的区别，也一定程度上反映出其治河工程难度的差异。

在保固期限方面，直隶的几条大河原本并无工程保固期限。雍正五年（1727）怡亲王奏请根据"水势平险，工程难易"，将"子牙河及天津以南运河新修工程，俱照运河例，定限保固三年。永定河新修工程，照黄河例，定限保固一年。北运河工程较之永定河稍为平易，较之南运河则为险要，请定限保固二年。倘限内冲决，照例着落承修官赔修。"[3] 这一奏请得到了雍正的批准，表明永定河治理难度较高，与黄河相当，子牙河与南运河的工程难度相对较低，北运河治理难度则介于永定河与南运河之间。

对清代南、北运河的岁修、抢修经费变化进行梳理，其变动简况如表1。清初国家各项事务繁杂，河道工程和相关规章制度尚处于草创阶段，顺治、康熙、雍正三朝，南、北运河的岁修、抢修经费尚未有定额。乾隆时期，南、北运河每年额定的岁修、抢修

---

1 《和硕怡亲王奏为请定直隶河工等事》（雍正五年十二月初七日），乾隆《永定河志》卷12《奏议三》，第392页。

2 〔美〕李明珠：《华北的饥荒：国家、市场与环境退化（1690—1949）》，石涛、李军、马国英译，人民出版社，2016，第78页。

3 《和硕怡亲王奏为请定直隶河工等事》（雍正五年十二月初七日），乾隆《永定河志》卷12《奏议三》，第392页。

银，各一万五千两。后来为适应河工耗费变动较大的情况，以盈补缺，抢修银改为"每年秋成后，各先发银六千两"，如果不够，再"借款垫办"，在秋汛结束后，与次年各工程估算的金额一起上报核销。[1] 比如，乾隆四十七年（1782），南运河"屡次涨消甚速，共用过抢修银五千七百七十七两五钱"，在限额之内，而北运河"因口外各处山水陡发，兼之潮、白二河水势叠长，出险较多，共用过抢修银一万七千六百七十六两五钱"，[2] 超出了限额。

表 1　清代南、北运河岁修、抢修经费额

		南运河	北运河
顺治、康熙、雍正	岁修、抢修	无定额	无定额
乾隆	岁修	15000 两	15000 两
	抢修	15000 两 后改为先拨 6000 两，不够 再"借款垫办"，年底核销	15000 两 后改为先拨 6000 两，不够 再"借款垫办"，年底核销
嘉庆、道光	岁修	14900 两，后增至 15000 两	18900 两，后增至 19000 两
	抢修	6000 两	6000 两，后增至 17000 两
咸丰	岁修、抢修	实银发放原额的 25%	
同治	岁修、抢修	实银发放原额的 30%，同治 十一年提高到 40%	实银发放原额的 40%
光绪	岁修	实银全额 15000 两	实银全额 19000 两

资料来源：《清高宗实录》卷 991，乾隆四十年九月辛酉；光绪《顺天府志》卷 45《河渠志十·河工六》，北京古籍出版社，1987，第 1625 页；《南运河经费不敷折》（同治十年十月十九日），顾廷龙、戴逸主编《李鸿章全集 奏议》（四），安徽教育出版社，2008，第 425—426 页；光绪《钦定大清会典事例》卷 906《工部四十五·河工·河工经费岁修抢修三》，光绪石印本，第 22、25、26 页；朱寿朋《光绪朝东华录》光绪二十四年八月，张静庐等点校，中华书局，1960，第 4211 页。

---

[1] 《清高宗实录》卷 991，乾隆四十年九月辛酉。

[2] 《工部为循例奏明事》（乾隆四十七年十月十八日），乾隆《永定河志》卷 18《奏议九》，第 565 页。

嘉道时期，随着早期建设的河道工程日渐破旧，河道情况逐步恶化，两条运河每年拨款的定额都有所提高。北运河"岁修银一万八千九百余两，抢修银六千两"，南运河"岁修银一万四千九百余两，又抢修银六千两"。[1] 其后，北运河的岁修、抢修费进一步提高，而南运河基本保持未变："北运河岁修银一万九千两，抢修并找领银一万七千两，南运河岁修银一万五千两，抢修银六千两。"

咸丰朝，南、北运河的常规治河经费额和实际拨给现银数量大幅削减，改为以纸钞和现银搭配支拨。咸丰四年（1854）户部变通放款章程，将南、北运河的工料银均核减一半，剩下的一半在司库旗租项目下按照现银与纸钞各半的比例发放。核算下来，每一千两经费只能领到实银二百五十两，南、北运河领到的现银只有原经费额的四分之一，导致其"办公实形竭蹶"，入不敷出。咸丰五年（1855）黄河决口铜瓦厢，改道北徙，经常"穿运入卫"，"归漳、卫等河汇入南运，来源汹涌尤甚，一时消道不及，冲决溃漫，无岁不有"，形成了"南运河之险甚于北运河，而北运河原定工料及加增实银成数多于南运河倍蓰"的局面。面对南运河"经费过绌，工料不敷"的窘境，同治时期，北运河拨发现银的比例提高到四成，南运河提高到三成："北运河亦于同治四年、九年两次咨准，每千两给发实银四百两。惟南运河历年工料未奉加增，上年咨准部复，自同治十年起每千两准发实银三百两"。然而这并不能有效缓解两河经费不足的困境，尤其是南运河"年复一年，堤身处处坍塌"，只有"照额补足岁抢修银两，逐年认真加培"才有可能解决年年堤塌河决的问题。但当时国家财政仍然非常拮据，不可能足额支给，因此，李鸿章在同治十

1　光绪《顺天府志》卷 45《河渠志十·河工六》，北京古籍出版社，1987，第 1625 页。

年（1871）奏请提高南运河经费的现银比例，"所有南运河岁抢修工料银两，拟请暂援照北运河成案，每千两改发实银四百两"，以暂缓河道失修造成的严重水患。[1] 次年李鸿章的奏请得到批准，"直隶省南运河用款，每百两发给实银四十两。"[2]

随着清晚期中央财政扩张，政府收支情况有所好转，南、北运河的治理经费也逐步恢复。光绪五年（1879），南运河岁修、抢修银两"于四成实银外，再加六成，统按十成实银，由藩库旗租项下给发。"[3] 光绪十年（1884），两河岁修经费基本回到了嘉道时期的水平，但仍显拮据："直隶省南运河岁修不得过一万五千两，北运河岁修不得过一万九千两。如工程较少年分，撙节办理。"[4] 光绪二十四年（1898），"岁修、抢修、另案各工，及河员弁兵岁需，直隶北运河支银三万三千有奇，直隶南运河支银一万四千有奇"。[5] 不过这种情况并未能持续很久，彼时清王朝已经摇摇欲坠，南、北运河的王朝治理历史很快便随着清王朝的覆灭走到了尽头。

三 南、北运河的另案大工项目经费

另案大工是针对频率较低、规模较大的工程项目的支出，经费金额年度差异较大，没有明显的规律，也没有系统完整的记

---

1 《南运河经费不敷折》（同治十年十月十九日），顾廷龙、戴逸主编《李鸿章全集》奏议（四），安徽教育出版社，2008，第425—426页。

2 光绪《钦定大清会典事例》卷906《工部四十五·河工·河工经费岁修抢修三》，光绪石印本，第22页。

3 光绪《钦定大清会典事例》卷906《工部四十五·河工·河工经费岁修抢修三》，第25页。

4 光绪《钦定大清会典事例》卷906《工部四十五·河工·河工经费岁修抢修三》，第26页。

5 朱寿朋：《光绪朝东华录》光绪二十四年八月，张静庐等点校，中华书局，1960，第4211页。

录。梳理存有记录的工程案例的情况，南、北运河因各自河情特点和漕运需求，在另案大工支出项目上仍表现出一定的特征。通过这些案例（总结如表2），也可以对南、北运河另案大工的经费规模有一个大略的认识。

表2　清代直隶南、北运河另案大工项目经费案例总结

时间	南运河		北运河	
	金额（两）	工程内容	金额（两）	工程内容
雍正时期	不详	重开捷地、兴济减河	约60万—100万	兴建筐儿港减河与青龙湾引河
乾隆二年（1737）	9.2万	修理捷地、兴济减河闸坝		
乾隆九年（1744）			2.0万	疏浚筐儿港减河，挑河筑道
乾隆十二年（1747）	12.1万，修浚南、北运河减河河堤桥坝各工			
乾隆二十八年（1763）	13.8万	修理各减河、堤坝	24.6万	修治各减河、堤坝、泄水淀泊
乾隆三十二年（1767）	4.1万	展宽挑浚捷地、兴济减河	2.9万	修筑筐儿港口
			0.3万	挑浚王家务河槽
乾隆三十六、三十七年（1771、1772）			15.6万	北运河各处河工
			11.4万	修理王家务滚坝、筐儿港，疏浚两减河，培筑南北堤
道光二年（1822）	2.4万	挑浚捷地减河		
道光三年（1823）	3.3万	展宽挑浚捷地减河，修石坝雁翅	9.9万	重建王家务石坝
			1.6万	疏通王家务减河
	6.5万	挑浚兴济减河	13.3万	挑淤疏浚塌河淀与七里海
同治十一年（1872）	1.3万	修南运河堤	0.9万	修北运河堤

时间	南运河		北运河	
	金额（两）	工程内容	金额（两）	工程内容
同治十二年（1873）	1.4 万	修南运河下游各处坝工		
同治十三年（1874）	1.1 万	修南运河堤坝各工		
光绪二年（1876）	1.3 万	修南运河多处堤坝	1.2 万	修北运河堤岸、王家务坝
光绪五年（1879）			1.2 万	修北运河堤、减河
光绪六年（1880）			2.5 万	挑挖塌河淀等处
光绪十七年（1891）			0.4 万	修堵北运河漫口
光绪十八年（1892）			3.3 万	修北运河减水坝、河堤

注：表中经费数据以"万两"进行统计，对具体经费数额四舍五入，保留至"千两"，即小数点后一位数字。各案例经费情况详见下文。受文献记载所限，表中所记经费金额既有实际支出金额，也有工程预估款额。预估款额虽然与实际支出不完全一致，但一般而言差距不会太大，也可为南、北运河另案大工支出经费规模提供简单参考。

资料来源：《清高宗实录》卷 41、780，乾隆二年四月辛巳、乾隆三十二年三月乙亥；《清宣宗实录》卷 36，道光二年五月辛丑；潘锡恩《畿辅水利四案》三案、四案、四案补，王培华、何立新点校整理，中国水利史典编委会编《中国水利史典·海河卷二》，中国水利水电出版社，2015，第 477、538、548—549 页；《直隶河渠志》"白河"条，载吴邦庆《畿辅河道水利丛书》，中国水利史典编委会编《中国水利史典·海河卷二》，第 597 页；程含章《择要疏浚河以纾急患疏》，贺长龄、魏源等编《皇朝经世文编》卷 110《工政十六 直隶河工》，见魏源全集编辑委员会编校《魏源全集》第 19 册，岳麓书社，2004，第 171—172 页；《兴工代赈折》（同治十一年六月），《附 清单》（光绪四年九月），顾廷龙、戴逸主编《李鸿章全集》奏议（五），第 155 页，《李鸿章全集 奏议》（八），第 192—193 页；光绪《重修天津府志》卷 6《纪六·恩泽二》，蝠池书院出版有限公司，2006，第 514、515、561 页；光绪《武清县志》卷 1《地理志·河渠》，北京师范大学图书馆编《北京师范大学图书馆藏稀见方志丛刊》第 2 册，北京图书馆出版社，2007，第 44 页；光绪《顺天府志》卷 42《河渠志七·河工三》、卷 45《河渠志十·河工六》，第 1503、1643 页。

南运河犹如一道南北延伸的城墙，横亘在河北平原的东部。其西侧诸河东流汇入南运河以保障漕运水量充足，但是在雨季河水普遍暴涨的时候，也容易造成南运河水势汹涌，冲毁闸坝堤岸。在此背景下，连通南运河入海的减河十分重要，不仅起到调节南运河水量、保障漕运平稳通畅的作用，也是南运河及其西侧河流泄水入海的重要通道。南运河的另案大工主要在于修筑减河与巩固堤岸。

明代弘治年间，政府曾分别在沧州南十五里的捷地和兴济县开凿两条南运河的减水河，但二者后来逐渐淤废。雍正三年（1725）大水，怡亲王主持重开捷地、兴济两条减水河。重开减水河的花费文献中并无详细记载，不过在减水河修好后的第六年（雍正九年，1731），因两河堤埝不稳固，日渐淤积塌陷，政府计划将其挑挖深通。因为工程浩大、经费不支，两处减河难以一起施工，只能先挑挖兴济减河，捷地减河未及疏浚便已大水漫灌，两岸受淹。两条减河的修治在当时理应属于急务，雍正皇帝对畿辅地区的水利又颇为关注，治水力度较大，资金投入也较多，此种情况下尚不能两减河兼顾，说明重修减水河及雍正九年的挑挖所费不赀。乾隆二年对捷地与兴济减河及闸坝的修理，预估费银九万二千两有余。[1] 乾隆二十八年，阿桂等人勘察直隶河渠，预估南运河各减河、堤坝的修治，共需银十三万八千余两。[2] 乾隆三十二年两条减河再次展宽挑浚，用银四万一千四十余两。[3] 道光二年对捷地减河进行修筑挑淤，估算需用银二万三千七百七两。[4] 但此次挑淤只是暂缓一时之急，因为次年程含章就在其《择要疏河以纾急患疏》中表明前一年经过挑淤的捷地减河需要再加挑浚展宽，并修石坝雁翅，"共估计银

1　《清高宗实录》卷41，乾隆二年四月辛巳。
2　潘锡恩：《畿辅水利四案》四案补，王培华、何立新点校整理，中国水利史典编委会编《中国水利史典·海河卷二》，中国水利水电出版社，2015，第548—549页。
3　《清高宗实录》卷780，乾隆三十二年三月乙亥。
4　《清宣宗实录》卷36，道光二年五月辛丑。

三万三千三百五十四两零",工费更胜于前一年。兴济减河"久已淤平,北岸坝口雁翅坏烂",也需要尽快挑浚修治,该项工程"共估计银六万四千七百七十七两零。"[1]同治十一年,修治青县、静海、沧州一带南运河堤,"拨解银一万三千三百一两二钱一分六厘。"[2]同治十二年,修筑"天津县……南运河北斜村等处坝工,银一万三千八百六十两五钱七分五厘。"同治十三年修"南运河堤坝各工银一万一千一百八十两一钱三分。"[3]光绪二年,天津县"修筑天津南运河北岸石堤一万七百六十五两","修交河县南运河堤一千两","修筑杨柳青迤东南运河堤银九百三十三两三钱三分"。[4]

北运河以潮河、白河、温榆河为源。明后期以来燕山、太行山脉的植被都受到较大破坏,这三条从京师北部山区流出河流的泥沙含量也日益增加。[5]三河携带的泥沙随水流汇集于北运河,使北运河易于淤塞,雨季山洪奔涌时更易暴发洪水、冲决河道,因此北运河的另案大工主要在于清淤防洪。

北运河清淤的开创性治理工程主要是康熙和雍正时期筐儿港减河与青龙湾引河的修凿,其中又以雍正六、七年(1728、1729)对筐儿港引河的拓宽、改筑长堤、浚贾家沽道,以及青龙湾引河的修建施工规模为大。陈仪在《直隶河渠志》中称这

---

1 程含章:《择要疏河以纾急患疏》,贺长龄、魏源等编《皇朝经世文编》卷 110《工政十六 直隶河工》,见魏源全集编辑委员会编校《魏源全集》第 19 册,岳麓书社,2004,第 172 页。

2 《兴工代赈折》(同治十一年六月二十七日),顾廷龙、戴逸主编《李鸿章全集》奏议(五),第 155 页。

3 光绪《重修天津府志》卷 6《纪六·恩泽二》,蝠池书院出版有限公司,2006,第 514、515 页。

4 《附 清单》(光绪四年九月),顾廷龙、戴逸主编《李鸿章全集》奏议(八),第 192—193 页。

5 刘洪升:《明清滥伐森林对海河流域生态环境的影响》,《河北学刊》2005 年第 5 期。

一系列工程"区画尽善，运道、民生均获宁谧，而所费帑金，已不下六十余万矣"。[1] 光绪《武清县志》则记"所费帑金不下百万"。[2] 陈仪是当时代的人，其记录或更可信，也可能是陈仪和《武清县志》的统计口径不同，造成工费估算差异，但可以确定的是，此系列工程确实花费巨大。其后，两条引河又多次进行修筑维护，花费也逐年增高。乾隆九年疏浚筐儿港减河，挑河筑道，需银一万九千九百二十余两。[3] 乾隆十二年，修治南、北运河"减河四处修浚河堤桥坝各工"，需费十二万一千余两。[4] 乾隆二十八年，阿桂等人勘察直隶河渠，预估北运河各减河、堤坝、泄水淀泊的修治，共需二十四万六千余两。[5] 乾隆三十二年，修筑筐儿港口，需工料银二万八千八百二十余两，王家务挑浚淤积河槽，费银二千七百五十余两。[6] 乾隆三十六年计划兴工修治北运河，高晋等人估算工费："北运河各工估银十五万五千五百余两，王家务滚坝落低，筐儿港修筑灰土，并疏浚两减河，及培筑南、北两堤，约估银十一万四千一百余两"，加总共计约二十七万两，[7] 乾隆三十七年，即按此计划"浚北运河王家务、筐儿港两减河，修堤坝"。[8] 至道光三年时，王家务石坝因为经年日久，已经坏烂，工部侍郎程含章提请尽快拆掉重建，估计需要花费工料银两"九万九千四百七十余两"，而王家务以下的

1　《直隶河渠志》"白河"条，载吴邦庆《畿辅河道水利丛书》，中国水利史典编委会编《中国水利史典·海河卷二》，第597页。

2　光绪《武清县志》卷1《地理志·河渠》，北京师范大学图书馆编《北京师范大学图书馆藏稀见方志丛刊》第2册，北京图书馆出版社，2007，第44页。

3　潘锡恩：《畿辅水利四案》三案，第477页。

4　潘锡恩：《畿辅水利四案》四案，第538页。

5　潘锡恩：《畿辅水利四案》四案补，第548—549页。

6　《清高宗实录》卷780，乾隆三十二年三月乙亥。

7　光绪《顺天府志》卷42《河渠志七·河工三》，第1503页。

8　光绪《顺天府志》卷45《河渠志十·河工六》，第1643页。

减河也需要继续挑浚，以疏通到塌河淀的水路，该项"共估计银一万五千五百八十两"。此外，下游作为泄水区的塌河淀与七里海，亦需要展宽挑深其与蓟运河等各条河流之间的通路：

> （塌河淀）上承六减河之水，下达七里海，旧有罾口、宁车沽二引河。今查宁车沽一河久已壅塞，该处逼近海口，浊潮易淤，挑浚无益。惟罾口河流入蓟运河，虽海口百数十里，不虑潮泥涌入。应自天津西沽之贾家口挑起，展宽足十六丈，以泄北运、大清、永定、子牙四河之水，使入塌河淀。再挑西堤头引河，并添建草坝，以泄塌河淀之水，使入七里海。再挑邢家坨一带，展宽二十丈，以泄七里海之水，使入蓟运河，以达北塘入海。惟自罾口以下，潮汐往来，若就旧河展宽，潮水一日再至，淹深四五尺，人力难施。应于北岸陆地，另开一河，宽十四丈，使与罾口河并行而下，则工费较省。

尽管程含章称"工费较省"，但其耗费总额仍高达"十三万二千八百五十余两"。至于北运河另一减河筐儿港的相关工程，程含章未给出工费估计，但他称该工程浩大，"碍难办理"，恐怕耗费不在塌河淀之下。[1] 同治十一年，"拨北运河另案修堤银九千三百七十两"。[2] 光绪二年对北运河进行修整，其中"修北运河木厂等处堤岸"用银五百两，"修北运河王家务坝工银一万一千四百二十六两九钱九分二厘五毫二丝"。[3] 光

1　程含章：《择要疏河以纾急患疏》，贺长龄、魏源等编《皇朝经世文编》卷110《工政十六直隶河工》，见魏源全集编辑委员会编校《魏源全集》第19册，第171—172页。

2　《兴工代赈折》（同治十一年六月），顾廷龙、戴逸主编《李鸿章全集》奏议（五），第155页。

3　《附清单》（光绪四年九月），顾廷龙、戴逸主编《李鸿章全集》奏议（八），第193页。

绪五年，北运河堤工、减河工程等用银"一万一千九百九十五两七钱八分九毫一丝二忽九微"。光绪六年，挑挖塌河淀等处"工银二万五千四十七两六钱八分一厘二毫二忽八微"。光绪十七年北运河漫口，"坝工银三千五百五十七两四钱七分二厘九毫六丝二忽。"光绪十八年，又修筑北运河减水坝工程，用银"三万二千三百七两八分二厘"，修北运河堤工用银六百两。[1] 可见，即使到了清末，中央政府仍较为关注北运河的修防事宜。

四　两河治理经费的变动特征及其原因

由上述不同类别治河经费的变迁情况及相关人员对河道工程的陈述来看，除了康雍时期开建几条减水河造成另案大工投入资金较高外，两条运河的岁修、抢修和另案工程经费呈现出逐渐增加的趋势并在乾嘉时期达到峰值。一方面，这是工程状态自然变化的结果。工程兴建初期各方面设施都比较新且牢固，其间也未发生过大的非常规性降水或其他严重影响水文情况的自然环境变化事件，一段时期内河流都处于相对稳定的状态，河道工程维护费用也因此维持在相对较低的平稳状态。随着相关河道工程由新变旧，加上乾嘉道时期直隶地区几次较大降水造成的河道涨水，对河岸冲击破坏较严重，运河各类维护费用支出也必然逐渐增加。另一方面，这也受到国家财政实力变化的影响。经过顺、康、雍三朝的治理和积累，国家承平，经济逐渐恢复繁荣，且采用"量入为出"的原则进行财政规划，财政盈余逐年累积，在乾隆朝达到顶峰。嘉庆朝虽然收入渐减而各项开销增大，但尚有余

1　光绪《重修天津府志》卷6《纪六·恩泽二》，第561页。

资可以利用，因此，乾嘉两朝在直隶南、北运河的河工支出方面能够比前代更加慷慨。清中期以后，社会和政治突发性事件频发，随着国家财政开支骤增，财政储蓄逐渐消耗殆尽，经费乏给，中央和直隶地方财政日益疲软，治河经费也大打折扣。各类危机在咸丰朝聚集为一个高峰。尽管当时南、北运河工程也亟须建设，但太平天国运动以及西方势力侵略所引发的危机成为咸丰时期朝廷上下最关心的对象，内忧外患之下，南、北运河的修固维护在重要性上退居次要，以纸钞和现银搭配支拨也成为国家补充河工经费缺额的方式。当然，这种方式只能在纸面上勉强维持河工经费数额，两河治理实际上已经捉襟见肘。咸同时期，为了应对财政拮据的局面，财政指导思想开始向"量出为入"转型，朝廷扩张财源以应对不断增加的各项支出。同光时期，随着政治局势渐趋稳定，财政转型也取得一定效果，中央财政力量有所恢复。[1] 随着国家整体环境迎来短暂的稳定，直隶运河的治理也重新获得中央政府的关注，其治理经费亦有所增加。然而，由于这一时期国家在军费、推行新政等方面开支巨大，中央收入的增加追不上支出的增加，兼之清末漕粮征收和运输方式发生变化，运河的漕运功能大为减弱，在国家政治和经济中的战略地位也显著降低，所以其河道治理与工程建设始终处于小修小补、勉力维持的状态，无论工程质量、效果，还是治河经费，整体上都已经无法和乾嘉时期相比。

将南、北运河的治理经费进行对比，则清代北运河的治理经费始终高于南运河。乾隆朝初设定额时，两河的岁修抢修经费相同。嘉道时期北运河的岁修经费比南运河高四千两，抢修经费北运河

1　关于清朝中后期国家财政体系转型，参见倪玉平《从"国家财政"到"财政国家"——试论清朝咸、同时期的财政转型》，《社会科学辑刊》2016 年第 6 期；《试论清代财政体系的近代转型》，《中国经济史研究》2018 年第 4 期。

比南运河高一万一千两。咸丰治河经费骤降后，北运河实拨现银数额恢复较快。两河均恢复全额现银后，仍然是北运河经费额更高。另案大工经费虽然因工程而异，但从前文搜集到的案例来看，北运河的工程更多更频繁，而且整体上工程费用也更高。这种差异与两河的工程难度相关，但也受到政治因素的影响。

清前期北运河工程确实难度更大，前文有关保固期的引用中提到北运河工程较之南运河更为险要，因此"原定工料银两北多于南"。但是如果纳入河流长度的因素，"北运河长四百余里，南运河长七百余里"，则是南长于北。清后期南运河长期经费不足，年久失修，并且黄河北徙，严重干扰到山东北部和直隶南部地区的水文状况，南运河用工之处多于北运河，经常遇到"工大而经费较少"的困境。[1] 很难说这一时期南、北运河的工程量和工程难度孰高孰低。清后期北运河治理经费之所以仍旧高于南运河，更主要是由两河地理位置以及这一时期国家政治经济整体局势下两河的功能差异决定。一则，北运河距离京城更近，一旦河道失修产生水患，不仅可能破坏京畿的水系秩序，威胁京师安全，而且沿岸受灾百姓很可能涌向京城，造成社会动荡。南运河更靠东南，与京城之间有较大的缓冲地带，河道情况不太会直接干扰京城安定。二则，黄河铜瓦厢改道后，运河日益败废，河漕受阻，漕粮逐渐改为海运，大量江南漕粮直接由海路到达天津。北运河尚能继续发挥从天津到北京的运输功能，南运河则失去了其最受重视的漕运功能。三则，这一时期黄河北趋，不时扰动漳、卫二河，使南运河的修治更加复杂。在当时的技术条件下，高昂的工程耗费甚至可能无法换来河流的安定，南运河的治理投入变成了"无底洞"。在国家财政已经捉襟见肘的背景下，就连长期以

1 《南运河经费不敷折》（同治十年十月），顾廷龙、戴逸主编《李鸿章全集》奏议（四），第425—426页。

来被视为国家要务的黄河治理都从中央事务变为地方性事务，主要由地方各自筹资，[1] 中央在南运河上投入更少的资金也就不难理解了。

结　论

清代中央政府对漕粮和大运河的依赖更胜元明两代。直隶南、北运河作为大运河的北段，是各地漕船汇集往返的重要通道，因此二者虽然是区域性河流，但却受到中央政府的关注，河工经费来自中央的拨款。从时间上看，南、北运河每年常规支出的岁修、抢修经费均经历了康雍时期无定额，乾嘉道三朝定额逐渐增加，咸丰朝款额减半且现银只能拨给减半后的定额的一半，同光时期又逐步恢复的过程。应对大型突发事件的另案大工所需款项通常较多，其所需经费在清前中期尚能得到充分拨给，但是到了后期，也只能获得非常有限的资金。将两河进行比较，无论是河工经费定额还是实际划拨，北运河都高于南运河。

南、北运河的河工经费变动趋势及两河之间的差异，既与其河道水文特征和工程建设难度及要求相关，也在很大程度上受到国家政治局势、中央财政能力，以及两河功能地位的影响，体现出直隶运河治理较强的政治性与社会性。清前中期国家财源充裕，运河是最主要，甚至是唯一的漕运通道时，运河稳定对于国家政治统一、经济稳定等具有重要作用，直隶南、北运河的河工经费基本可以获得中央的足额供给。清后期随着国家面临内忧外

1　参见贾国静《黄河铜瓦厢决口改道与晚清政局》，社会科学文献出版社，2019，第109—140页。

患，政治、社会局势动荡，中央各项支出大幅增加而财源匮乏，漕粮也转向海运，运河治理在国家事务中的重要性降低，河工经费也随之削减。直隶南、北运河治理经费的变动不仅反映了河道工程情况和国家财政实力的变化，更投射出国家局势的变动以及运河在国家体系中地位和功能的升降。

清政府对北京城流动人口的管理策略

刘仲华 *

摘　要： 与皇族宗室、京籍旗民等常住人口相比，清代北京城的流动人
口众多，而且其数量常年保持在常住人口的近一半，成为清代
京城人口管理中所面临的重要问题。清代北京城的流动人口构
成复杂，既有官员士绅，也有商贾、僧道、贩夫走卒，乃至流
民乞丐、域外人员等。面对构成复杂的流动人口，清政府一方
面禁止休致官员逗留京师，定期清查无业游民，另一方面赈济
来京的大量流动灾民并予以遣返，同时严禁拐卖人口，严格限
制域外人员的活动范围。对流动人口的管理，清统治者更关注
对统治秩序和都城社会稳定的维护，直到清末，随着工商实业
思想的兴起，清政府才逐渐找到了解决流动人口的新途径。

关键词： 流动人口　人口政策　城市管理

　　清代北京是五方辐辏之地，流动人口众多，涉及层面广
泛。作为政治文化中心的首善之区，北京有大量服务于中央部
院和京城各级衙门的来自全国各地的官绅吏役，或进出京城觐
见皇帝，或就职赴任，或候补待班，络绎不绝；又有众多应考
的士子，常例每逢三年举行一次的礼部会试，仅进京举人就有

*　刘仲华，北京市社会科学院历史研究所研究员。

六七千人，加上仆从随行，不下二三万人，还有很多士子常年僦居京城，佣笔墨为生。京城又是"五方物产、九土财货，莫不聚集于斯"的"天下总汇之区"，各地商人行旅云集北京，"晴云旭日拥城阌，对面交言听不真；谁向正阳门上坐？数清来去几多人。"[1] 此外，北京因较为完善的赈济体系，也是大量流民、灾民蚁聚蜂屯的向往之地，当然还有域外人员。这些流动人口是清代北京活力和发展的重要基础，也是清政府进行人口管理的重要对象。[2]"生齿日繁"虽是皇帝向往的"太平盛世"的应有之义，但在传统社会的统治者眼中，除了"徙富室以实京师"之外，总是不乐意看到人口（无论是士绅商贾还是无业流民）的大规模流动，尤其是在都城集聚逗留，有时甚至还会被视为社会稳定和统治秩序的威胁。

一 休致官员、役满书吏不得逗留京师

清政府规定"休致人员例应回籍，不准在京留住"，[3] 因此清代在京城部院衙门中任职的大小京官虽然多如过江之鲫，但绝大

---

1 （清）杨米人：《都门竹枝词》，见路工编选《清代北京竹枝词（十三种）》，北京古籍出版社，1982，第18页。

2 对于清代北京流动人口的研究，王跃生《清代北京流动人口初探》（《人口与经济》1989年第6期）一文多有创见。关于流动人口的来源和种类，王跃生将其概括为四方逃难的贫民，商人，手工业者，科举士子，游学求职者，奴婢、佣人、胥吏，各种艺人，算命占卜者，游丐和罪犯共十类；关于清政府对北京流动人口的态度，该文从救济政策、设置栖流所、遣送回原籍、加强京城坊保管理、限制所谓有伤风化的职业等方面进行了分析；至于流动人口对北京社会的影响，该文认为流动人口促进了京城商业的繁荣和发展，促进了京师文化事业的发展，同时流动人口过多过杂也影响了京师的社会文化风气。

3 《清宣宗实录》卷59，道光三年九月庚寅。

多数都是京城过客，很少有人在京城买房置地，落地生根。即便有寄籍者，人数也是寥寥可数。

即便是被革职或者其他原因中断京城任职，也要限期离开北京。例如，康熙二十八年（1689）十月，左都御史郭琇被革职后，因未能及时离京，便被参以"违旨不行回籍，潜藏京城"。经吏部议准后，规定被革职解任的汉官，"勒限五个月起程回籍，如不即行回籍，仍在做官地方或在别处居住，俱照旗员逾限例处分"。[1] 康熙三十年（1691）二月，经刑科给事中郑昱奏准，"凡内外文武官寄寓他省，除革职提问者，仍照例勒限、驱逐回籍"。[2] 乾隆十八年（1753），又规定武职官员"不许在任所置产入籍"。[3] 即便是为父母丁忧，也必须限期离开京师。嘉庆十三年（1808）十二月，吏部新定章程，"所有内外一应丁忧人员有逾限不即回籍及到籍迟延者，统行严予处分"。特殊情况下，在京官员"闻讣丁忧"或因"盘费缺乏"，"偶致回籍迟延，亦属情事所有"。清政府又稍予宽限，在京汉官丁忧人员"如有不得已事故，许呈明报部"，而且外省佐杂人员"不能依限起程回籍"者，可以"再展限六个月"。[4]

清政府严禁京官休致后逗留京师，虽然在客观效果上起到了控制京城人口的作用，但其初始目的并非留意于此，而是要防范这些人借助官场"串通朋党，夤缘生事"。[5] 文武官员之外，对于熟悉行政运转程序的书吏及其头目"缺主"，清政府同样严格禁止其役满后在京逗留。雍正元年（1723）二月，雍正帝谕都察

---

1 《清圣祖实录》卷 148，康熙二十九年八月丙戌。

2 《清圣祖实录》卷 150，康熙三十年二月丁丑。

3 《清高宗实录》卷 450，乾隆十八年十一月庚申。

4 《清仁宗实录》卷 204，嘉庆十三年十二月丁酉。

5 《清圣祖实录》卷 148，康熙二十九年八月丙戌。

院："各衙门募设书办，不过令其缮写文书、收贮档案。但书办五年方满，为日既久，熟于作弊，甚至已经考满，复改换姓名，窜入别部，奸弊丛生。更有一等缺主名色，掌握一司之事，盘踞其中，交通贿赂，上下朋奸。书办尚有更换，缺主总无改移，子孙世业，遂成积蠹。"雍正帝认为各衙门中的书役人员熟悉衙门事务，如果逗留京师，极易造成相互串通、请托贿赂和朋比为奸等各种弊端。因此，规定此后在京城各衙门办事的书办任职五年期满之后，由各部院堂司官查明，"勒令回籍听选"。如有逗留京城不归者，"饬令五城司坊官稽察遣逐"。对于"抗违潜匿"的"缺主"，立即参究，押解回籍。[1]

按说，书吏"役满不准逗留在京，立法至为严密"，但在清后期很难得到执行。道光十年（1830）五月，御史吴清鹏奏报涉案逃匿且役满五年的户部捐纳房书吏蔡绳祖等人"公然安住京师，舞法营私，各处负贩小商，代人捐监，该犯等辄逐年包揽，给与假照。总因役满后，恃无本管衙门可以查禁，肆行无忌，各地面该管衙门因循容隐"。[2]可见，各衙门役满书吏不仅留住京师，而且各衙门也熟视无睹。

各部院衙门中的役满书吏，还经常改姓易名，在京逗留。道光十一年（1831）三月，据户部奏报，已革捐纳房额外贴写桑培元、蔡士法等人"改易姓名，出入衙门"。道光帝令顺天府五城"确切查明，即行押令回籍"。[3]为便于监管这些书吏，道光十一年（1831）3月给事中王玮庆建议将所有各衙门役满或告退、革退的书吏住址、三代姓名、籍贯等信息登记在案，

---

1 《清世宗实录》卷 4，雍正元年二月丙寅。

2 《清宣宗实录》卷 169，道光十年五月辛酉。

3 《清宣宗实录》卷 185，道光十一年三月丙寅。

以便稽查。[1] 道光十四年（1834）八月，御史伊克精额又奏"役满书吏久踞京城"，例如前充吏部文选司经承之鲁佑人虽然"久经考满"，但一直"潜住京师"，虽曾命拣发指挥顾文光严密传案，但"该指挥逾越多日，杳无回复"。可见，整治效果并不如预期。[2]

二　稽查无业游民

清代北京并不排斥非本地户籍的人口，但始终强调对无业游民的稽查和遣散，即"驱逐游惰"，主要包括游民、乞丐、游僧乃至行医占卜者等。康熙五年（1666）复准，"五城司坊官及巡捕三营官察各该管地方，有无业游手来历不明之人，即送该城递回原籍，仍察明犯事离籍情由拟罪。如该管官不行拿送，别经察出者，议处；总甲等并容留居住之房主，皆责三十板"。[3] 在清政府眼中，这些无业游民中"往往有各省游手奸伪之徒，潜来居住，招摇生事，种种不法，或呼朋引类，讹诈钱财，或捕风捉影，指称纤路，或打探消息，嘱托衙门，或捏造浮言，煽惑众听，以至开场局赌，诱人为非者，难以悉数"。至于那些有本业营生者，例如候补候选之"必有仕籍可稽"，读书之人"或应试到监，或处馆作幕"，贸易生理之人"或行商坐贾，或工匠手艺"，即便是医卜梨园、肩挑负贩，"皆必实有本业营生，方可听其在京居住"。总之，有营生者便允许在京居住，否则闲散游

---

1 《清宣宗实录》卷186，道光十一年三月乙亥。

2 《清宣宗实录》卷255，道光十四年八月丁酉。

3 《乾隆朝钦定大清会典则例》卷150《都察院六·驱逐游惰》，文渊阁《四库全书》影印本第624册，第694页。

荡、出入诡秘、托名糊口四方者，大多"系奸伪之徒，立宜摈逐"。[1]为了维护京城社会治安稳定，采取这种以有无本业营生的判断方式显然过于简单粗暴。有时甚至不免杯弓蛇影，闹出笑话。例如，晚清京城乞食穷民尤其多，咸丰年间"京城街市穷民，多有外省口音，各城外有用小车推载行李，沿途乞食者"。[2]有些乞食者挨家挨户乞讨，为避免重复，甚至在各家各户门外进行标记，"夜间有人写字者甚多，所写字样不一，并有不能认识者，大小街巷皆然"。发现这一情形的山东道监察御史载馨怀疑这是"奸匪暗布可疑，更恐有不安本分之人借此煽惑人心，若不从严查拿，设致人情浮动，大有关系"。于是，便上折咸丰帝，请求饬下步军统领衙门、顺天府、五城"无分昼夜，一体严密查拿，按律惩办"。[3]这一现象一度引起京城防卫紧张，待查明真相后才释然。[4]

对于如何稽查无业游民，早在雍正时期，雍正帝在加大对京城外来人口整顿力度时，就确定了以稽查流动人员临时居住地为突破口的方法。"京城内外，远人聚集者虽多，皆有容留居住之处，或在客店寺庙，或倚亲友居停，或租赁房屋，但就其住处稽

1　（清）允禄等奉敕编《世宗宪皇帝上谕内阁》卷54，雍正五年三月二十六日，文渊阁《四库全书》影印本第414册，第568—569页。

2　《清文宗实录》卷87，咸丰三年三月甲子。

3　《山东道监察御史载馨奏为京城住户人家门首夜间有人写字请饬下步军统领衙门顺天府五城严密查拿事》（咸丰三年三月二十八日），朱批奏折：04-01-01-0848-003，中国第一历史档案馆藏，以下档案同。

4　关于乞丐向商家乞讨时的这一现象，美国人何天爵在《本色中国人》中也有类似的描述："在中国的很多大城市，对于乞丐，商人和店家都要支付一定的补助金。至于给多少钱，可以与乞丐们进行商量。双方达成协议之后，商家和店家就会在自己的门上，画上一个神秘符号。这种符号只有乞丐的同行才能明白。它的含义是，只有专门负责收钱的乞丐才能来这里，其他的人一律不得来骚扰。"此外，"在北京，乞丐都有固定的组织。""在北京城内，丐帮划分了很多小区域，每个区域，都有专门的人负责。不管是谁，不能随意侵犯别人所在的区域。"（〔美〕何天爵：《本色中国人》，冯岩译，译林出版社，2016，第232—233页）

察，自可得其踪迹。"雍正帝令步军统领、巡城御史、顺天府督率属员，于九门、五城地方严加察访内外城客店、寺庙以及官民人等，"凡有容留居住栖止之人，果知其行踪来历，可以深信，方许容留栖止"；"倘系面生可疑，踪迹莫定，或人虽熟识而生事妄行者，概不许容留居住"。[1] 此后，为稽查无业人员，步军统领衙门、五城御史和五城司坊官重点稽查的地点就是客店、寺庙、租房、火房以及会馆等处。

清代京城客店主要位于外城，大体类似于后来的旅店，供旅居京师者临时居住。其管理办法是，每月置店簿一本，兵马司署"押讫"，作为凭证，客店逐日登记歇店客商姓名、人数、起程月日，然后各赴所司察照备案。[2] 内城虽然也有客店，但由于统治者强调"京城为天下人民朝会之区，理宜肃清，而城内尤应严肃"，加之外城民人不得居住内城、城门晨启暮闭等因素的影响，内城专门开设的客店并不多，而且大多改头换面，甚至借表面售卖杂货而实际上充当客店，以暗度陈仓。乾隆二十一年（1756）十一月，步军统领曾经查得城内开设猪、酒等项店座72处，其中有44处店座白天售卖杂货，夜间则"容留闲杂人等居住"，又有专门供租人居住店座15处。步军统领衙门认为这些城内开设店座，"宵小匪徒易于藏匿"，于是奏请"除将猪酒等项店座应准其开设外，其指称卖物、容留人居住店座四十四处、专租人居住店座十五处，均饬令移于城外"，而且规定"嗣后城内地面永不许开设"，自此禁止之后，"如再有开设店座、容人住宿，一经查出，即将开店之人治罪，并将失察之步军校等官从严参办"。[3]

1 《乾隆朝钦定大清会典则例》卷 150《都察院六·驱逐游惰》，第 695 页。

2 《乾隆朝钦定大清会典则例》卷 150《都察院六·客店》，第 705 页。

3 《金吾事例》卷 3《京城内外禁止开设店座》，《故宫珍本丛刊》第 330 册，第 240 页。

　　除了客店，寺庙也是供流动人口居住的一类重要场所，[1] 因此也是步军统领衙门和五城司坊稽查的重点。

　　历来寺庙分为官管和民间两种，清代京城官管寺庙众多，按照规定禁止私自租赁，但事实上并非如此。例如，朝阳门内之三官庙，"其中闲房多有赁给商民居住者"，乾隆三十五年（1770）三月，因三官庙"现已糟旧"，乾隆帝才命交内务府、提督衙门会同礼部查办清理，"其京城内所有官管各庙，如有似此者，着一并查明办理"。[2] 后来，清政府确定由礼部在每年年终汇报京城官庙自查有无私租情形的报告制度。嘉庆四年（1799）十二月，礼部按照惯例奏称"京城内外官管庙宇并无私行租赁"。嘉庆帝颇不以为然："朕从前在藩邸时，蒙皇考派令祈雨及于各庙拈香，每见有外来官员在庙作寓，可见该部所奏只属具文。"徒具形式的年终汇报，不可能真正起到作用，于是嘉庆帝允许"嗣后京城内外官管庙宇，如外省赴京引见官员及候补候选人员等，原可任其租住，不必官为禁止，俾僧道等亦得香火之资"。至于外来游方僧道及面生可疑、来历不明之人，仍"必当实力稽查，断不准容留"。[3]

1　清代北京城中，寺庙、会馆与客店都具有为流动人口提供临时住宿的旅店功能，就设施、环境而言，客店往往非常简陋，寺庙与会馆的条件略好，而会馆又主要服务于进京的同乡士子和官员，因此寺庙便成为更多人的选择。对此，乾隆末年随马戛尔尼使团访华的英国人约翰·巴罗就曾经这样说："这个庞大帝国的任何地方都没有旅店。更准确地说（因为有休息的地方），如果指的是旅行者付一笔钱便可以买到一阵甜美的歇息，平息饥饿的呼唤，那么这个国家根本没有这种可居住和带家具的所在。""他们所称的旅店不过是陋屋寒舍，由几堵秃墙拼凑。在那里，人们也许花上一个铜板可以得到一杯茶，过上一夜。""由于庙宇比这个国家能够提供的其他休息场所条件要好，朝廷官员毫不例外地利用庙宇提供的方便。"见〔英〕约翰·巴罗《我看乾隆盛世》，李国庆、欧阳少春译，北京图书馆出版社，2007，第307页。

2　《清高宗实录》卷854，乾隆三十五年三月辛巳。

3　《清仁宗实录》卷56，嘉庆四年十二月丙申。

　　尽管有此禁令，但官庙的租赁并没有停止过。嘉庆六年（1801）四月，明安奏称："西四牌楼九天庙内，有居住之山东挑水民人刁珍等十四人，锁门潜逃，后经看街官兵查出殿后有浮土一堆，当即刨出尸身，认系刁珍伙计林聪。"而且，九天庙不仅将庙宇闲房赁住刁珍等十四人之众，同住庙中的还有张广林等二十五人，"似此任意租给多人，安保无盗贼匪徒潜踪其内？"[1] 嘉庆十八年（1813），在京城内外大力推行保甲制时，又重点强调了对寺庙的编查。"现当编查保甲之时，所有京城内外大小庵观寺院，尤应稽察严密，勿令宵小潜踪。其距京稍远各庙宇，更恐耳目难周，礼部等衙门司员不能常川前往，着交步军统领、顺天府、五城不时派员密访抽查。如有形迹可疑者，随时究办，并将容留匪类之僧道，从重惩处。"[2]

　　终嘉庆一朝，礼部等衙门年终汇奏稽查官管庙宇，"京城内外官管庙宇，礼部等衙门每届年终，俱以并无容留来历不明之人，并声明殿庑亦无私行租赁等事，汇奏一次，几成具文"。其实，"各庙宇将空闲房屋租与来京官员人等暂住，事所常有"。所应查者，"恐有游方僧道及来历不明之人，溷迹其中"。尽管如此，礼部等衙门的例行稽查，仍旧是"虚应故事，只以一奏塞责"。[3]

　　在内忧外患的动荡时期，寺庙更是稽查的重点区域。例如，咸丰三年（1853）十二月，御史启文奏称"闻西便门外白云观等处庙宇，颇有外来形迹可疑之人，潜踪隐匿"。咸丰帝遂命步军统领衙门"按照所奏，密派干员，严查究办。五城地面庵观綦多，难保无奸民藏匿，潜相勾结。并着联顺等督饬所属，不动

---

1 《清仁宗实录》卷 82，嘉庆六年四月丁巳。
2 《清仁宗实录》卷 281，嘉庆十八年十二月壬子。
3 《清仁宗实录》卷 342，嘉庆二十三年十二月壬午。

声色，严密访察"。[1] 同治初年，陕甘爆发回民起义，同治元年
（1862）七月，清政府谕令议政王军机大臣等："现在陕西回民滋
事，该教人数众多，处处暗通消息，其散布京师内外城者，尤属
不少。风闻该教人出有传单，约期议事，恐有外来奸回，意图构
衅，宜就稽察门牌之时，明查暗访。"遂命步军统领衙门严密稽
查寺观、客店、杂院居住者。[2]

来京人员居住的另一类处所是众多的在京会馆，居住者主要
是官员和应试的举子。会馆相对来说管理较为规范，对于临时居
住人员皆登记有"账簿"，而且会馆登记账簿在京城流动人口的
管理中确实发挥了作用。例如，乾隆五十五年（1790）九月，有
人控告山东滨州人薛对元在当年正月"夺犯殴差"，而薛对元称
上年十二月二十七日起身，前往北京参加会试。后经步军统领衙
门调查薛对元所住会馆账簿，"月日相符"。并询之籍隶山东京
官，"佥称正月二十内曾见过薛对元，实系正月十五到京，证据
确凿"。山东滨州距京千有余里，即便驰驿前往，"亦不能于二十
日在籍滋事"。[3] 薛对元冤情得雪的过程中，在京所住会馆的账簿
起了非常重要的证据作用。

"火房"（或"伙房"）则往往是下层贫困流动人口的栖身之
所。雍正十二年（1734）议准，五城及顺天府转饬各司坊官、
大、宛二县，"令各处火房设立循环簿，将逐日投宿之人，详开
姓名、住址、行业，十日一报"。如果发现行止可疑之人，立即
呈报所属司坊官，"询知住址，递回原籍安插"。如果不据实呈
报，则将开设火房之人"照不应律责处"。乾隆朝以前，凡是京
城火房"不许容留刺字之人"，结果导致"此辈无处容身"，乾

---

1 《清文宗实录》卷 115，咸丰三年十二月乙酉。

2 《清穆宗实录》卷 35，同治元年七月己酉。

3 《清高宗实录》卷 1363，乾隆五十五年九月庚子。

隆二年（1737）做出调整，"嗣后各处火房许前项孤身无业之人宿歇，仍照例设循环簿稽察"。[1]乾隆七年（1742）四月，顺天府府尹蒋炳奏称："京城失业游民栖宿火房，原有稽察之例，第恐开设觅利之徒，容留匪类，请敕下五城御史及顺天府，转饬大、宛两县、各司坊官遵照雍正十二年、乾隆二年定例实力稽查。"[2]

京城"火房"亦是乞丐流民的容身之处。乾隆三十四年（1769）八月，副指挥宋振德曾饬令书办稽查在伙房中住宿的乞丐年貌、籍贯等情形，但办理此事的宋振德"一切听之书役，致滋事端"，致使"开伙房人等遂将店关闭，不留穷民"。结果无处可去的"众乞丐相聚，至坊署喊禀"，甚至闹到了"刑部查审"。乾隆帝谕令："开伙房人等因坊官查取住宿乞丐年貌，辄将店关闭，激令穷民群聚喊禀，自应审究确情，惩其刁恶。至司坊官稽查匪类，固属分所应为，但办理亦当妥定章程，使店户等易于遵守。乃宋振德一切听之书役，致滋事端，难保无书役等从中需索情弊。"[3]京城乞丐固然是影响城市治安的不稳定性因素，但清统治者并没有像对待无业"游惰"者那样一概驱逐，而是将其置于"稽查"和"容留"之间，维持"火房"开放从某种意义上说不失为稳定乞丐生活的一种手段。

三　赈济与遣散流动灾民

中国大部分地区属于北半球温带大陆性季风气候，加之内陆纵深的特殊地理位置，降水分布极不均匀，极端性天气颇为常

---

1 《乾隆朝钦定大清会典则例》卷 150《都察院六·火房》，第 702—703 页。

2 《清高宗实录》卷 164，乾隆七年四月戊戌。

3 《清高宗实录》卷 840，乾隆三十四年八月己未。

见，旱涝频发，或北或南。而在中国传统农业社会中，农业收成极易受到旱、涝等灾害天气的影响，一旦遭遇自然灾害，灾民常有。对于中国这片广阔的土地而言，各种灾害虽然每年都会发生，但由于疆土的广阔与纵深，大江南北很难同时干旱或者同时涝灾，乃至长城内外，虽然总有遭灾的地方，但在清代中国广阔的疆域中，也总有遭灾甚微，甚至风调雨顺、五谷丰登的地域。加之，清代以全国之力维护运营的漕粮转运，以及采买粮食的制度，也总能采取截漕赈灾等措施，救助灾民。这在某种意义上也反映了疆域广阔所带来的物资协调空间和国家治理能力的腾挪空间。对于首善之区的北京而言，因其较为完备的赈灾救济体系，往往成为灾民谋食的目的地。这些灾民，甚至有从湖北远道而来。例如，道光十三年（1833）直隶总督琦善奏称，上年九月至十一月间，有湖北沔阳州民求乞到境。[1] 可以这么说，在清代的大多数时候，鹄面鸠形的灾民前往北京谋食，几乎是常年如一日，未曾间断过。不论是京畿本地遭遇或旱或涝的自然灾害，还是邻近省份遭灾，甚或江南各省遭灾，灾民都源源不断，扶老携幼，奔赴京城。

　　统治者重视饥民赈济、安置，一方面是因为"京师重地，如有难民纷至，人心必致惊惶，自应随时安抚，俾不至流离失所，而奸宄亦无从溷迹"。[2] 另一方面，抚恤穷黎，自然也是"天子圣德"的一项"仁政"。

　　自清初以来，清政府应对京城流动灾民的措施是秋冬季节开放粥厂赈济，次年春季遣散回籍，即所谓"留养资送"制度。例如，康熙十八年（1679）七月京畿大地震，造成年底"流民就食京城甚多"。[3] 康熙帝命五城煮粥，赈济流移饥民，并按照惯例时

1　《清宣宗实录》卷 247，道光十三年十二月癸亥。
2　《清文宗实录》卷 95，咸丰三年五月戊辰。
3　《清圣祖实录》卷 85，康熙十八年十月辛巳。

限外，再延长两个月。[1] 冬季"留养"京城，春季"资送"回籍，是清代京城处置逃荒流民的主要措施，所区别者，主要是留养的时间长短与资送的具体办法而已。当然，在经费捉襟见肘或者内忧外患加剧的情形下，清政府中止"留养"而径直将流民遣送回籍的情形也并不鲜见。

康熙十九年（1680）三月，巡视中城御史洪之杰疏言："饥民自去冬流集京师，五城赈粥全活，且复屡宽赈限，至三月终停止。"鉴于粥厂赈济的"为期已满"，洪之杰建议将五城赈济所剩余的银米，酌量发给流民，然后将其遣回原籍。康熙帝认为"若资遣还乡，仍恐失所"，命在五城关厢外添设赈厂"再行赈粥两月"，等到麦收之时，再"听其各回乡里"。[2] 康熙三十五年（1696）后，京城冬季粥厂赈济流民的时间逐渐固定，"隆冬煮粥赈贫，定例自十月朔起，至岁终止"。[3] 粥厂所需米豆，由官仓调拨，如果流民众多，或增设粥厂，或展延期限。

清代京城"于数十处立粥厂，日煮粥赈济，务使流移之人得所，酌量赈给数月"。不仅如此，"凡粥厂所饲之民，病则医治，殁则棺敛"。这种固定且有保障的粥厂赈济制度，也吸引了周边大量的流民，"此辈因京城地方大，俱来就食"，尤其山东、直隶等处饥民"流至京城者甚多"，以至于"此等饥民弃其家业，聚集京城，以糊其口，实非长策"。康熙四十三年（1704），康熙帝就针对这一问题"应作何料理，始复旧籍，得安生计"，命令大学士会同九卿、詹事、科道等商议解决办法。针对当年流动到京城灾民的特点，大学士九卿建议：山东饥民在京师者，选各部贤能司官分送回籍；其直隶河间等处饥民，令巡抚李光地设法领

1 《清圣祖实录》卷88，康熙十九年二月乙亥。

2 《清圣祖实录》卷89，康熙十九年三月己未。

3 《清圣祖实录》卷178，康熙三十五年十二月辛丑。

回。康熙帝允准。[1]为缓解灾民向京城流动的压力，康熙帝将受灾地区康熙四十四年应征地丁银米"通行蠲免"。又派遣官员，在"比年歉收、民生饥馑"的山东各地"截漕平粜，发帑赈施"，以缓解当地灾民外出迁移。对于已经"就食京城者"，除了"复设厂煮赈"之外，命官员"资送回籍，给以籽粒之需，然后民间渐有起色"。[2]

雍正朝，京师粥厂基本固定"每年自十月初一日起，至三月二十日止"，五城设立粥厂，由巡视五城御史管理，"煮粥赈饥"，"四方穷民就食来京者颇多"。[3]雍正元年（1723）三月，经查五城有直隶、山东、河南流民共 1296 名，为"资送回籍，毋致失所"，根据这些流民回籍路程之远近，"每口每程给银六分，老病者加给三分"，专门派人送回原籍。如果沿途有患病者，令地方官"留养医治"，病愈后"再行转送"。[4]因此，在考虑到"逐日散赈，究非长策"的情况下，雍正帝也往往在"春气渐暖，正宜播种"之时，劝慰流民"早还故土"。不仅由官方出资，"设法资送"，或由陆路，或由水路，"俾得各回原籍，复其本业"，[5]对于那些无田可耕的流民，雍正帝还要求各地方官晓谕灾民："各处皆有工程，或修堤岸，或开水利，正需人力以修土功。伊等回籍，就近佣工度日，不致离弃乡井，转徙外方，实为谋生善策。"[6]

乾隆朝初期，面对前赴京城的流动灾民，所采取的措施依然是劝返"资送"为主。乾隆八年（1743）七月，当年"河间、天津二府得雨少迟，秋成歉薄"，广宁、右安二门"自七月初七以

1 《清圣祖实录》卷 215，康熙四十三年三月庚戌、辛酉。

2 《清圣祖实录》卷 217，康熙四十三年十月甲戌。

3 《清世宗实录》卷 4，雍正元年二月丙寅。

4 《清世宗实录》卷 5，雍正元年三月丁酉。

5 《清世宗实录》卷 41，雍正四年二月庚午。

6 《清世宗实录》卷 41，雍正四年二月甲戌。

后，每日进城有三四十起，约男妇大小二三百人不等，其余各门谅亦如是"。[1] 经步军统领衙门、顺天府和五城查办，老病羸弱无依者，"即收普济堂、养济院留养"，年力强壮可力作者则"听自谋生理"。然而，随着天气渐寒，"工作渐少，一至八月下旬，即恐冻馁，不可不豫为料理"。鉴于此，七月十三日，巡视御史王兴吾奏请朝廷应尽早谋划抚恤外来流民事宜。二十一日，经军机大臣议准，清政府当年提前开设饭厂，同时在饭厂附近"搭盖席棚或收拾空闲庙宇，听其栖宿"。同时，将情愿回籍之人资遣回籍。由大兴、宛平两县和五城司坊官将所有流民"询明各籍贯造册，于八月望后起，至九月三十日止，乘天气不甚寒冷之时，差妥役押送"。至于不愿回籍者，"听于五城饭厂存养"，等到明岁春天，再设法遣送。[2] 对于以上措施，乾隆帝颇为满意。

至十一月二十二日，左都御史刘统勋奏请应提早遣送尚在五城饭厂的流民，令五城御史转饬司坊官，劝谕流民，务令人人共知，"与其坐食而废业，不如归里以谋生"。如果有情愿回籍者，"即行资遣回籍，入册给赈，沿途无得留滞"。如果有老幼单弱不能即行回籍者，"仍于各厂收养过冬，以明年二月初一日为始，至二月底止，统于一月内将饭厂流民概行资送，交沿途州县管送回籍，仍交该地方官扶绥，安插无误春耕"。当月二十八日，巡视东城兵科给事中杨二酉又奏请自明年二月始逐渐将粥厂用米减少，以便劝谕流民尽早归乡。他认为，"流民贪多领一月之饭，或观望未肯径行，转恐咨送，亦无休期。臣拟自二月初一日起，将臣等五城续奏每厂所加米石，先行减去"。而且要将这一政策早日公布，"流民知米数既减，虽在京，无可希冀，而去者自多，

---

1 《巡视西城云南道监察御史王兴吾奏为京师外省流民不少请旨照例恩恤事》（乾隆八年七月十三日），朱批奏折：04-01-01-0092-011。

2 《清高宗实录》卷197，乾隆八年七月辛丑。

知资送有停，恐逾期致无途费而去者自速"。[1] 乾隆帝批准了两人的奏请，仍令官员将在京流民"概行资送回籍，交地方官安插，无误春耕，并谕各安室家，勿复外出"。

无奈"贫民接迹而来"的情势，不仅"州县岂能概阻"，乾隆帝自己也感觉颇为矛盾，"不可不于近京州县妥协抚绥"。为避免流民全部集中到京城来，乾隆帝命直隶总督在京东之通州、京西之良乡，"分设饭厂二处，搭盖棚舍，俾续来流民得就食宿"，以缓解流民所带来的压力。直隶总督高斌在回复遵旨照办时，也非常明确："来京就食灾民，已遵旨饬各州县沿途劝阻回籍，领赈安业。远者照例留养，俟明春资送本籍安插，总不得令入京师。"面对前来京城就食的嗷嗷灾民，乾隆帝颇为顾虑，十一月三十日，他在给直隶总督高斌的谕旨中说："有人奏流民多，恐薰蒸成疫，故有此谕。又有人奏今年流民亦只三四千之数，较之雍正二三年数至盈万者，尚为减少，朕反悔前谕之失斟酌矣。夫民不幸而遇灾，幸有京师就食糊口之一路，又复邀之途而使空返焉，赤子其可以堪，卿其体贴前后所降谕旨，酌中行之。"[2] 乾隆帝向不折不扣执行阻止流民进入京城命令的直隶总督高斌解释了自己的顾虑，一方面担心流民大量入城，可能会形成瘟疫传染，另一方面他也清楚，京城饭厂是很多流民活下来的唯一依靠。尽管如此，乾隆帝并没有谕令高斌应该怎么办，只是希望他"酌中行之"，自己掌握分寸。

毫无疑问，对于灾民而言，如果径直被遣送回籍，一样是走投无路，甚至有些灾民被遣送回籍后又再次返回。对此，常年经办粥厂的五城御史知之甚悉。巡视北城御史、工科给事中吴炜

---

1 《巡视东城兵科给事中杨二酉奏请酌减饭厂米石等事》（乾隆八年十一月二十八日），录副奏折：03-0311-039。

2 《清高宗实录》卷205，乾隆八年十一月己酉。

就不赞成刘统勋、杨二酉等人的主张，于是在乾隆九年二月初五日，上折奏请京师五城资送流民不便勒逼归籍。因为愿归者尚属寥寥。其故有二："查五城流民多系河间、天津两府，而两府中惟河间府属之河间县、献县又居其大半，理应将此两县流民照原议送良乡饭厂收养。乃良乡则自五城送者随到即多递回原籍，而此收养者仅老弱残疾二三百人，以致两县流民风闻阻气，不愿前往，甚有已送而仍逃回京师者。此则地方官不照原奏办理，以致流民不愿归也。又因冬春以来雨雪稀少，民归无麦苗可望，延留京师，少缓须臾，待恩幸泽，此又天时之不即降雨泽，以致流民不愿归也。"[1] 鉴于吴炜所奏，乾隆帝命原议之大臣就流民处置办法"再议具奏"。

在此过程中，二月十二日，御史钱度建议朝廷强化地方官安置流民的职责要求，请求"敕下各直省督抚严谕所隶州县，一有偏灾，如办理稍迟，致民人四散者，立即纠参"。乾隆帝批评钱度所言"似是而是实非"。他认为，如果地方遭遇水旱之灾，"使有司一面具报，一面办理，务使得所，不致流离"，这一要求是"久定之功令，朕亦不啻三令而五申矣"。但实际上行不通，以乾隆八年（1743）为例，"去岁天津、河间之灾民来京者诚多，亦以离京路近而京师赈恤厚也"，但地方州县"安能如京师五城御史之多，办理就近而得宜乎？"如果出现民人四散，就对地方官"立即纠参"，实际上是"使穷黎饿死沟壑而阻其谋生之路矣"。乾隆帝头脑还是清醒的，地方官如果因为没有拦住本地灾民前往京城，便受到惩治，这种简单粗暴的拦阻手段，固然可以在一定程度上减少前往京城粥厂觅食的饥民数量，但问题是，各地方的赈济力量都没有京城那样强，结果必然导致灾民走

---

1 《工科给事中巡视北城吴炜奏为京师五城资送流民不便勒逼归籍令杂入贫民一体散赈及请照前数散赈等事》（乾隆九年二月初五日），朱批奏折：04-01-02-0039-002。

投无路，流离转徙，葬身沟壑。更重要的是，这有损于皇帝的"圣德"和"仁政"。这一点，乾隆帝只是未能明言而已。乾隆帝批示："钱度所奏不准行，该部知道。"但同时也提醒："然督抚办理，又不可泥于遵朕此旨，以为卸责，而使民轻去其乡也。"[1] 既不能因为朝廷拒绝这种惩治地方官的做法，而导致地方官不作为，也不得任凭流民拥入京城。

五月二十八日，大学士议复左副都御史励宗万条奏意见。与前任左副都御史刘统勋的主张不同，励宗万倾向于采取以工代赈的积极应对策略，"直省灾民到境，或栖寺庙，或设席棚，或劝谕殷实之家随力周给，或该地方有旷土可耕、工程可作，随宜处置，务遂其生"。大学士等议奏，认为励宗万所奏"悉属安顿良法"，并建议各地督抚"遵照办理"。大学士鄂尔泰认为："近来资送流民之例，原以保聚流离，但果有业可归，自能回籍。若无可归，姑就资送，是途中暂有糊口之资，而归后转无可生之路。倘故土丰登，情愿复业，官与路引，听其自归，毋庸差役押送。"鄂尔泰建议应遵照旧例，如果流民入境，即加意赈抚，等到春季，有愿意回籍者，"始行给资护送"，而不能"灾黎甫集，即行押回，不容逗遛"。[2] 对于励宗万、鄂尔泰等人提出的以工代赈而非简单遣送流民的做法，乾隆帝准其所请。

乾隆中期以后，人口激增，无地无产的赤贫流民大量增加，乾隆帝认识到"遣送回籍"，冀望流民归故土、复其故业的做法已经无法解决问题。乾隆二十八年（1763）二月，御史顾光旭再次就资送贫民回籍一事条奏，认为如果一味加大赈济而不予以遣送，则"此例一开，恐致无业之徒，混冒虚糜，于灾黎无益"。也就是说，"留养"的成本越来越高，而且助长了无业流民拥入京城的趋势。乾隆帝认为这种顾虑"是仅推其流弊，而未深究夫有名无实之本源"，从而造成"无识者将未免仍疑为节省帑项起见"，有损皇帝之"圣德"。再者，救荒的最终目的是"体恤民隐"，"即费正供钜万，无所靳固，又何有于区区资送之一节？"至于从前朝臣奏请咨送回籍时，曾经降旨允行的原因是，"此等灾民如果本籍自有田庐，固不当听其播迁失业"。但是，"今经日久，体验流民中远出谋生者，悉系故土并无田庐依倚之人，而必抑令复还，即还其故乡，仍一无业之人耳"。即便这些流民领取了遣散费用，也是"潜移别处，去而复来，有何查验？"而地方官"实力奉行"的结果"则必押解，滥及无辜，亦非政体"。因此，乾隆帝认为"与其资送无实际，不如加赈济之期，俾民获实惠之为愈也"。而且，乾隆帝特意声明政府为赈济灾民并不怕花钱，"设令被灾至重，甚至有田之户亦概远徙，则所以筹抚绥，必更有大设施者，又岂特此资送虚文，所能济其万一哉？"[1]为了让各级官员了解这一想法，乾隆帝命"将此通谕中外，使明知朕意"。显然，乾隆帝并不想因压缩或者取消"留养"而有损天子之"仁政"的名声。

尽管如此，终乾隆一朝，乾隆帝虽然重视在京城赈济，但始终没有放弃将流民向周边疏解的努力。乾隆五十七年（1792），"于五城例设各厂外，在离城三四十里镇集处所添设五厂，照旧定章程，一体妥办"。[2]与此同时，乾隆帝强调以工代赈，通过解决流民的生计困难，以缓解京城流民的压力。"此等领赈贫民，并非俱借粥赈度活，其稍有力者即分赴他处手艺佣工，各自谋生"。[3]

嘉庆帝一味守成，然其思虑却难比其父。当有御史提出收养

1 《清高宗实录》卷 680，乾隆二十八年二月己亥。

2 《清高宗实录》卷 1407，乾隆五十七年六月丙申。

3 《清高宗实录》卷 1408，乾隆五十七年七月辛丑。

灾民的建议时，其直接的反应是断然拒绝。嘉庆六年（1801）六月京城遭遇百年难遇的大水灾，清政府除了蠲免钱粮、截漕赈济之外，"于京城附近地方拨发银钱米石，设厂分给，又令兴工代赈，以期安抚穷黎"。七月，御史胡钧璜、和静分别条奏救济灾民事宜。胡钧璜"请令在京王大臣官员及各庙宇铺户等分养灾民"，和静则"奏请京师限定赈期，晓谕灾民早回乡里"。二人"虽主见不同，均以各州县灾黎来京就食者多，鳃鳃过虑"。嘉庆帝认为二人所奏均不可行，"各州县被灾百姓如果纷纷赴京就赈，必因州县散赈，或侵肥入己，或假手吏胥，从中冒滥，有名无实，致百姓不能存活，弃家觅食。否则，人情莫不系恋乡土，孰肯舍近图远？"嘉庆帝尤其批评胡钧璜请求动员京城内外庙宇、王公大臣官员、殷实有力铺户通过雇工之例，收养灾民、各处分养的建议"荒唐已甚"。如果这些被灾男妇"令其入庙居住，必至男女混淆；若责令王公大臣官员等分拨豢养，视如雇工，灾民必不乐从，难保无别滋事端"。况且"以待赈之民，下侪厮仆，与犯属发给大臣之家为奴何异？试问前代救荒之策有如此办理者乎？"结果，胡钧璜被斥退御史之任。[1] 应该说，清政府在应对嘉庆六年京畿水灾时采取了诸多有效的应对措施，尤其是以工代赈的方式，较好地统筹了赈济灾民与灾后重建劳动力需求的问题，但对于胡钧璜请求动员社会力量参与救助灾民的方式却未能予以采纳。

为了尽可能地减少饥民向京城聚集，嘉庆二十二年七月，经直隶总督刘镮之奏准，加大了直隶所属州县处置饥民的力度，"即分饬四路厅员，或设局留养，或资送回籍"。尤其对于直隶被旱较重州县，"先行分设粥厂，善为抚恤，并先期出示晓谕，俾贫民等安心待赈"，如此"自不致远涉北来也"。[2]

---

1 《清仁宗实录》卷 85，嘉庆六年七月癸巳。
2 《清仁宗实录》卷 332，嘉庆二十二年七月辛未。

　　清政府出资遣送灾民的惯例已经为人所周知，以至于出现了大量外来流民主动索要遣散盘费的情形。道光三年（1823）十月，据顺天府参奏怀柔县知县李廷韠称，该县有外来流民"求给盘费，纷纷喧聚县署"。道光帝谕令直隶总督蒋攸铦"迅速派委妥员，分投有赈各处，严密稽查。如有流民聚集，即饬该地方官妥为安置核办。此等流民，去住靡定，必须查明确数，计口授食，俾奸胥猾吏，无从虚冒，乃为办理得宜"。[1] 道光十三年十二月，据御史朱逵吉奏，京城附近之采育村及河西务、武清、东安、宝坻等县，城市村庄，"有外省游民，什百为群，往来络绎，聚散不常，率有数百人之多，沿途丐乞，口称欲往口外及京城内觅食。内有携带家属者，亦有空身游手，并无锅具者。其中良莠不齐，屡有攘夺偷窃之事。地方正印及巡检等官弹压不止，劝令各铺户敛钱，助给盘费，送出本境，又往他处索扰"。清政府担心这些游民未必"实系外省猝被灾歉之食贫民"，其中"抑或有土棍匪徒夹杂其内"，[2] 因此一方面严查，另一方面予以遣散。

　　晚清，随着内忧外患日益加剧，尤其是在两次鸦片战争、太平天国起义、捻军起义、义和团等事件期间，统治者将防范流民等同于防范"贼匪"，视为维护京师稳定、皇权安全的重要内容。因此，此时对京城流民、灾民的防范更加严格，或加紧盘查，或遣送驱逐。甚至，风声鹤唳，动辄将京城流民视为奸匪。例如，咸丰三年（1853）正月，有人奏："风闻年内地安门外有异服者六七人，沿街唱曲讨钱，经该地方盘诘，斥为汉奸。"又，西直门内北城根庙内，"流寓十余人，以卖粗点心为名，举动颇觉可疑，并时有飞马之人，至庙内共语，行踪诡秘"。又闻东安门外，"有卖鱼者，其鱼腹内藏有利刃，经官兵看破，未知曾否拿获"。

1　《清宣宗实录》卷 60，道光三年十月甲子。
2　《清宣宗实录》卷 247，道光十三年十二月癸亥。

咸丰帝甚至谕令步军统领等衙门，"倘有似此行踪诡秘之人，即行密拿惩办"。[1]咸丰四年三月，御史载馨奏称，"近见街市往来，多有长发及寸之人，衣服长短不一，口音又非本地，难保非奸细溷迹，意图窥伺"。咸丰帝遂命步军统领衙门、顺天府、五城严查改装易服、行踪诡秘者。[2]通过以上诸多事例可见，清政府此时在京城防范流民，已经到了风声鹤唳的地步。在清晚期，固然不能一概否认进入京城的流民中没有类似参与捻军等抗清起义军的成员，但总体而言，此时的流民与清中期的京城流民在本质上并无区别，问题在于，清统治者对于这一群体的判断发生了变化，大有以"奸民"取代"流民"称谓的趋势，在这种情形下，清政府自然难以在京城采取更多的保障措施以"留养"流民。

为防范流民进入京城，清廷甚至谕令直隶总督，"自应设法抚绥，早为资遣，若任其转徙无归，人数众多，即恐有奸徒溷迹其中，别生事端。畿辅重地，尤宜整肃，不可不严加查察，以诘奸慝而恤穷黎。嗣后外省流民一入直隶省交界，即着该督饬令地方官，随时资遣，令回本籍。"[3]

到了光绪年间，涌向京城的外来饥民如同潮水，出现直隶、山东流民"纷至京都，或数百人或数十人，齐至官宅乞食"[4]的现象。"各路饥民来京就食人数既众"，还经常引起"市价日增，加以市井挑钱诸多窒碍，贫民重困，得食维艰"。[5]"饥民来京就食，良莠不齐，兼之匪徒引诱为非，以致京城内外叠有抢劫之案"，[6]

1 《清文宗实录》卷 81，咸丰三年正月乙卯。

2 《清文宗实录》卷 125，咸丰四年三月丁卯。

3 《清文宗实录》卷 87，咸丰三年三月甲子。

4 《清德宗实录》卷 159，光绪九年二月甲寅。

5 《都察院左都御史奎润等奏为各路饥民进京众多恳请饬部酌拨米石发给五城分设各局平粜事》（光绪十三年正月二十七日），录副奏折：03-5594-075。

6 《清德宗实录》卷 335，光绪二十年二月甲子。

甚至有游民铤而走险，"攫取食物"。[1]

此时清廷的策略更倾向于直接遣散回籍。光绪四年（1878）四月，"京师外来饥民甚多，糊口维艰，未能及时归耕"。朝廷遂令步军统领衙门、顺天府、五城御史"会同确查各省来京灾民，分别给资，均即遣令回籍，毋任流离失所"。[2] 五月初十，荣禄等奏呈"资遣外来饥民章程"，将来自顺天、直隶、山东、陕西等省的在京灾民，"查明愿回籍者，一并资遣，给予路费等项钱文，并分别加给银两，以为回里资本"。与此同时，又经彭祖贤奏准，为能让在外流民回籍后，能够"及时耕作"，由官办银两出资筹备籽种，让灾民及时恢复耕作。[3] 不过，后来在遣散灾民时，也进行了区分，即有田耕种者，资助口粮，遣散回籍；无田耕种者，则仍允许其在京粥厂觅食。光绪二十一年四月，清政府饬令京城粥厂官绅"详询灾民，如有情愿回籍者，发给票据，限次日在距京数十里之集镇换给米谷面饼钱文"；不愿遣归者，"仍由各粥厂照数开放"。[4]

饥民大量入京，远远超出了京城粥厂、暖厂、栖留所乃至各善堂所能提供的救助能力，大量饥民无处落脚，只得流散京城街头，加之瘟疫流行，不少人陈尸沟壑。光绪二十一年七月，陕西道监察御史熙麟就描述了这一情景："本年疫疠流行以来，五城月报路毙已三千余人，其内城归步军衙门、顺天府经理者，尚不在此数。询其来历，多顺、直频年流徙之民，闻京师放赈，又闻富家大室优施钱米，愚贱无知，既迫于无可如何，又妄冀可安坐得食，而不肖州县又复而迫之，以为饥民就赈四出，可以卸责避

1 《清德宗实录》卷275，光绪十七年三月丁卯。

2 《清德宗实录》卷72，光绪四年四月丙午。

3 《清德宗实录》卷73，光绪五月己未、庚申。

4 《清德宗实录》卷365，光绪二十一年四月己酉。

嚣，于是民无老稚，背负提携，离乡弃业，相率而来。既至，则所领之粥不足供一饱。优施之钱米亦非羸病饥民，而少知羞耻者所能争先倖获，不得已，馁卧路隅，待死沟壑者有之，沿门行乞、随车拜跪者有之，其拜跪行乞，或疑非真饥民，其待死馁卧亦丐之黠者所能伪，因而真伪混淆，当事者疲于辨认。而粥厂所赈，暖厂、栖流、育婴所收，真者不过十之三四，以致城垣之下、衢路之旁，男女老稚，枕藉露处，所在皆有，饥不得食，惫不得眠，风日昼烁、雾露夜犯，道殣相望，疫气流传，有自来矣。"[1]清末大量饥民的出现及其遭遇，除了社会动荡、自然灾害的影响之外，还有两个因素也不可忽视，一方面是地方州县听任流民四出，推卸责任，正如御史熙麟所言："夫父母之于子，不为谋生理，摽之门外，而听其自灭。此州县之不肖，亦课吏者之忽视民瘼也。"另一方面是清政府"一律妥为资遣"的政策，看似合理，但无形中也让不少无依无靠又无土地、产业的流民置身于走投无路的境地之中。

直到清末，官方对待流民的态度才略有转变，即不再单纯地将流民视为京城治安需要防范的"奸匪"来源，而是作为一种劳动力资源。光绪二十七年（1901）十月，由直隶布政使周馥代奏，已革翰林院侍读学士黄思永奏请在京师琉璃厂废窑设立工艺厂，"收养游民，创立工艺局，招股试办"。[2]经顺天府府尹陈璧等查看，"京师游民甚繁，以教工为收养，实于生计有益"。于是，准其所请，在京师内外城各设工艺局一所，"招集公正绅士妥筹创办，由顺天府府尹督率鼓励，切实举行"。而且强调朝廷准立工艺局，"意在养民，不同谋利"，"使工有所劝，民有所

---

1 《陕西道监察御史熙麟奏为轸恤京城内外流民请饬顺天府五城御史及时资遣安置事》（光绪二十一年七月二十九日），录副奏折：03-5601-077。
2 《清德宗实录》卷 488，光绪二十七年十月丙午。

归"。[1]光绪二十九年，清政府设立商部后，工艺局归入商部办理。光绪三十年四月，御史夏敦复"以京师游民太多，请推广工艺局厂"。经商部议准，"查公家帑项支绌，只可就目前原有之款，竭力整顿，俟经费充裕，即当添设局厂"。不久，商部又奏请"筹办实业学堂，选派监督教务长"。[2]与此同时，粥厂也大多改为教养局，收留轻罪人犯和青壮流民学习技艺。以上这些"工艺局厂""实业学堂"，基本上都是招募游民，既解决了流民生计，稳定了社会秩序，又扩展了社会生产，从而积极、有效地利用了剩余劳动力。

需要说明的是，尽管清政府对于京城流民实行严格的遣送制度，加之东北三省、口外等地实行封禁措施，但我们并不能以此就认为清政府自始至终限制人口的自然流动。乾隆帝就曾经对人口的合理流动给予过认可。乾隆二十五年（1760）正月，周人骥奏请严禁湖广、江西等省人口入川。乾隆帝批评周人骥所奏"知其一，不知其二"。在乾隆帝看来，"国家承平日久，生齿繁庶，小民自量本籍生计难以自资"，加之"今日户口日增，而各省田土不过如此，不能增益，正宜思所以流通，以养无籍贫民"。在这种情势下，各省贫民"不得不就他处营生糊口"，而这种人口流动"乃情理之常，岂有自舍其乡里田庐而乐为远徙者？"因此，乾隆帝要求地方官"无庸强为限制"。至于"其中遇有生事为匪之人"，则"随时严行查禁"即可，"不得以一二败类潜踪，遂尔因噎废食"。不仅对于湖广填四川的人口流动，乾隆帝做如此观察，对内地民人向古北口外流动、向新疆地区迁移，乾隆帝同样以此看待。"即如现在古北口外，内地民人前往耕种者不下数十万户，此孰非去其故土者？然口外种地者衣食渐多饶裕。"

---

1 《清德宗实录》卷 490，光绪二十七年十一月庚辰。
2 《清德宗实录》卷 529，光绪三十年四月庚申。

又，"西陲平定，疆宇式廓，辟展、乌鲁木齐等处在在屯田，而客民之力作贸易于彼者，日渐加增。将来地利愈开，各省之人将不招自集，其于惠养生民，甚为有益。"[1]因此，乾隆帝这种"顺民情所便安"的观念，在客观上有利于正确转化清代中期的人口红利。

四　严禁拐卖人口

人口贩卖从未在封建时代绝迹，进入清代，加之旗下家奴、圈地投充、旗民不平等诸多因素的影响，京城人口贩卖和诱拐等现象呈现出新的特征。

首先是旗下家奴的人口买卖。清军入关后，上至满洲宗室王公贵族，下至普通旗兵，都拥有数量不等的旗下家奴，而且是合法的。以乾隆朝《钦定大清会典则例》为例，其卷32《户部·户口上》有"旗人买卖奴仆"专条，对奴仆买卖进行规定。这些旗下家奴或来自入关前后的投充，或是被圈地民户，或是战争中的掳掠，或是购买的奴仆。直到清末光绪三十二年（1906），经两江总督周馥奏准，才"永禁买卖人口，所有律例内关涉奴婢诸条，悉予删除"。[2]这一合法化的奴仆买卖，在相当程度上对清代的人口贩卖起到了推波助澜的作用。

关于旗人买卖奴仆，清入关之初即规定，"旗下买卖人口，赴各该旗市交易"，不得"越至他旗市"。顺治五年（1648）复准，投充人即系奴仆，愿卖者听。十年题准，八旗买卖人口，"均令该领催注册备考，民人令亲邻中证立契，赴本管衙门挂

1　《清高宗实录》卷604，乾隆二十五年正月庚申。

2　《清德宗实录》卷557，光绪三十二年三月戊辰。

号钤印，均免输税。如不注册、无印契者，即治以私买私卖之罪"。十八年复准，"旗下赴市买卖人注册时，该翼核明给印照"。康熙二年（1663）题准，"八旗买卖人口，两家赴市纳税注册，令领催保结列名，若系汉人，令五城司坊官验有该管官印票，准买"。八年题准，"旗人买民为仆，令本管官用印，若隔属官用印，照拿解良民例议处，所买之人释放为民，买者卖者各责惩有差"。[1]

为限制旗人买卖人口，康熙年间清政府加大了对京城八旗贩卖人口的惩治力度。以往，如果发现旗人私自买卖人口，只是处分所在旗管官，至于佐领、骁骑校、小拨什库、犯人家主做何处分，并没有规定。康熙二十二年（1683）三月，经山西道御史蒋鸣龙奏准，清政府规定以后城内旗人私自买卖人口，如果所属佐领、骁骑校"知而不首"，则予以革职；如果"失于觉察"，则予以罚俸。对于小拨什库也规定了相应的处罚措施。[2]清政府如此限制，并非取消合法买卖奴仆，"旗下官兵须用奴仆"按照规定"仍可照旧买人"。[3]

其次是外出征战的八旗军队回京时，官兵也往往携带幼儿，名为收养，实则充当家奴。"军营凯撤官兵，沿途携带良民子女，本有治罪专条。"[4]例如，康熙八年（1669）谕，"差遣官员并督抚提镇大小各官，不许买良民为奴，及转相馈送，永行禁饬。违者照略卖良民例治罪"。[5]但这一禁令往往成为虚文。以嘉庆十八年

1 《乾隆朝钦定大清会典则例》卷 32《户部·户口上·旗人买卖奴仆》，文渊阁《四库全书》影印本第 621 册，第 13 页。
2 《清圣祖实录》卷 108，康熙二十二年三月丙辰。
3 《清圣祖实录》卷 113，康熙二十二年十一月庚辰。
4 《清文宗实录》卷 163，咸丰五年三月癸未。
5 《乾隆朝钦定大清会典则例》卷 32《户部·户口上·出差官驻防官兵买仆》，第 14—15 页。

（1813）镇压天理教起义为例。各处官兵撤回时，都有携带幼孩的情形，其中，京师火器营、健锐营官兵携带俘获的幼孩回京，经军机大臣查办，二营所带子女中籍隶滑、浚二县者18名，其余103名则多系顺德、广平、彰德等府所属，"讯系该官兵等于凯彻时沿途携带"。[1] 这些孩童，"有掳掠强行携回者，亦有贫困情愿相随者，今事后多以收养无依为辞"。[2] 嘉庆十九年（1814）三月，嘉庆帝谕："至克捷蒇功之日，逆匪家属例应查明缘坐，其被难民人无依子女亦当由地方官抚恤收养。若征兵凯彻之时，任其纷纷携带，在贼匪遗孽既因此漏网，而良民子女竟至远离乡土，沦于婢仆，此与俘获何异？"[3] 显然，官兵借口收养所带回的幼孩，本质上就是掳掠，甚至都谈不上是人口贩卖。

咸丰朝清军镇压太平天国起义期间，"军营撤回官兵"时，依然有不少官兵"携带幼孩""随从来京"。"惟此项幼孩，或故乡被扰，或亲属无存，若概行递回原籍，恐其中无家可归者，转致流离失所。"不得已，清政府只得命令在京各旗营衙门逐个查明，除主动交出的三名外，"凡有携回幼孩，均饬该官兵等按名呈出"，如果有亲属可以投靠或者力能自还本籍者，便"准其回籍"，实在不愿回籍者，则"准其在京自谋生理"。[4]

再次是迷拐幼童。除了旗人买卖奴仆之外，京城旗民幼童也往往成为人口贩卖的受害者，经常出现幼童被迷诱拐卖的现象。早在康熙六年（1667）就规定，由五城御史严行查拿抢夺妇女、拐骗幼子的奸恶之徒，从重治罪。至乾隆朝，京城旗人幼童被迷拐的案件屡有发生，而且绝大多数未能破获。对此，乾隆二十五

---

1 《清仁宗实录》卷287，嘉庆十九年三月辛丑。

2 《清仁宗实录》卷293，嘉庆十九年七月己亥。

3 《清仁宗实录》卷287，嘉庆十九年三月辛丑。

4 《清文宗实录》卷163，咸丰五年三月癸未。

年（1760）十月，巡视西城掌陕西道监察御史陈大化奏称：

> 臣于本年三月奉命巡城数月之中，计内城旗人报明迷失幼童、通行饬拿者五案。再检查四五年以来，内城旗人报明迷失幼童通行饬拿者不下二十余案，其年远案繁，不在此数。试思人自十岁以后、十五六以前偶出户庭，不过探望姻亲，购买什物，远不出数里，近不越比邻，即倏尔迷途，而父母姓氏住居里名素所熟记，何难跟寻？而况京师城垣周匝堆汛森严，果有迷路之幼童，亦必指引归家，岂容有本地匪人引诱勾留，待至经年累月之久，毫无发觉者？此必有一种异端邪术潜处肘腋之地，窥伺出入，计诱药迷。且承访查未及之时，即先携走出城，闭藏异地，大则戕其性命，小亦断其形骸，残忍痛心，莫此为甚。不然迷失之后，总不出内外城耳，昭著之间，非比深林旷野渺茫难寻，生固有人，死亦有尸，何至消灭于无何有之乡也？即如昔年江浙迷拐之案，奏请严查，其风始息。又如乾隆二十四年主事张孝泉之子年十五岁，为道人招手迷惑，行至西直门醒觉声喊，道人逸去，其子为兵役送回，奉饬拿其名验也。惟是此等迷失案件，计本人呈报该管官，再行知内外各衙门通饬查拿，文移辗转，约在十余日之后，奸人乘间远飏，已不知遁归何所，是以积案相仍，从无一获。

迷拐案件层出不穷，且鲜有破获，其根本原因在于，一旦出现相关案情，负责缉拿的有关衙门往往疲精竭力于文移辗转而错失时机。为了打击迷拐幼童的现象，陈大化建议："嗣后如有迷失之案，在内城者即日报知步军统领及顺天府衙门，外城则报明五城。该各衙门于报到之日，一面径行知内外看守城门官兵，于面生可疑之人层层盘诘，不令漏网，即一面飞饬所属该管员弁选差踩缉，并通饬内外城附近地方官弁一体稽查，严立限期，务在必获。"[1] 如果逾期不获，则严加惩处。御史陈大化所奏，得到清政府批准。乾隆帝谕令："应如所奏。"[2]

儿童往往是人口贩卖的受害者。乾隆四十一年（1776）三月，东城盘获王刘氏拐卖幼童一案，经审讯，住前门外长巷头条胡同 38 岁的大兴县妇女王刘氏，自乾隆四十年（1775）九月起，用药先后迷拐 16 名旗民幼女。第一次是在乾隆四十年（1775）九月间，王刘氏从西直门走过时，诱拐一名叫二格的九岁旗装小女孩，在所认识的季媒婆牵线下，卖给了通政司告病知事黄绍家，得银十七两。第二日，人贩子陈连联系王刘氏，给了她几个去皮栗子、几个枣儿，"说诓小孩时与他吃，你不可吃，那枣儿、栗子上像有些黄颜色的面子药"。第二次是王刘氏在西直门内又拐骗一名七八岁叫长得儿的一小女孩，通过季媒婆卖予布巷胡运逢带往了山西，得钱十六吊。第三次是在顺城门外歪脖子树拐的一名叫凤儿的七岁女孩，又经季媒婆卖予何上达，得钱十三吊。第四次是十月份在西便门内旧营房地方拐的六岁幼女名妞儿，卖给沈老婆子家，得钱十三吊。第五次是闰十月里，在渣子桥拐的七岁女名妞儿，"因这孩子说出拐来的话"，季媒婆随后送还本家张李氏。第六次是十一月里在西河沿拐的女名伶儿，年十岁，交给刘姓媒婆转卖，刘媒婆因伶儿"告知本家住处，遂将伶儿送交伊父赵大"。第七次是十一月里在都城隍庙地面拐的女名掌儿，年七岁，后卖给一位韩姓，得钱十七吊五百。第八次是十二月里在内城双塔寺拐的女名妞儿，年六岁，卖予何上达，得钱十四吊。第九次是在安定门内拐的女名四妞儿，年十岁。第十次是在西直门内大土坡地方拐的女名妞儿，年九岁。第十一次是在

---

1 《巡视西城掌陕西道监察御史陈大化奏为请严承缉迷语幼童之例律事》（乾隆二十五年十月初九日），朱批奏折：04-01-01-0238-015。

2 《清高宗实录》卷 625，乾隆二十五年十一月己未。

安定门内拐的女名桂姐，年十一岁。以上三名都是乾隆四十一年
（1776）正月里拐的，王刘氏先后卖给黄绍，带往江西，共得了
二十二两银子。第十二次是正月里在报恩寺地方拐的女名二姐，
年九岁，王刘氏自己将这名女孩留在家中做女儿，未卖。第十三
次是二月里在西城段家炕拐的女名二妞，年十岁，王刘氏将其卖
予陈四，"不想这女孩说出被拐的话，陈四将这女孩送还本家刘
长庚"。第十四次是二月里在左安门内三义庙地方拐的女名好姐，
年九岁，经王二引卖予一位宋姓人，得钱十五吊五百。第十五次
是在安定门外桥头拐卖一名叫麻妞儿的女孩，年十二岁，交与季
媒婆后跑出不见。最后一次是三月初五日，在广渠门内板厂地方
拐的女名招弟儿，年九岁，经王二引卖予一位傅姓人，未卖出便
被抓获。[1]

由上可见，这位王刘氏拐卖的全是十二岁以下的旗民幼女，
其中卖出 10 名，2 名未卖，3 名因说出自己被拐而送还，1 名自
己逃跑。每次贩卖都有人贩子，如"季媒""刘媒""陈连""王
二引"之类与其合作。买主既有京城本地人，也有远在山西、江
西者。不足半年时间，王刘氏共诱拐了 16 人，可见当时京城贩
卖幼女现象之猖獗。

此后，京城拐卖幼女案层出不穷。例如，嘉庆六年（1801）
二月，西城拿获诱拐幼童的徐韩氏及主使谭德一案。谭德系直
隶枣强县人，长期在京说媒度日，嘉庆五年（1800）认识徐韩
氏，遂同院居住。六年正月初八日，谭德指使徐韩氏赴各处诱拐
幼孩，卖钱分用，还教徐韩氏如何使用迷拐之药。徐韩氏听从，
即于正月十一日一同出街寻拐。十三日至琉璃厂地方，谭德拐得
六岁幼女薛龄儿，后托孟姓媒婆说合，卖给郭姓家为婢，得钱

---

1 《巡视东城给事中阿那布、巡视东城给事中王猷奏报拿获拐卖幼女贩事》（乾隆四十一年三
  月二十日），录副奏折：03-1420-045。

十六千。二月初八日，谭德在所住之盆儿胡同房后，迷拐九岁幼女孙瑞儿，正通过孟媒婆找主卖钱时，被坊役盘获。[1]又如，道光元年（1821）八月，步军统领衙门拿获贩卖人口匪犯三名。[2]道光四年（1824）五月，东城兵马司吏目施立人又拿获拐卖幼女刘妞儿的案犯宋幅。[3]道光二十年（1840）六月，御史万超奏请申禁贩卖幼童。据万朝奏称，戏班寓所藏奸纳污，旗民子弟宴饮赌博，吸食鸦片，都在不同程度上助长了幼童的拐卖，并称"正阳门外五道庙、名贵堂、保贵堂客寓为贩卖幼童住歇之所"，尤其是戏班寓所经常发生"幼童身死"案。[4]可见，当时被贩卖的幼童，有相当一部分被卖进了戏班。

还有一些被拐卖的幼童成为娼妓，甚至被卖到了外地。道光二十三年十二月，东城查获贩卖人口的安徽人吴棚子。据东城吏目陶桂森禀称，安徽怀宁县人吴棚子从前来京在各处佣工，与中城猪毛胡同以窝娼为生的余春晓、余程氏认识。道光二十年（1840），余春晓托吴棚子到南方买个女孩，添做买卖。吴棚子回到原籍，买得14岁方姓幼女，即张黑毛，又买得亲戚江姓男孩江长久。道光二十一年（1841）二月间同吴二将带两幼孩进京，将黑毛儿卖与余程氏家，又托唱戏为生的陈春喜将江长久卖给贾姓，带往山西。[5]道光二十六年六月，东城正指挥张鸿在东便门外盘查，发现胡和升等携带男女幼孩五人，神情慌张，语言支

1 《巡视西城给事中文通、巡视西城御史游光绎奏为拿获徐韩民等人诱拐幼童事》（嘉庆六年二月二十七日），录副奏折：03-2431-007。

2 《清宣宗实录》卷22，道光元年八月癸未。

3 《巡视东城兵科给事中托明、巡视东城掌福建道监察御史赵柄奏为拿获略拐幼女束鹿县民宋幅请交刑部事》（道光四年五月十五日），录副奏折：03-3722-010。

4 《清宣宗实录》卷335，道光二十年六月壬戌。

5 《巡视东城兵科掌印给事中双寿、巡视东城掌广西道监察御史徐嘉瑞奏为访获安徽民人吴棚子贩卖人口等犯交部严审事》（道光二十三年十二月初五日），录副奏折：03-3817-020。

吾。经审讯，直隶遵化州人胡和升为贩卖幼孩获利，年初托媒人王升从口外买得男孩 1 名、女孩 8 名，均不知姓名住址，六月间携带来京，至朝阳门外先将幼孩等安置客店进城，随后准备雇车将幼孩拉至东便门外时，被差役盘获。[1]

至清末，京城贩卖幼儿更加猖獗。同治三年（1864）五月，"京师地方竟有施用邪术，迷拐幼小子女，展转售卖，为害闾阎"。[2] 七月，步军统领衙门拿获诱拐子女人犯张任氏、夏段氏、夏常亮、夏承瑞、德富氏、田杨氏、焦富氏、路高氏、富得顺、窦关氏、连常奎、瑞段氏等多人，"用药迷拐子女"。其中，甚至还有宗室觉罗松连、松陈氏。[3] 清政府多次谕令步军统领衙门、顺天府、五城一体严拿，但直到同治九年六月，"京城地面屡有匪徒迷拐幼孩之事"。当月初九日，崇文门外巾帽胡同有高姓之子二格被匪徒迷拐，走至兴隆街地方，经旁人看出截住，匪徒当即逃逸。[4] 直到光绪初年，京城依然不时出现"奸民迷拐子女"之案。[5]

五　对域外人员的管理

"非我族类，其心必异"（《左传·成公四年》），域外人员往往也被统治者视为危及政治稳定的危险因素，而予以严格管控。清代京城域外人员主要包括传教士、朝贡使臣、外籍属人安插、驻华使节等。清代，外国来京人数虽然不多，但依然构成了一个

---

1 《巡视东城礼科给事中常绩、巡视东城户科给事中胡元博奏为拿获胡和升等拐带幼孩案请交刑部审办事》（道光二十六年七月初五日），录副奏折：03-4072-032。

2 《清穆宗实录》卷 103，同治三年五月丙辰。

3 《清穆宗实录》卷 110，同治三年七月癸亥。

4 《清穆宗实录》卷 285，同治九年六月辛亥。

5 《清德宗实录》卷 46，光绪三年正月癸酉。

独特的群体，尤其在清政府不同时期的对外政策下，清政府对域外人员的管理也发生了巨大的变化。

第一阶段是清前期对传教士等域外人员的管理。对于在京传教士，清初即允许建造西洋堂，并许其居住其中，但不得向民间传教。"京师设立西洋堂，原因推算天文，参用西法。凡西洋人等，情愿来京学艺者，均得在堂栖止。"清政府虽然规定在京传教士不得与外人交接，但实际上并未能禁绝，"乃各堂西洋人每与内地民人往来讲习，并有刊刻书籍、私自流传之事"。嘉庆十年（1805）四月，御史蔡维钰奏请严禁西洋人刻书传教，一旦发现，即行查出销毁。[1]

此外，清前期为接待来自朝鲜、安南、琉球、缅甸、苏禄、南掌、暹罗等国的使臣，在礼部下属的主客清吏司设有专门的会同四译馆，[2] 专门负责接待、安置外国贡使。清政府对各国使节的来京期限、人数、待遇、筵宴、货物购买、赏赐等诸多方面都有严格规定。

第二阶段是道咸时期对西洋人的畏惧，害怕西洋人进城，反对驻华通商。清代中国由于不了解世界，向来自视为"天下"中心，自奉居"天朝上国"，而视域外各国为"蛮夷"，为"蕞尔小邦"。因此，无论是在和平时期，还是冲突时期，都以此"礼仪"处理中外之交往，乾隆朝英使马戛尔尼访华、嘉庆朝阿美士德访华的遭遇，即是如此。

咸丰朝第二次鸦片战争之际，英、法、俄等国不断侵略中

---

1 《清仁宗实录》卷 142，嘉庆十年四月辛未。

2 清初四译馆、会同馆分设，乾隆十三年四译馆并入，改为会同四译馆。据乾隆朝《钦定大清会典》卷 56 记载，馆舍有三处，一在御河桥，一在宣武门内，一在正阳门外。清初会同馆沿用明代会同馆南馆旧址，位于东江米巷玉河桥西街北。后来，此处成为专门供俄罗斯人居住的俄罗斯馆。嘉庆朝后，会同馆主要使用的馆舍是御河桥一处。该处与俄罗斯馆均位于正阳门内东江米巷。参见王静《清代会同四译馆论考》，《西北大学学报》（哲学社会科学版）2006 年第 5 期。清末，外国驻京使馆区设于东交民巷，与此一脉相承。

国，或攫取贸易特权，或掠夺土地，同时要求向北京派驻使节。面对这一情形，清政府在畏惧的情绪中，依然用"华夷之辨"的思维，坚决抵制外国人进京。咸丰八年（1858）四月，英法联军代表要求进京谈判时，咸丰帝谕："至外国人进京，皆系朝贡陪臣，若通商各国原因获利起见，近年海口事宜，均在广东定议。即康熙年间，与俄夷会议互市，亦均在边界定议，从无在京商办之例。该夷来京，无论人数多寡，中国有何畏惧？实因与体制不合。""何况嗼咈两夷，称兵犯顺，尤非恭顺之国可比。此次准其接见大臣，已属格外，岂能再准进京？"对于英、法递交国书、派驻使节的要求，咸丰帝命直隶总督谭廷襄，"告以天朝体制，凡非朝贡之国，偶有国书往来，均有定式，从不加以傲慢。况今咪国，彼以礼来，我以礼往，尽可无庸疑惑"。"盖昔时住京洋人，因学算法，操纵由我，无虑为患。今则来去自伊，贪得无厌。"[1]咸丰八年五月，再次谕军机大臣："至进京一节，他国所议，但言有事进京。而嗼夷必欲在京久驻，且自居钦差名目，其窒碍之处，尤不胜言。当告以有事进京，既经允许，则遇有大事，尽可来京面诉，何必留人远驻京师。"如果非要驻京，则需仿照俄罗斯之例，只能派驻学生留驻，而且必须穿中国服装，以技艺服务，不得涉及公务。"若必欲驻京，则俄夷成例具在，但能派学生留驻，不能有钦差名目，须改中国衣冠，听中国约束，专命学习技艺，不得与闻公事。"[2]咸丰十年（1860）闰三月，面对英、法呈递照会等要求，咸丰帝认为英、法等国的其他要求"如无大窒碍之事，即不妨略予通融"，唯有外国人驻京一事，坚决不同意，"夷人驻京，则中国为外夷所监守，自古无此体制，万不可行"。[3]

---

1 《清文宗实录》卷 250，咸丰八年四月戊申。

2 《清文宗实录》卷 253，咸丰八年五月甲申。

3 《清文宗实录》卷 313，咸丰十年闰三月壬子。

　　直到咸丰十年（1860）七月，面对英法军事入侵的逼迫，清政府的坚持略有松动，"如万难阻止，亦可允其驻京，但不得多带从人"。[1] 八月，英法联军入掠北京城后，清政府与其订立城下之盟，割地赔款，屈辱求和，只得同意外国派使节驻京。

　　第三阶段是总理各国事务衙门设立后，清政府对西方驻华人员的态度发生了重大变化。在咸丰朝，往往用"夷人""夷商""夷官""夷货""外夷"以及"咦夷""俄夷"等词语指称西方人。进入同治朝后，官方使用"夷"的字眼大为减少，而是改用"洋人""西洋各国"或者"英""法"等，而不再与"夷"字连用。其中虽不乏西方国家的外交压力，但也的确反映了当时国人对西方认识态度的重大变化。

　　更重要的是，集中居住在东交民巷区域外国驻华使馆的外交人员，对北京城市管理也产生了重要影响。例如，因保护洋人特权，城市治安问题不断。光绪二十四年（1898）八月十六日，有人奏："前门外天桥一带十五日午后，有外国人数起，乘坐车轿入城，无知之徒聚众哄逐，情形颇重。"清政府命步军统领、左右翼总兵拣派参游一员，率领弁兵百余名在马家堡铁路车站，及永定门内外天桥一带地方分段巡逻，认真弹压，"遇有洋人经过，一律妥为保护"。[2] 八月二十四日，慈禧太后发布懿旨，命步军统领等专派妥员，"于各国使馆一带地方昼夜巡逻，认真保护，并弹压一切"。[3] 此外，清末街道的改扩建，沟渠整治，以及对道路卫生的重视，在某种程度上都与改善使馆区外国驻华人员的管理有一定的关联。

　　另外，清政府在京城八旗中还曾经安置俄罗斯、安南等来华

---

1 《清文宗实录》卷 325，咸丰十年七月丙午。

2 《清德宗实录》卷 427，光绪二十四年八月丁酉。

3 《清德宗实录》卷 428，光绪二十四年八月乙巳。

人员。顺治、康熙两朝，从俄罗斯而来的逃人和降人在康熙时期被编为镶黄旗满洲第四参领第十七佐领，史称"俄罗斯佐领"，属地在东直门内胡家圈胡同。[1] 又如，乾隆五十五年（1790），清政府在京师汉军旗安置了因内乱而降清的安南黎氏。当年正月，福康安奏称，黎维祁及属下百余人来京，乾隆帝命"归入汉军旗下，编一佐领"，"于京城隙地起盖房屋，查明汉军旗分内人户较少者，将黎维祁等编入，并简派大臣管理该旗，以资约束"。次日，乾隆又谕令："将黎氏支属亲戚及曾任官职者，约在八十户以内，分起送京。但各户人口，多寡不一，现在查明京城隙地起盖房屋，约可盖二百二三十间。自应就房间数目，定人数之多少。着传谕福康安等，即酌核各户人口，以每人住房三间而论，此二百余间可容若干人口，即行按数送京，不必拘定八十户，致滋拥挤。"[2] 乾隆五十八年十月，黎维祁病逝于北京，乾隆帝命以公爵礼葬于东直门外。

结　语

清政府对京城流动人口的管理，首要目的是维护统治秩序和社会稳定，尽管这在客观上起到了控制人口规模的效果，但同时也加剧了城市吸纳人口能力不强的缺陷。当然，清代统治者不乏"多兴土功，亦所以养穷民"的思想，[3] 但尚未建立起解决大量流动人口的经济社会机制，时人的观念还是"驱游惰以归本

---

1 可参见（清）俞正燮《癸巳类稿》卷9《俄罗斯佐领考》《俄罗斯事辑》，以及吴洋《清代"俄罗斯佐领"考略》（《历史研究》1987年第5期）等论文。

2 《清高宗实录》卷1346，乾隆五十五年正月庚寅。

3 《清高宗实录》卷672，乾隆二十七年十月丙申。

业"。[1] 其背后的因素，主要还是农、工、商业的发展形态和水平还没有能力消化快速增长的人口，尤其是城市的发展和繁荣，没有为源源不断的流民（往往也是剩余劳动力）提供就业机会，以至于清代大量增长的人口红利不但未能体现在经济社会发展和推进城市化发展上，反而加剧了城市的贫富分化，造成了社会阶层的对立。进入城市的无业人口，除少量得以就业，成为杂役、工役、奴仆之外，绝大多数沦为统治者眼中威胁社会安定的"流民""乞丐"甚至"盗贼"，清政府为体现"皇恩浩荡"，还不得不常年投入赈济物资，予以救助，结果仍是收效甚微。

　　直到晚清，伴随着兴办实业、振兴农工商以救国的思潮兴起，清政府才逐渐认识到解决"游民"的根本途径。这里，不妨以光绪末年曾积极举办京城工艺局的顺天府尹陈璧的一段话为例："游民众多，正坐农工各务概未讲求之。故西人研究农工不遗余力，新理日辟，获利极丰。中国视为故常，有志之士不屑措意，业农者仅遵故老指授而已，广肥料，选嘉种，诸法未闻也。业工者守高曾矩矱而已，制机器，精格致，诸学未闻也。以此窳败之农工，奈之何不贫且困乎？是以小民终岁勤动，往往事畜不完，无籍之民习睹其法，遂安于游手偷闲，不事生产。今欲振兴农工，创办之初，既可以游民充工作，迨利益显著，趋者日众，游民自稀。"[2] 正是在这种认知下，清末北京的城市治理和人口管理措施才发生了巨大的变化。而在城市创办"工艺"，也预示着近代城市发展模式开始发生重要转向。

1　《皇清奏议》卷24，周祚显《驱游惰以归本业疏》。

2　（清）陈璧：《望岩堂奏稿》卷3《遵旨设立工艺局暨农工学堂大概情形折》，朝华出版社，2018，第294页。

美藏《京城各国暂分界址全图》的图幅来源与展示时段 *

李 诚 **

摘　要：美国国会图书馆所藏《京城各国暂分界址全图》，反映了八国联军分区占领北京的历史事实。此图以"首善全图"系的《京师城内首善全图》为底本，在其上饰以六种颜色并增补注记、国旗后刻印。注记中因字形相近而误将"義"作为"美"。结合联军分区占领过程，此图反映的时段可大致判断为 1901 年 4 月至 9 月间。《京城各国暂分界址全图》尚有诸多问题有待进一步考察。

关键词：八国联军　北京　分区占领

　　清光绪二十六年（1900，农历庚子年）在北京城市发展史上有特殊的重要意义。这一年四五月间，义和团开始大规模进入北京城。从八月中旬开始，直至次年九月，北京城被侵华的八国联军分区占领了一年之久。对京城百姓而言，这无疑是多灾多难的一年。北京的城市主导权多次易手，最终由清廷转到联军手中。传统的城市管理机构在应对非常事件时显得疲软无力，联军撤走后，古都开始了蹒跚的近代化步伐。笔者在搜寻海外收藏的中文

---

* 本文系北京社会科学基金青年项目"京津冀地区古旧地图专题研究"（项目编号：21 LSC010）阶段性成果。

** 李诚，北京市社会科学院历史研究所助理研究员。

古旧地图时，发现了收藏在美国国会图书馆的一幅北京城市地图。全图为中文绘制，名为《京城各国暂分界址全图》。图面内容较为清晰地反映了联军分区占领北京城的历史事实，在研究近代北京城市史与中外关系史等方面均具有重要价值。有鉴于此，笔者不揣冒昧，试从图幅反映的内容、图幅源流的分析与图幅反映的时段等角度对该图进行浅要考察。

一　图幅内容浅释

《京城各国暂分界址全图》为彩色刻本单幅地图，图名书写于图幅上部中央位置。在图名之下，自左至右分别绘出日本、意大利、德国、美国、俄国、法国、英国七国国旗。其中，德国国旗自上至下为黑、白、红三色。这是德国在 1867 至 1918 年之间的国旗。美国国旗左上角的星星在图中显示的方式是在十二个白色圆圈上打上黑色十字。

图 1　图幅中的德国国旗与美国国旗

该图在图名两侧分别有两段文字内容，其中右侧内容为：

今将京城内外各国暂管地面并各国所站[1] 各衙门公所均照界限分别清楚及各国旗式按界分清以便一目了然。现有俄、

1　案：此处"站"为同音假借，应为"占"字，下同。

美国所管地面业已均归英、德国管辖，其俄兵退据东三省也。

此段文字说明了绘图目的在于显示联军分区占领北京的情形。值得注意的是，虽然在联军国旗上仍有俄国与意大利，但图面上却并未显示出俄占区与意占区。文字介绍说明了俄国和美国占领区已由英国和德国管理。俄军从北京撤出，转而向我国东北地区集结。图名左侧的文字内容则是关于绘图的说明，具体是：

> 大内及詹事府顺天府具系日本所站，吏、户、礼部、宗人府、太医院、钦天监具系俄站，兵、工部、銮驾库、天坛系英站据，其景山系法站，先农坛系美站，理藩院系各国公署。英界黄色，法界蓝色，美界绿色，德界红色，美界米色，日本蛋青色。

作者以北京城内重要的衙署机构和地理坐标说明了联军的分区占领情况，反映了改绘者对北京城的认识。考察图幅内容后可知，文字说明中罗列的地理坐标大部分均位于各占领区内，而不是在各占领区的边界。如日占区的顺天府，先为俄占区、后为英占区的钦天监等。例外的两处衙署分别是先农坛与理藩院。在图幅中，先农坛为美占区，先农坛周围均属英占区。在庚子、辛丑年间，先农坛长期被美军占领，并作为美国在京军队的宿营地。另外一处是理藩院，原为清廷处理涉外事务的衙门。在联军占领期间，曾多次作为联军指挥官会议的地点，故作者指其为"各国公署"。《京城各国暂分界址全图》最突出的特点在于分区设色。为说明各种颜色分属某国占领，作者将六种颜色表示的占领势力一一点明。六种颜色代表了五国军队，"美界"出现了两次，分别是绿色和米色。美界的米色分布于内城两侧，绿色则单独着色于美国占领的先农坛。本段文字前半部分的衙署分占情况有日、俄、英、法、美五国，分区设色则为英、法、美、德、日五国，俄国被替换成了德国。

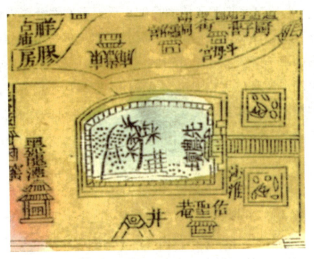

图2　英占区内美军占领的先农坛

在文字内容之下，是本图的主体内容。本图仅绘制了北京内、外城，不含城墙之外的郊区。明亮的分区设色使得该图颜色鲜明。作为衙署分布的重点地区，北京内城在联军占领期间分区繁杂，故作者用对应颜色涂抹出相应分区后，又以红色勾勒出联军占领的界线。从图面展示的内容来看，本图反映的联军占领情形如下。

饰以蛋青色的日本占领区分布于北京内城，共有三处，分别是北京内城的朝阳门至西直门以北一线；北京宫城南部由端门、午门、左安门和右安门构成的封闭空间；北京皇城东侧南起东华门—东安门一线，北至皇城东北角楼与德占区分界。经仔细辨认，紫禁城的四座城门午门、神武门、东华门及西华门在门檐附近也涂抹了颜色。其中，午门、神武门、西华门涂上了与日占区相同的蛋青色。不同于其他三门颜色涂满于城楼处，东华门仅在门檐部分地区涂抹色彩。由于涂抹区域较小，颜色难以明确辨认，与图中红色接近。

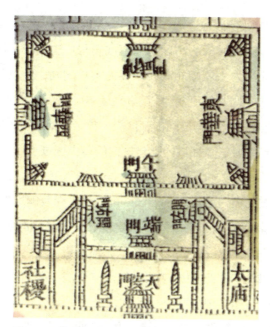

图 3　图幅展示的北京宫城

　　若依据图幅左上角文字说明，则美国占领区在内城有两处，饰以米色。内城西侧的美国占领区北起西直门，南达阜成门，向东部延伸至内城河流附近被北侧的日占区、南侧的法占区胁迫收窄，而后向西延伸至皇城西北角。另一处内城美占区在皇城东侧，北起弓弦胡同，南至理藩院，西靠皇城城墙，东达东四牌楼—东单牌楼一线。外城以绿色涂抹的美占区则仅为先农坛。

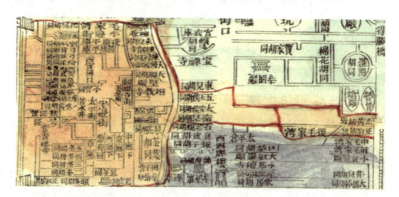

图 4　内城西部的美占区

法国占领区饰以蓝色，自阜成门一线内城城墙向东直抵皇城北侧的景山。在内城的法占区，在阜成门与广宁伯街一线向东北方向延伸，北界为石老娘胡同，南界为椿树胡同，向东延伸至皇城城墙。皇城内的法占区为西安门以北，景山以西的地区。

图幅显示的英国与德国占领区最为复杂，两国占领区分布于皇城、内城和外城三个地域内。皇城内的英占区位于日占区的南侧，北起东华门—东安门一线，南达太庙一线（不含太庙）的皇城城墙内。内城的英占区位于法占区以南，西、南两侧均为内城城墙，东侧以自南向北以石老胡同、受水堂、松树胡同与德占区为界。外城除了美国占领的先农坛，西、北部为德占区，东、南部为英占区。外城的英占区为崇文门大街以东，虎坊桥—猪市口—蒜市口一线以南，南缘和东界均为外城城墙。

图幅显示的德占区最为零碎，共分为四部分。皇城内的德占区有两处，一是景山以东的东北角地带，一是西安门以南的西南角地带。皇城西南角的德占区又与内城相连，也属德占区。这部分德占区西与英占区为界，南达内城城墙，东侧基本为棋盘街以西地带。

需要注意的是，该图涂抹颜色的联军占领区并未囊括整个北京城，部分地域并未涂抹色彩，而是以原色展示。这部分地域集中在宫城与皇城的西南侧附近。首先在天安门以北至神武门之间，除了日本占领的端门与午门之间和日、美分占的四处城门外，其余均未涂抹色彩。自西长安门至棋盘街、正阳门一线向东延伸至东单牌楼、崇文门一线，也未修饰色彩。这部分地域包含了《北京条约》签订之后日渐形成的各国使馆，但图中并未绘出，反而延续了东交民巷的最初称谓——东江米巷。

《京城各国暂分界址全图》从图幅源流上，应当是在清代单幅北京城图上分区设色而成。分区的颜色涂抹并不均匀，常有区块颜色溢出或不同颜色交叉现象。同时，为清楚显示内城分区的红色边线，在内城美占区的东部也有交叉现象。不过，并不能就此认为，该图作者在涂抹颜色时处理过于随意。将美军先农坛与其他美占区涂抹不同颜色，对宫城城门进行着色，乃至以红线勾勒占领区界线，都表明作者在占领区着色时对细节的重视。

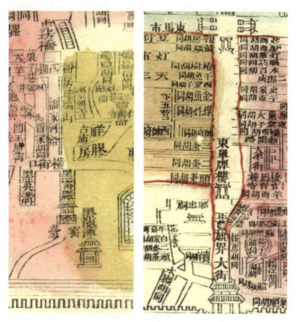

图 5　图幅上的颜色交叉、溢出与红线划界

由该图改绘特点，可大致判断出此图改绘者的两大特征。

（1）此图由改绘者以当时北京民间流行的某种北京城市地图涂抹颜色，加注图名、注记等要素刻印而成。改绘者很可能并未受过严格的地图绘制训练，或改绘过程较为仓促，成图时间较短。

（2）改绘者对此图改绘时联军分区占领情形较为熟悉，对城门、衙署的归属都有明确认识。不过，改绘者的认识还需要其他史料予以印证。

收藏于美国国会图书馆的《京城各国暂分界址全图》，[1] 在

1　美国国会图书馆藏《京城各国暂分界址全图》。网址：https://www.loc.gov/item/2006
458552/。

收藏页面中，包含了该图的若干信息。图名为汉语拼音"Jing cheng ge guo zan fen jie zhi quan tu."[1]；印刷地为北京，印制时间被标注为"[1900?]"，表明收藏机构亦不能准确判断此图的绘制印刷时间。该图为单幅地图，图幅大小为 67×54 cm。此图的主题有四行内容，主要说明了地图的主要内容是中国北京义和团运动时期的地图。[2]此图的收藏信息中还有对图中左上角各国占领区的英文简要说明："Shows British legation quarter in yellow, French in blue, U.S. in green and ivory, German in red, and Japanese in light green."此图目前收藏在美国国会图书馆的地理与地图部。[3]

从图面四周的印章与签注亦可得知部分收藏信息。在图面右下角左安门的城门右侧，有一枚刻有三行字的方形印章，其内容从上至下分别为"Map Museum"、"3-SEP 1955"以及"Library of Congress"。由此可知，本图收藏于国会图书馆的地图博物馆，入藏时间为 1955 年 9 月 3 日。在方形印章右上方，另有一枚椭圆形印章，可惜文字部分叠压在涂抹黄色的英占区上，已无法辨识具体内容。在图幅上方图名之上，附有一张白纸签注，黑色方框内有英文"ARMY MAP SERVICE LIBRARY"，显示该图曾收藏于军事地图图书馆。其下左侧为存档情况"SHEET：1061""COPY：1"可知该图在国会图书馆仅保存一份。右侧是整理人员填写的图名"Pei-P`ing, CHINA"和编号"41-29-100-N.S-"。整理人员加的图名直译是"北平，

1　按：此为今天美国国会图书馆工作人员对该图的登记名称。

2　此图的"Subject Headings"为："Beijing (China) —Maps; China—History—Boxer Rebellion, 1899-1901—Maps; Beijing (China) —History—Siege, 1900—Maps; China—Beijing"。

3　Repository: Library of Congress Geography and Map Division Washington, D.C. 20540-4650 USA dcu。

中国"，这与北京的威妥玛式译名"Peking"不同。图签的下一行内容是入藏编码记录："ACCESSIONS NO.197563MAY2445."图签最下方是"CAPTURED MAP"，显示该图并非国会图书馆的旧有收藏，而是从他处"俘获"的地图。仔细辨认图签最上方，也有一行浅紫色印章"CAPTURED MAP FILES"。

综合网页收藏信息与图上的签注和印章，可归纳出此图的图面内容与收藏信息为：《京城各国暂分界址全图》反映了八国联军占领时期分区占领北京的情形；此图最初在 1955 年 9 月 3 日入藏美国国会图书馆的军事地图博物馆，目前藏于地理与地图部；此图仅有一份，绘制、印证信息多不明确，在国会图书馆收藏之前的保存情况亦不明。

总体来看，《京城各国暂分界址全图》应是以较为成熟、流传较广的民间刻印北京城图为底图，在其上用分区设色的形式表现出了联军的分区占领情形。该图制作目的明确，着色鲜明易区分，详尽反映了联军占领北京的历史事实，是一幅较为重要的北京城市古地图。

二　图幅源流探寻

关于北京城市地图的演变轨迹，学界已多有分析，其中最为系统的当数朱竞梅所著的《北京城图史探》一书。[1] 该书对乾隆《京城全图》后的北京城市地图体系进行了勾勒，将其分为首善全图系统和精绘八旗布防系统两类。针对首善全图系统，朱竞梅分析了其源流与嬗变情况，指出其来源于嘉庆年间的木刻本《首

1　朱竞梅：《北京城图史探》，社会科学文献出版社，2008。

善全图》。在流变过程中坊间不断翻刻，致使错误频出，且北京城墙的"凸"字形状多简化为"日"字形。道光年间的《京城内外全图》和宣统元年的《详细帝京舆图》绘制得更为科学，也更符合现实。钟翀以北京为例，分析了中国近代城市地图的新旧交替和进化系谱现象，[1]他认为在同光时期，在《首善全图》系图基础上加以改良形成的《京城内外首善全图》系图开始出现在北京的市面上，并很快成为坊绘北京城市地图中的主流。钟翀进而认为，刊刻于 1890—1902 年间的谈梅庆绘制的木刻本《京城内外首善全图》，是京城民间最为常见的城市地图。

朱竞梅与钟翀的研究都表明，《首善全图》在清代中期后成为广泛流传的北京城市地图。美国国会图书馆收藏的《京城各国暂分界址全图》从图幅反映的时段上是恰好是联军占领北京的庚子（1900）、辛丑（1901）年间。该图作者是很容易得到京城市面上流传的各种城市地图的。朱竞梅等指出的首善全图系统中城墙由"凸"字形演化为"日"字形，也符合《京城各国暂分界址全图》中外城城墙的绘制方式。钟翀在其论文中将《舆图要录》《北京城图史探》及其收集的北京古地图进行分类列表，进而较为清晰地展示了目前搜寻到的首善全图系统和京城内外首善全图系统地图，[2]这为探寻《京城各国暂分界址全图》图幅源流提供了便利。下文将以首善全图系统和京城内外首善全图系统中的典型、常见地图为例，分析其与《京城各国暂分界址全图》的制作关系。

首善全图系统中流传较广的是嘉庆年间的丰斋木刻本《首

---

1 钟翀：《中国近代城市地图的新旧交替与进化系谱》，《人文杂志》2013 年第 5 期。

2 《现存的清中叶以来北京城市绘图及其时代推移》表，钟翀：《中国近代城市地图的新旧交替与进化系谱》，表格下有作者自注："据前揭《舆图要录》、朱竞梅《北京城图史探》及《北京古地图集》（测绘出版社，2011）及笔者收集的各地现存北京图实物资料编汇而成。"

善全图》。该图为墨印设色单幅地图，展示的地理范围是北京内外城。此图将北京老城"凸"字形状简化为"日"字形。图中地名标注详细。据《舆图要录》及《北京城图史探》，该图为嘉庆年间民间绘制。[1] 在钟翀制作的《现存的清中叶以来北京城市绘图及其时代推移》表中，首善全图系统的北京古地图共有4种（类）。

京城内外首善全图系统中流传较广的是谈梅庆绘制的木刻本《京城内外首善全图》。从老城形状上看，该图的形状由简化的"日"字形变为不规则的"凸"字形，其地物标注较《首善全图》更为精确。据《中国古代地图集·城市地图》，该图绘制于1890—1902年间，而《舆图要录》则推断该图为同治初年绘制。[2] 在钟翀制作的《现存的清中叶以来北京城市绘图及其时代推移》表中，京城内外首善全图系统的北京古地图共有10种（类）。

从城墙绘制形状及城门表现形式来看，《京城各国暂分界址全图》所依据的地图原本是首善全图系统而非京城内外首善全图系统。有研究认为丰斋木刻本《首善全图》在乾嘉时期一度盛行，《京城各国暂分界址全图》底本是否为嘉庆《首善全图》呢？仔细比较宫城、衙署绘制形式及文字标注方向，可知两者并不相同。在考察首善全图系的另外3种（类）舆图后，佚名墨色石印本的《京师城内首善全图》映入笔者视野。

佚名墨色石印本《京师城内首善全图》是钟翀所制表中首善全图系的最后一种舆图，原图收藏在国家图书馆，虽未在《舆图要录》中收录，但在《北京古地图集》中却有收录。与丰斋木刻本《首善全图》相比，《京师城内首善全图》文字注记增多，且

---

1 《舆图要录》，第96页；朱竞梅：《北京城图史探》，第93页。

2 郑锡煌主编《中国古代地图集·城市地图》，西安地图出版社，2005，第173页；《舆图要录》，第96页。

具体绘制形式与《首善全图》也有差异。以下是从宫城、衙署、文字标注多寡与文字标注方向四方面比较《首善全图》《京师城内首善全图》及《京城各国暂分界址全图》的例证。各比较图中，左侧为丰斋木刻本《首善全图》，中央为《京师城内首善全图》，右侧则是《京城各国暂分界址全图》。

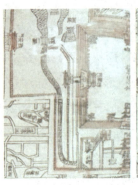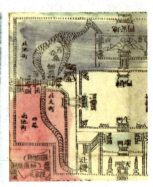

图6　三图关于皇城西部绘制形式

图7　三图关于永定门大街西侧绘制形式

图8　三图在先农坛西侧文字注记情形

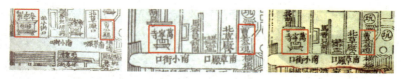

图9　三图在西直门内万宁寺及曹公观标注形式

　　丰斋木刻本《首善全图》宫城城墙与皇城城墙绘制形式不同，且宫城内标出"紫禁城"三字。在文字注记的内容多寡及文字标注方向、地名记载方面，丰斋木刻本《首善全图》也与另外两图不同。仔细比较《京师城内首善全图》及《京城各国暂分界址全图》，可知两图绘制内容与形式完全一致。由此可以判断，《京城各国暂分界址全图》的底本应是佚名石印本《京师城内首善全图》。从文字注记及绘制形式来看，《京师城内首善全图》虽仍未摆脱首善全图系"日"字形城墙形式，但已与最初的《首善全图》多有不同，且有向京城内外首善全图系过渡的趋向。钟翀认为该图"展现两种系统北京绘图的过渡色彩"，[1]诚为高论。

　　判断《京城各国暂分界址全图》底图来源后，有必要对《京师城内首善全图》的印制时段予以考察。据《北京古地图集》介绍，《京师城内首善全图》图幅大小为53 cm×52.5 cm，与《京城各国暂分界址全图》相比，宽度近似，但后者因有图注、国旗等展示更长。《北京古地图集》认为《京师城内首善全图》采用立体、平面相结合的画法，标出满洲八旗旗界，[2]其实旗界绘制在丰斋木刻本《首善全图》中已有标出，《京师城内首善全图》只是因袭而已。《北京古地图集》判断该图为同治九年（1870）印制，然而并未说明判断依据。

　　咸同时期，北京城内出现的新地物颇多，咸丰十一年正月，

1　《现存的清中叶以来北京城市绘图及其时代推移》表，引自钟翀《中国近代城市地图的新旧交替与进化系谱》。

2　中国国家图书馆、测绘出版社编著《北京古地图集》，测绘出版社，2010，第171页。

总理各国事务衙门正式成立，位于东堂子胡同。同治四年，原设在上海的总税务司署迁移至北京东交民巷台基厂路西。同治六年，毁于嘉庆六年的天主教堂西堂（位于西直门内）再度重建。同治九年前，在东交民巷内设立使馆的各国有英国（1861）、法国（1861）、俄国（1861）、美国（1862）、德国（1862）、比利时（1866）、西班牙（1868）和意大利（1869）。这些新出现的地物在《京师城内首善全图》中全部没有标注，东交民巷在图中标出原称"东江米巷"，展示内容与《首善全图》基本一致。另外，西直门内万宁寺在图中标为"萬寕寺"，并未避道光帝讳。但不能仅以地名用字避讳就认为《京师城内首善全图》绘制于同治乃至道光之前。

古地图中的城市地图需要精细考证之后准确绘制、印制，但民间制图者受制于技术及认识局限，往往因袭旧图或在旧图上增补新内容，首善全图系及京城内外首善全图系各种类的舆图演进即是明证。同时，仅以避讳用字判断古旧地图尤其是坊间刻印的舆图时代也是不可取的。这一方面是由于官方难以有效管控民间地图的刻印与流传，另一方面，一处地名的更改，在刻印地图时，意味着图版部分乃至全部的重新制作，在成本方面也是制图方需要考虑的。依据目前笔者查阅到的各种资料，虽一时难以明确判断《京师城内首善全图》出现的具体时间，但其反映的时段是清代中晚期当无异议，且该图在庚子、辛丑年间也曾广泛流传在京师地面上，否则《京城各国暂分界址全图》是无法获得该图的。

三　反映时段考察

《京城各国暂分界址全图》呈现的是静态的联军分区占领京城情形，分区占领在联军攻陷京城次日便已展开。此后，各国占领区因军队驻防及行政管理变化，出现多次调整。因此，考察《京城各国暂分界址全图》反映时段的前提是尽量复原联军分区占领过程。

由于日、英、美、俄先头部队是从东面攻击北京城的，所以对于占领区的划分呈现了自东向西、由内而外的趋势。在占领京城次日（8月15日）召开的第一次联军指挥官会议上，即确定了四国的占领区范围。各国对联军分区记述相对详细的是日本材料。对这次划分，日本外交文书的记录为：

> 此日各国军队指挥官举行会议，认为为阻止北京城内外国士兵及乱民抢劫，有必要施行军事警察制度，将北京内城大致分为南北两部分，其北部之一半由我军负责，另南部一半再分为英、俄、美等负责部分。今后德、法之兵络绎不绝进京，将再议分配此等负责区域。[1]

日本参谋本部的文件与此类似，只是更为具体：

> 由此占领区的分配异论百出，难以定论。最终决定日本军队因兵力多且有城北宿营地，故占领内城的北半部，俄军占领内城的东南部，英、美军占领西南部（美军是与俄军相接的部分），各守各区内的城门。[2]

1　《援军抵达后之概况报告》（8月29日，驻清国西公使致青木外务大臣函机密第四九号，9月15日收），《义和团运动文献资料汇编·日译文卷（日本外交文书）》，山东大学出版社，2012，第450页。

2　《明治三十三年清国事变战史》卷四《北京第一次会议》，《义和团运动文献资料汇编·日译文卷（日本参谋本部文件）》，山东大学出版社，2012，第313页。

  日本之所以占有内城北部主要是由于兵力的强大。明清北京城遵循"左祖右庙，前朝后市"的城市规划方案，因此日本占领区的阜成门——朝阳门以北一线向来是商肆繁盛之地，而其他三国占领区则多为前朝的王府、衙署所在地。此后，无论日占区进行了怎样的分割，以钟鼓楼、什刹海为主的商业区域始终在日占区的统辖之下。这也可以说明日占区市场长期繁荣的原因。需要指出的是，这次分区仅涉及北京内城，目前尚未见到第一次分区涉及外城的记载。

  8月18日，法、德二军入京后，在第二次联军会议上讨论了此二军的占领区问题，据日本参谋本部文件，这次分区的过程是：

  继而，法军指挥官索要宿营地，对各国宿营地的变更更是异论百出，最终决定将日军占领区的西南部和英军占领区北部的若干地方让与法军。另外确定将德军宿营地设于外城北部，外城其余地方平分给英、美两军。[1]

  这次分区首先涉及了外城，决定将其分予德国、英国和美国。俄国、日本并未占领外城，其后，直至两国撤军，也并未占领。法占区割自英占区与日占区，也不涉及外城。这次会议还讨论了宫城各城门的守卫问题，"有人提议北京城之攻陷乃日、英、美、俄四国之功，最适当之法为一国守一门"。[2] 最终在日本的坚决反对下，依然由日、美两军守卫四门。此处的北京守卫问题及四门

---

1 《明治三十三年清国事变战史》卷四《第二次会议》，《义和团运动文献资料汇编·日译文卷（日本参谋本部文件）》，第313页。

2 《明治三十三年清国事变战史》卷四《第二次会议》，《义和团运动文献资料汇编·日译文卷（日本参谋本部文件）》，第314页。

主要是紫禁城的四门——午门、神武门、东华门及西华门。日军强烈反对四国各守一门主要还是因其有兵力为后盾。第二次会议虽未明言但也涉及的划界还有日、俄的界线划定，其中涉及一个重要地物即总理各国事务衙门。[1]

联军在分区占领后，会在各自占领区贴出所谓"靖民"布告，在《八国联军分区占领北京与"靖民"布告》中，展示了第一次分区后英国张贴的布告："大英国统军大帅嘎仕礼为晓谕事：照得现在城内西南自宣武门大街以西、阜成门大街以南一带及南城前门大街以东地方，均暂归英国辖管。所有各界内华民人等咸宜各安生业，照常居住……一千九百年八月二十日 庚子年七月二十六日"。[2] 联军分区对留京百姓影响极大，民间关于庚子、辛丑年间的京城日记、诗集等不乏联军要求或居民自保而悬挂"大某国顺民"的记载，且多有各国占领区治安情况的比较。在此背景下，民间对联军分区占领情形也多有记录。不过，民间记述往往受制于记录者所在地域局限，出现记载的缺失与错误情形。[3]

在分区占领不久的 8 月 23 日的第四次会议上，占领区的划

---

1 《援军抵达后之概况报告》（1900 年 8 月 29 日，驻清国西公使致青木外务大臣函机密第四九号，9 月 15 日收），《义和团运动文献资料汇编·日译文卷（日本外交文书）》，第 451 页："此前总理各国事务衙门被我军控制。商定各国负责之警备区域的结果，总理衙门在俄国负责区域内。昨日（18 日），我从该处撤出警备，将之交给俄国官兵。然总理衙门乃各国外交场所，决定翌日（20 日）各国公使馆翻译在总理衙门会同，共同封存全部文件。"

2 李松龄：《八国联军分区占领北京与"靖民"布告》，《档案工作》1992 年第 5 期。

3 如刘福姚《庚子纪闻》："自七月二十日后至八月初半月间，人民涂炭，逃者死者室室皆空。凡一切衙署、仓库及商贾店铺，概行搜刮无余。各国乃分段据守：东四牌楼迤北为日本界，迤南为英、俄、德、法界；西四牌楼南北为某国；西单牌楼东至前门以西为美国界。时惟美国兵帅稍有纪律，日本次之，英次之，而德、法、俄极残虐。"收于中国社会科学院近代史研究所、《近代史资料》编译室主编《近代史资料专刊·义和团史料（上）》，知识产权出版社，2013，第 225 页。按：《庚子纪闻》中所述"某国"据其他史料印证，应为法国。

界纠纷初次开始，这次纠纷主要发生在美国与法国之间。[1]法占区与美占区涉及的房屋银钱纠纷，法国将其比为日在俄占区内缴获户部马蹄银，却被日方反驳。日方称占领户部在 8 月 15 日划定占领区前，因此无可非议。最终美国的要求没有得到列强支持，而日、俄两军首领的纸上分割颇似正在修建的"东清铁路"的权利让渡。关于占领区的纠纷可视为列强在华矛盾的体现。

此次划界后日本先后于 8 月 31 日和 9 月 12 日向法国、意大利划出了部分地域，这次划界涉及的主要是两个城门——阜成门与西直门。阜成门以南地域由日本划给法国，这次划界也带来了平民的迁移——由法占区向日占区迁移。西直门大街以南则由日本转给意大利。但同时规定了西直门由日、意两国共同把守。[2]由阜成门、西直门作为划界依据可知城门的重要标志作用及城门大街的交通地位。以城门内大街为划界依据一定程度上继承了清代内城八旗的分界原则，同时近代北京的城区划分也遵循这一准则。

日本向法国、意大利划出地域是联军在完成北京内、外城分区占领后的标志性事件。在记录较为详细的日军档案中，保留了

---

1 《明治三十三年清国事变战史》卷四《第四次会议》，《义和团运动文献资料汇编·日译文卷（日本参谋本部文件）》，第 315 页："美军指挥官称'在美法边界线上的房屋藏有大量银币，但此房屋为法军所占领，希望将此银币分与美军一半'。法军指挥官称'该房屋于16 日攻破北堂之际，据天主教徒所告知而被占领，这与日本军队占领俄军区内缴获户部马蹄银为同一做法'。福岛少将称'日军占领户部为 15 日上午之事，即在规定占领区之前，且日军击退抵抗之敌，以武力夺取之，日军缴获户部之物为理所当然'。俄军指挥官询问法军所获金额，法军指挥官告知约三十万两。于是，利涅维奇中将说'此等数额即便为法军单独占有尤为不足，故此法军单独占有亦无不可'。（福岛少将坐在利涅维奇中将左边，中将在纸上画出一个椭圆形，以线划出三分之一，示与少将称'此为银块，其大的部分给日本，小的部分给俄国'，少将亦在纸上画出一条蛇形线，划出三分之一，示与中将称'此为铁路线，长的部分给俄国，短的部分给日本'，左右之人皆微笑之。中将此后不再言及占领物资之事）。"

2 《明治三十三年清国事变战史》卷四《北京军事警察之实施概况》，《义和团运动文献资料汇编·日译文卷（日本参谋本部文件）》，第 342 页。

两幅分区地图，分别是日本参谋本部的"北京城占领区域略图"和日本外交文书的"北京城各国占领区域图"。

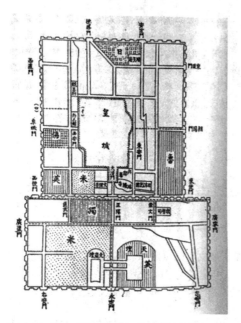

图 10　日本外交文书所附《北京城各国占领区域图》

资料来源：《事项五北清之战斗》，《义和团运动文献资料汇编·日译文卷（日本外交文书）》，第 453 页。

日本外交文书所附分区图更为明晰，仔细比较两图后可知，两图在区域归属上唯一的差异之处在内城西部，参谋本部附图有意大利占领区（图中作"伊军"）与法国占领区（图中作"佛军"），外交文书附图则只有法国占领区（图中作"佛"）。通过日本档案可知，日军向法军划界在先，向意军划界在后。故外交文书反映的占领区情形在 1900 年 8 月 31 日划法国占领区至 9 月 12 日划意大利占领区之间，而参谋本部附图则在 9 月 12 日之后。[1]

1　按：在《义和团运动文献资料汇编·英译文卷下》中，附有一幅联军占领区图，据其在内城西部仅有法军占领区而无意军占领区，可大致判断该图与日本外交文书附图反映的时段一致。

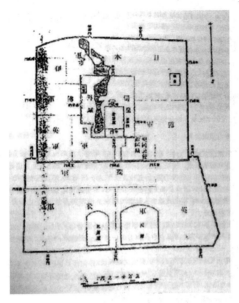

图 11　日本参谋本部文件附《北京城占领区域略图》

资料来源:《明治三十三年清国事变战史》卷四《第四次会议》,《义和团运动文献资料汇编·日译文卷(日本参谋本部文件)》,第 317 页。

　　在日本向法国、意大利划出占领区后,联军又召开多次会议,在日本参谋本部档案中,另有一幅冬营期间北京城占领区域图(见图 12)。

　　日本参谋本部档案并未明确冬营开始时间,但却有"第五师团半部凯旋后,驻屯部队着手准备冬营"的记录。[1] 第五师团是日本进攻北京的主力部队,1900 年 10 月 2 日第五师团半部撤出北京。将反映 8、9 月间的日本档案附图与冬营分区图对比,原内城东南部的俄国占领区变成德国占领区(图中作"独军"),内城西部意大利占领区与法国占领区界线有所调整,内城西南部的美、英占领区中出现了一块德国占领区,同时美、英占领区似乎

1　《明治三十三年清国事变战史》卷五《冬营之准备》,《义和团运动文献资料汇编·日译文卷(日本参谋本部文件)》,第 458 页。

出现了合并情形（图中作"米英军"）。

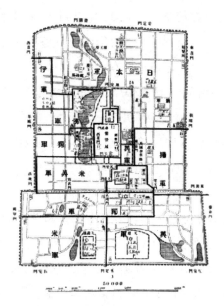

图 12　日本参谋本部文件附《冬营间北京城占领区域并宿营略图》
资料来源:《明治三十三年清国事变战史》卷五《各国军队冬营情况》,《义和团运动文献资料汇编·日译文卷（日本参谋本部文件）》,第 463 页。

　　冬营占领区图中，俄国占领区的消失是由于俄国军队撤走移往东北。在 1900 年 9 月 25 日的联军第八次会议上，俄军统帅利涅维奇中将说"俄军接到撤离北京的命令，为此将步兵一个大队和工兵一个中队留在此地修理铁道，其他全部南下。予（俄军指挥官）将于 27 日赶赴天津，公使亦将离开此地赶往天津"。[1] 俄军撤离北京后，其占领区由德军接管，这也是《京城各国暂分界址全图》注记的由来之一。据《八国联军侵华史》，联军中陆续撤离的还有美军。[2]

---

1 《明治三十三年清国事变战史》卷四《第八次会议》,《义和团运动文献资料汇编·日译文卷（日本参谋本部文件）》,第 351 页。

2 李德征、苏位智、刘天路:《八国联军侵华史》,山东大学出版社,1990,第 308 页。

1900 年 12 月 3 日，联军成立北京行政委员会后，对于占领区的划分仍在进行。在第十一（1901 年 2 月 11 日）和第十二次会议（2 月 18 日）上，商定了"西华门、仪銮 [鸾] 殿东门间的地方由日军让给德军，但日军保有西华门卫兵所"。[1] 仪鸾殿今为中南海怀仁堂，在西华门和仪鸾殿之间地域与《京城各国暂分界址全图》中德国在皇城内西南角的占领区域一致。随着议和将成，占领军陆续撤退，但权力的真空不能容忍。因此，在 4 月 9 日的第十八次会议上，决定了如下事项：

> 由于美军不日将撤退，该军的管区应由英、德两军分割。在与各国军队指挥官交涉后，在下次的会议（4 月 22 日）上决定通过。但先农坛暂时由美军占领，东便门由代替德军的英军负责守备。右安门及广宁门由德军守备。[2]

由于目前参阅的史料多是日本及英国的相关记录，联军占领时期的占领区划分与纠纷当不止于此，更多的划界情况还有待进一步挖掘与研究。仅就目前来看，占领区的划分并非一蹴而就，且在划界的过程中列强多有矛盾抵牾之处。占领区的划分受初期各国侵占北京的影响，且受北京城原有的主要城门及干道影响。

结合联军分区占领北京过程及变迁，对比《京城各国暂分界址全图》中各占领区范围，有助于逐步缩小该图的反映时段。图中内城日本占领区南侧有美国占领区和法国占领区。法占区是 1900 年 8 月 31 日由日占区分割设立的，而从文字和地图材料

---

1 《明治三十三年清国事变战史》卷五《第九至第十二次会议》，《义和团运动文献资料汇编·日译文卷（日本参谋本部文件）》，第 541 页。

2 《明治三十三年清国事变战史》卷五《第十七至第二十一次会议》，《义和团运动文献资料汇编·日译文卷（日本参谋本部文件）》，第 544 页。

来看，美占区并未在西直门至阜成门之间设立过。根据图上注记"美界米色"，内城的美占区还有皇城东侧、使馆区北侧，东单牌楼至东四牌楼之间地域。此地域亦未见曾属于美军的记载。1900年9月12日，阜成门至西直门之间的日占区划属意大利，如将注记中的"美界米色"改为"義（义）界米色"，此处疑问便可解释。在瓦德西到北京任联军统帅前后，相对积极主张从北京撤军的主要是俄国和美国。俄国撤往东北是要巩固其已取得利益，同时向清廷示好。美军则基于其"门户开放"政策，不仅没有参与瓦德西组织的侵略直隶行动，还陆续从北京撤出军队。德国和意大利，则向京城增兵，填补联军中他国军队撤出留下的权力空白地带。俄军和美军撤走后的德占区即是此例。《京城各国暂分界址全图》中的注记误将"義"刻印成"美"字，才会出现注记中五国六色的错误。

图中注记有"现有俄、美国所管地面业已均归英、德国管辖"，据上文俄军在9月即陆续撤走，故日本参谋半部的冬营分区图中并没有俄占区，仅在东交民巷使馆区的俄国使馆处标出"露"（俄）字。冬营图中内城"米英军"在《京城各国暂分界址全图》中已变成了德占区与英占区，外城冬营时的美占区在分界图也已并入德占区，美军仅保留了冬营地先农坛。由是，分界图的改绘应在冬营（1900年10月）之后。

宫城四门守卫最初由日、美负担，据冬营图等，神武门、东华门、西华门由日军驻守，午门由美军驻守。但在分界图中，变成了午门、西华门、神武门由日军驻守，东华门涂抹颜色似与德军相同，且端门、午门、左安门、右安门之间区域也是日军驻守。冬营至分界图间，宫城城门守卫的变化，是与美国撤军有关，还是分界图出现的讹误，目前暂未发现材料予以佐证。皇城西华门至仪鸾殿之间区域在分界图中已属德占区，这是1901年2月的北京行政委员会第十一、十二次会议上决定的。由此，分界图中展示的皇城分属情形可推至1901年2月后。

1901 年 4 月北京行政委员会的第十八次会议上，决定了美占区由英国和德国占领，同时美军保留先农坛驻防。冬营图内城的"米英军"与外城的"米军"变为分界图中的英占区与德占区。这样，《京城各国暂分界址全图》反映的时段上限又被推迟到 1901 年 4 月。

据《辛丑各国和约》，联军需在"西历一千九百零一年九月十七日，即中历光绪二十七年八月初五日，全由京城撤退"。在此之前，京城的地面管辖权已日渐由庆亲王奕劻、陈夔龙、陈璧等清廷官员负责。截至 1901 年 8 月，多数联军部队已撤出北京，在签订《辛丑条约》时，各国所留驻军已然不多。《辛丑条约》签订于 1901 年 9 月 7 日，以此作为《京城各国暂分界址全图》的下限当无疑问。

八国联军分区占领京城是一个不断变化的动态过程，基于目前材料的分析，美国国会图书馆藏《京城各国暂分界址全图》反映的时段是在 1901 年 4 月至 9 月间。这已是联军分区占领北京的后期，1901 年 5 月瓦德西卸任联军统帅。1901 年 6 月 1 日北京行政委员会解散，1901 年 7 月 1 日，日军设立的警务衙门转交给清朝官员，残破不堪的京城不久后终于回到了国人自己手中。

结语：制图者、流传及其他

美国国会图书馆藏《京城各国暂分界址全图》可称为一件"三无"舆图（无制图者、无地图说明、无具体时间），这种情况在流传至今的北京古旧地图中并不少见。相比仅展示北京老城布局的单幅舆图，《京城各国暂分界址全图》因特殊的制图背景、明艳的色彩填充显得颇为特殊。利用该图展示的历史信息，本文查考出制图的底本来源，并对舆图反映的时段有了大致的推断。

不过，对于此图的研究还远未结束，这一方面是由于更多历史细节还有待发掘，另外此图本身也还有不少谜题有待揭开。

此图没有署名制图者与刻印地，以舆图底本《京师城内首善全图》和图名考察，此图刻印于北京可能性更大。制图者当为中国人，而非外国人，此图改绘刻印的目的在于展示京城分区占领情形。庚辛动荡之际，可以获取分区情形的国人有留京官员和普通百姓两类。留京官员如陈夔龙、陈璧的个人文存和公牍汇存，因无法获得京城地面完整的管辖权，往往仅涉及京城的部分分区情况。[1]普通百姓留下的文字记载更多基于其居住区管辖的变化，因联军分区占领曾广为布告，且兵士多有巡街之举，因此百姓可知辖区情形。相比普通百姓只关心生活地域的变化，留京官员，特别是经常与外国人打交道的官员，对内城、皇城的关注度会更高。《京城各国暂分界址全图》对皇城及其城门归属颜色的细致涂抹，表明其有了解权力核心地带的能力。这是普通百姓或一般官员难以获得的权力。以此思之，高层留京官员的从属或有改绘原图并派人刻印的可能性。

《京城各国暂分界址全图》的受众是谁？这是值得进一步思考的第二个问题。从一般民众的日记、文集等记述考察，百姓关注的往往是所在区域，甚至单一地物（如长椿寺等）的归属变化，其所记的分区情形多语焉不详或出现讹误。留京官员多留意所联系的外国官兵（如那桐日记中多留意日军动向），对联军分区占领也有关注。因分界图为中文，各国联军在阅读方面多有困难，所以联军虽有了解分区的需求，但往往各自绘制分区地图。

1　陈璧：《五城公牍汇存（选录）·设立普安公所咨呈》（1900 年 12 月 2 日）："因本五城查德国兵官分兵驻扎处所略分为三段，正阳门迤西宣武门迤东，至骡马市大街一带为中段；正阳门迤东崇文门迤西，南自珠市口至瓜市止为东段；宣武门迤西彰仪门迤东大街以北为西段。"《义和团史料（下）》，第 715 页。

《京城各国暂分界址全图》在制图后京城地面的流传情况尚未有材料说明，留京官民的阅读体验也暂缺史料印证。这张主要面向国人的分区图给阅读者留下了怎样的印象，仍有待结合更多材料考察。

《京城各国暂分界址全图》的流传情况，特别是制图后的1901年至入藏美国国会图书馆的1955年之间，此图的流传情形，是尚需探讨的另一问题。美国国会图书馆保存的分界图并非该图的所有存本，在北京中国书店2000年春季拍卖活动中，该图曾拍卖出不菲的价格，这说明此图并非传世孤本。在美国国会图书馆所钤印章上，说明此图为"CAPTURED MAP"，此图"俘获"自哪里，是否为美军撤出京城时自民间获得，抑或中间曾有多次转手，依据现有材料尚难以全部解答。这不仅是《京城各国暂分界址全图》需要解答的问题，也是研究八国联军侵华史、中美关系史有意义的课题之一。

德国普鲁士文化遗产图书馆藏晚清山东县级舆图的初步研究 *

刘传飞 **

摘　要： 对于馆藏的以某种目的集中庋藏的舆图群研究，在今日中文地图史学界尚未见到典范。来源不一的舆图正是在搜集者的"某种特殊目的"下才形成了一个统一整体。可能是出于津浦铁路北段勘测的需要，德华银行组织的工程司收集了目前藏于德国普鲁士文化遗产图书馆的山东县级舆图，银行作为近代工业文明的产物，成为测绘舆图的新的主导者。在直接文献证据缺乏的情况下，从舆图群的特点出发，通过分析舆图结构，即空间分布结构、绘图技法结构、表达内容结构、时间断限结构的方式，结合绘制地图和收集地图时的政治经济背景，我们能基本得出其性质，并通过性质判读的方式更加深入了解舆图本身，以及搜集这批舆图行为背后的政治经济内涵。舆图的意义是多重性的，绘制者绘制时即具有一定的意义，在完成绘制者使命，进入其他场景时，舆图的搜集者便赋予了舆图新的生命。

关键词： 山东　舆图群　德华银行　德国普鲁士文化遗产图书馆

---

* 本文为山东省社会科学基金青年项目"清末民初山东的地图绘制与社会变迁研究"（项目编号：18DLSJ01）阶段性成果。

** 刘传飞，中国社会科学院中国边疆研究所博士后、中国海洋大学海洋发展研究院研究员。

　　随着国际交流的日益频繁和国内舆图查阅的不便，国内中国地图史学界将目光投向海外，海外图书馆藏中文舆图开始大规模在国内进行刊布，目前可以方便查阅的古地图数量已经形成了较大数目。[1] 由此，对这批已经刊布的舆图进行系统整理是不断推进中国地图史研究的题中之义和必经路径。在以往研究中，中国地图史学界在不断扩大的舆图材料基础上，研究目光主要集中于影响较大的以《皇舆全览图》《塞尔登地图》为代表的全国性舆图研究；[2] 在研究种类上，多仅选择一幅（种）进行仔细研究，这两种研究路径对解决中国地图史的关键环节、中国地图代表性技术水准的研究具有重要意义。不过，伴随"舆图也是史料"的观念日益深入人心，舆图对于分析历史事件发展过程、[3] 历史重要活动[4] 都发挥了无法比拟的作用；并伴随史学研究范式的变迁，研究者更加注重古地图本身的"文化"内涵。[5] 但是在研究中，大家往往以舆图本身为研究对象，分析舆图本身与中国历史的关系，而忽略了具体"馆藏"及其由于搜集活动带来的"舆图群"信息。其实与舆图内容本身具有的客观历史信息一样，舆图入藏本身，作为国家、组织及个人的系统舆图收集活动，也是一种客观历史事实。特别是由于舆图本身就是一国重要的地理信息载体，是国家间开展合作或竞争的重

1　"近些年来，地图的整理、出版与研究在中国呈爆炸式增长，地图史学俨然成为'显学'。"汪前进：《说说古旧地图与地图史学》，《中国社会科学报》2021 年 9 月 13 日。

2　汪前进：《康熙铜版〈皇舆全览图〉投影和类新探》，《自然科学史研究》1991 年第 2 期，第 186—194 页；〔加〕卜正民：《塞尔登的中国地图：重返东方大航海时代》，刘丽洁译，中信出版社，2015。

3　华林甫：《英藏清军镇压早期太平天国地图考释》，《历史研究》2003 年第 2 期，第 66—77 页。

4　席会东：《清代黄、运河图研究》，博士学位论文，北京大学，2011。

5　成一农：《对中国古地图和地图学史研究未来的展望——对马修·H. 埃德尼教授访谈的回应》，《思想战线》2020 年第 2 期。

要工具，[1] 我们除了关注舆图本身信息及外国在中国境内如何测绘地图外，也应该从舆图搜集的角度开展中国地图史研究。[2]

华林甫教授的《德国普鲁士文化遗产图书馆藏晚清直隶山东县级舆图整理与研究》首次在国内完整刊印了德国普鲁士文化遗产图书馆藏晚清直隶 99 幅、山东 61 幅舆图（以下简称"德藏山东县级舆图"）。[3] "从成图时代、跨省性质、全部属县级舆图、数量巨大、手工绘制五个特征集中于一体的角度来衡量，将这批舆图汇集、整理实为首例。"[4] 得益于华林甫教授亲自指教，笔者有幸在德国普鲁士文化遗产图书馆内系统阅读了这批县级舆图，同时受限于时间与精力，笔者此次主要对馆藏山东县级舆图进行分析。以期通过对这批集中馆藏的绘制时段接近、舆图性质又接近的舆图进行系统整理，有助于我们能够接续前人推进对这批海外舆图的研究；通过这种结构和性质的分析判断系统搜集这批舆图的原因，同时对学界仍旧少见的对某馆藏地图进行整体研究和整理方法进行探讨。

一　德藏山东县级舆图的特点

华林甫教授首先对这批舆图进行系统整理的研究，他详细清点了这批舆图的基本情况，即"山东省舆图有六十一幅，涉及

1　《地图审核管理规定》，中华人民共和国国土资源部第 77 号令，中央人民政府官网，https://www.gov.cn/xinwen/2017-12/05/content_5244539.htm。2023 年 10 月 18 日查询。

2　潘晟：《西方地图史研究：收藏兴趣、后现代转向、多样化》，《中国历史地理论丛》2019 年第 1 期。

3　华林甫、李诚、周磊：《德国普鲁士文化遗产图书馆藏晚清直隶山东县级舆图整理与研究》，齐鲁书社，2015。

4　胡恒：《国家古籍整理出版规划项目〈德国普鲁士文化遗产图书馆藏晚清直隶山东县级舆图整理与研究〉评介》，《地图》2016 年第 4 期。

五十五个州县，[1] 其中原有图名的五十三幅，没有图名或图名佚失了的八幅。"在详细分析舆图所表示的内容，即"山东舆图所表示的政区，有六州、四十九县，其中济宁、临清两直隶州主要绘出了亲辖地，滨州、德州、胶州、东平州则为散州。"后，华林甫教授认定："故而所有……山东舆图表示的地域都是县级政区，这些舆图都是县级舆图。"[2]

华林甫教授的以上判断构成了笔者进一步分析的基础。不过正如华林甫教授在整理序言中所说的"仅有 Kart.E.1598《山东抚标登荣水师两营管辖洋面岛屿图》一幅，无法归入任何州县"[3] 之外，Kart.E.1229《胶州海口图》、Kart.E.1594/111（临邑县舆图）（即编号为 Kart.E.1362）、Kart.E.1594/122《临清直隶州庄村图》（即编号为 Kart.E.1360）、Kart.E.1594/152（益都县舆图）（即编号为 Kart.E.1030）、Kart.E.1594/156《德州地□□□图》（即编号为 Kart.E.1795）则并非一开始即从属于 Kart.E.1594 这一序列，故而笔者在研究中相应将之排除在外，所以本文的分析对象是除去以上 6 幅舆图外的其他 55 幅舆图。

在具体分析中，笔者发现这批德藏山东县级舆图明显具有如下两个特点。

一是这批德藏山东舆图存在着分类上的难以理解的现象。华林甫教授在整理这批舆图时，是以德国普鲁士文化遗产图书馆的编号

1　此处有华林甫教授原注："仅有 Kart.E.1598《山东抚标登荣水师两营管辖洋面岛屿图》一幅，无法归入任何州县。"见华林甫、李诚、周磊《德国普鲁士文化遗产图书馆藏晚清直隶山东县级舆图整理与研究》上册，"前言"第 2 页。

2　华林甫、李诚、周磊：《德国普鲁士文化遗产图书馆藏晚清直隶山东县级舆图整理与研究》上册，"前言"第 2 页。

3　此处有华林甫教授原注："仅有 Kart.E.1598《山东抚标登荣水师两营管辖洋面岛屿图》一幅，无法归入任何州县。"见华林甫、李诚、周磊《德国普鲁士文化遗产图书馆藏晚清直隶山东县级舆图整理与研究》上册，"前言"第 2 页。

为依据进行整理。但是如表 1 所示，这批县级舆图并非按照所属统县政区进行系统排列，而是呈现一定的跳跃特征。

表 1　德藏山东县级舆图所属统县政区分布

馆藏编号	德藏山东县级舆图图名	所属统县政区
Kart.E.1594/101	武定府乐陵县呈送舆图	武定府
Kart.E.1594/102	阳信县舆图	武定府
Kart.E.1594/103	沾化县沿海五铺图说	武定府
Kart.E.1594/104	武定府利津县呈送合县村庄距城里数四至八道河海地舆图	武定府
Kart.E.1594/105	陵县舆图	济南府
Kart.E.1594/106	德平县舆图	济南府
Kart.E.1594/107	商河县舆图	武定府
Kart.E.1594/108	武定府惠民县地舆全图	武定府
	惠民县地舆河全图	武定府
Kart.E.1594/109	滨州呈送合境村庄地舆全图	武定府
Kart.E.1594/110	济南府平原县造送城垣河道全图	济南府
Kart.E.1594/112	呈阅卑县全境地舆图【齐东县】	济南府
Kart.E.1594/113	蒲台县舆图	武定府
Kart.E.1594/114	工房呈送河图【博兴县】	青州府
Kart.E.1594/115	乐安县呈送城河图	青州府
	乐安县呈送舆图	青州府
Kart.E.1594/116	禹城县地舆全图	济南府
Kart.E.1594/117	济阳县境河道形势四至村庄全图	济南府
Kart.E.1594/118	邹平县境内形势地舆全图	济南府
Kart.E.1594/119	高苑县境内形势地舆全图	青州府
Kart.E.1594/121	章丘县舆图	济南府
Kart.E.1594/123	馆陶县管辖卫河河道全图说	东昌府
Kart.E.1594/123	馆陶县四至八到图说	东昌府
Kart.E.1594/124	茌平县城河村庄墩台地舆全图	东昌府
Kart.E.1594/125	长清县呈送舆图	济南府
Kart.E.1594/126	（冠县舆图）	东昌府
Kart.E.1594/127	聊城县舆图	东昌府
Kart.E.1594/128	东昌府莘县地舆全图	东昌府
Kart.E.1594/129	东阿县城河堤埝图	泰安府
Kart.E.1594/130	泰安府平阴县呈地舆图	泰安府

续表

馆藏编号	德藏山东县级舆图图名	所属统县政区
Kart.E.1594/131	肥城县舆图	泰安府
Kart.E.1594/132	东平州合境山川道里村庄全图	泰安府
Kart.E.1594/133	汶上县地势舆图	兖州府
Kart.E.1594/134	滋阳县图	兖州府
Kart.E.1594/135	（曲阜县舆图）	兖州府
Kart.E.1594/136	济宁直隶州嘉祥县地舆全图	济宁直隶州
Kart.E.1594/137	济宁直隶州地舆全图	济宁直隶州
Kart.E.1594/138	巨野县合境舆图	曹州府
Kart.E.1594/139	菏泽县舆图	曹州府
Kart.E.1594/140	定陶县村庄地舆图	曹州府
	定陶县舆图	曹州府
Kart.E.1594/141	城武县舆河全图	曹州府
Kart.E.1594/142	金乡县地舆全图	济宁直隶州
Kart.E.1594/143	曹县城舆图	曹州府
Kart.E.1594/144	单县黄河地舆图	曹州府
	单县舆图	曹州府
Kart.E.1594/145	泰安县舆图	泰安府
Kart.E.1594/146	高密县地舆全图	胶州直隶州或 莱州府
Kart.E.1594/147	（寿光县舆图）	青州府
Kart.E.1594/148	昌邑县河海图	莱州府
Kart.E.1594/149	长山县境全图	济南府
Kart.E.1594/150	济南府淄川县舆图	济南府
Kart.E.1594/151	博山县地舆全图	青州府
Kart.E.1594/154	潍县境内铁路城郭山川电线地舆图说	莱州府
Kart.E.1594/155	青州府安邱县造送卑县城垣疆域村庄图	青州府

注：1. 带括号定图名为原图无题名，华林甫教授在整理时所拟定。

2. 四个县级舆图有两幅：Kart.E.1594/108 惠民县、Kart.E.1594/115 乐安县、Kart.E.1594/140 定陶县、Kart.E.1594/144 单县。

3. Kart.E.1594/120、Kart.E.1594/153 编号空缺。

4. Kart.E.1594/112《呈阅卑县全境地舆图》图名后所附 "【齐东县】"、Kart.E.1594/114《工房呈送河图》图名后所附 "【博兴县】"为笔者根据图幅内容所添加。

5. 由于据《清德宗实录》卷 529 "光绪三十年四月己巳"，清廷设置胶州直隶州，高密县从莱州府往属。且目前信息无法具体判断此图绘制时间，所以 Kart.E.1594/146《高密县地舆全图》附录了两个统县政区。

　　二是德藏山东县级舆图的图名类型多样，显示其来源复杂。如上表 1 所示，根据整理，在原有图名的 52 幅舆图中，6 幅图上有县印（Kart.E.1594/110《济南府平原县造送城垣河道全图》、Kart.E.1594/116《禹城县地舆全图》、Kart.E.1594/122《临清直隶州庄村图》、Kart.E.1594/140《定陶县村庄地舆图》《定陶县舆图》、Kart.E.1594/146《高密县地舆全图》）；有 8 幅图名中出现"呈送图"字样。图名为"地舆全图"共 9 幅；"* 县舆图"的有 13 幅。同时，12 幅图名中出现"河"字样（其中 1 幅是"川"）；7 幅图名中出现"村庄"字样（其中 2 幅是"庄村"）；3 幅图名中出现"形势"字样；2 幅图名中出现"海"字样。还有图名中出现"道里""疆域"等字样。这种多样化的图名，使用传统的普通地图、专题地图的分类方法往往无法精确进行，所以在本套舆图整理出版时，华林甫教授一方面确认这批舆图反映的是 55 个县级政区，另一方面却命名为"县级舆图"，而非"县级政区舆图"，私以为此"县级舆图"的命名确实也更加贴近本套舆图类型的复杂多样。

德藏山东县级舆图以上看似杂乱无章的馆藏编号排列、舆图来源与类型广泛性两个显著特点，一方面确实增加了系统整理的难度，但是从另一个角度，这两个显著的特点反而有助于我们进行相应的分析，因此构成了我们接下来进行分析的基础。

二　德藏山东县级舆图的结构

1. 德藏山东县级舆图反映县级政区的空间分布结构

目前可见最早的德藏舆图记录者周振鹤认为这批舆图反映的是"清末山东省西部各县的地图"。[1] 我们将这批舆图反映

---

[1] 华林甫、李诚、周磊：《德国普鲁士文化遗产图书馆藏晚清直隶山东县级舆图整理与研究》上册，"前言"第 1 页。

的县级政区标在地图上，发现这批县级舆图的分布区域非常集中，超过了周振鹤所言的山东西部地区，除了鲁西南、鲁西北外，还包括了山东北部和中部一线。大致为沿晚清黄河、京杭运河和胶济铁路分布。至于胶莱河以东地区的胶东半岛、沂蒙山区及其以南的沂州府区域则一幅也没有。这种情况说明，德国普鲁士文化遗产图书馆入藏的这批山东舆图是经过选择和整理的。

具体来看这种空间分布结构，关于沿黄河分布，从图1中，我们可见除了1855年铜瓦厢决口后的黄河新河道及长期作为分杀黄河水势的徒骇河、马颊河、小清河流域[1]外，还有1855年的旧黄河沿线，即单县、城武、定陶、曹县一线。

前述12幅图名中出现"河"字样（其中1幅是"川"）的舆图，仅有2幅为非沿运河、黄河分布（Kart.E.1594/148《昌邑县河海图》、Kart.E.1594/123《馆陶县管辖卫河河道全图说》）。而且馆陶县所属卫河河道也于临清直隶州汇入了京杭大运河，是长期以来河南省进入京杭大运河漕运的最主要通道。

同时，值得注意的是，除胶济铁路沿线外，不沿黄、运的县级舆图也都与黄、运有直接的关系。比如泰安县则是大运河中游重要水源大汶河的流经地。而之所以有肥城县，在于与今日不同，黄河在晚清时流经肥城县西北，东北至孟家道口进入长清

---

1 《清德宗实录》卷164"光绪九年六月庚戌"："谕军机大臣等。游百川等奏黄汛盛涨漫溢历城等处堤工并筹议分减黄水各折片。此次黄水盛涨，齐东等县堤工，相继漫决，被灾甚重。……游百川等前拟由徒骇、马颊二河分水一节，经工部议今测量地势，必确有把握，再行举办，自为慎重经始起见。该侍郎等以历年黄水决于北岸，均由徒骇河入海，由此利导，若引河高于正河，不致吸动大溜，所奏不为无见。仍着酌度情形，详细筹议，奏明办理。惟堵分疏三事，同时并举，财力民力，均有不及，应如何次第兴办之处，并着酌议具奏，将此由四百里各谕令知之。"《清实录》第54册，中华书局，1985，第305页。

县。[1] 冠县图幅中，也包括了注入京杭大运河的卫河河道。

德藏山东县级舆图的这一沿黄、运和胶济铁路分布的空间特征，其实也正好和前述这批舆图看似杂乱无章的馆藏编号排列基本达成了一致。即虽然县级舆图并没有严格按照所属统县政区编目，但却是按照沿黄河、运河、胶济铁路的顺序进行排列。即从 Kart.E.1594/101《武定府乐陵县呈送舆图》到 Kart.E.1594/121《章丘县舆图》的 20 个编号属于沿黄河系统，且大致呈现出自北而南的舆图编号格局。从 Kart.E.1594/123《馆陶县管辖卫河河道全图说》到 Kart.E.1594/145 的《泰安县舆图》的 23 个编号属于沿运河系统，[2] 且大致呈现自北而南的舆图编号格局；但值得注意的是从 Kart.E.1594/139《菏泽县舆图》到 Kart.E.1594/144《单县舆图》的 6 个编号亦可另划为沿旧黄河系统，且大致呈现自西北而东南的舆图编号格局，只是由于此 6 幅图所示县级政区亦因赵王河、新开河两大水系汇入运河，从而笔者将之纳入运河系统。从 Kart.E.1594/146《高密县地舆全图》到 Kart.E.1594/155《青州府安邱县造送卑县城垣疆域村庄图》的 8 个编号属于沿胶济铁路系统，且大致呈现自东到西又返回东部的舆图编号格局。

1　宣统《山东通志》卷 124《河防志第九·黄河考下》："今纪山东河流之区域，当自河南兰仪铜瓦厢始……右迳小鲁道口入平阴县界，……又东北四里，右迳刘官庄入肥城县界，又东北十二里，左亦入肥城县界，又东北十八里左迳五哥庙，右迳孟家道口入长清县界。"（1915 年山东印刷公司排印本）

2　值得注意的是，尽管在 Kart.E.1594/129《东阿县城河堤埝图》中已经描绘出寿张至十里铺运河航道被湮没，光绪七年新辟的陶城铺至阿城运道也已经开通，但本图及 Kart.E.1594/130《泰安府平阴县呈地舆图》标示的本境主要河流为"大清河"，而非"黄河"。可能此点导致舆图整理者依旧根据大清河即大汶河，为运河水系的认识，将两图纳入本系统。当然也有可能本套图整理者一方面是根据沿黄、运标准来分类，同时适当照顾统县政区的完整性，所以将两县和东平州、肥城县放置在了一起。

2. 德藏山东县级舆图所反映的舆图绘制技法结构

由于前述本批德藏山东县级舆图来源复杂的特点，本批舆图在绘图技法上也并不统一（表2）。华林甫教授总结记录舆图要素共包括十项内容，[1] 笔者选取其中三项即性质（是否彩绘）、方向、比例尺，同时从华教授"内容"部分中分离出是否属于传统舆图绘图技法的"形象画法"，以及是否有贴签。之所以做如此改动，是因为"形象画法"与"计里画方"是中国传统两大地图绘图技法，[2] 在考察绘图技法时需要单独列出。虽然二者一直被认为是非此即彼的关系，但经过考察，笔者认为二者依旧有交叉部分，即"形象画法"更多是反映绘制者在表达山脉、海洋等要素时，是否采取了山水画的表达形式，鉴于山脉、海洋等呈面状分布，所以并非全部表达比例尺关系。在这套舆图中，笔者即发现二者并存一图的现象（如图1）。同时，之所以单独列出"贴签"，在于学界公认清代舆图的一大特点就是贴签的使用。贴签一方面具有突出要表达的地理要素具体情况的作用；另一方面对于我们今日所谓"普通地图"与"专题地图"之间的快速切换提供了便捷手段。贴签适应了古代舆图的情况。但伴随着近代地图绘制技术的普遍推广，图例的广泛使用以及专题图的方便制印，贴签也就逐步退出了历史舞台，因此笔者认为贴签其实也正是代表了舆图绘制技法的一部分。Kart. E.1594/123《馆陶县四至八到图说》、Kart.E.1594/132《东平州合境山川道里村庄全图》等图的贴签上文字方向与图面所书文字的方向相反，也说明了贴签在舆图中是有相对独立地位的。

1　见《德国普鲁士文化遗产图书馆藏晚清直隶山东县级舆图整理与研究》的整理结构。计：性质、质地、保存状态、方向、尺寸、比例尺、图名、沿革、时代、内容。

2　林天人：《皇舆搜览——美国国会图书馆所藏明清舆图》"前言"，台北："中研院"数位文化中心，2013，第23页。

图1　Kart.E.1594/149《长山县境全图》(局部)

通过表2,我们可以发现在性质上,除 Kart.E.1594/102
《阳信县舆图》、Kart.E.1594/116《禹城县地舆全图》、Kart.
E.1594/133《汶上县地势舆图》、Kart.E.1594/131《肥城县舆图》、
Kart.E.1594/144《单县黄河地舆图》、Kart.E.1594/145《泰安
县舆图》6幅为刻本舆图外,其余均为绘本。绘本舆图中有6幅
为单纯黑白绘本,其余均为彩色绘本。

图2　Kart.E.1594/114《工房呈送河图》(博兴县)(局部)

在舆图方向上,区别于我们通常认为的古代地图"上南下

北"的观念，7幅舆图是"上北下南"，同时有2幅为"上东下西"，占55幅图的13%。值得注意的是，本批舆图大部分都有德文注记，即翻译的中文地名。这批德文注记，除个别图幅外，文字书写方向均为"上南下北"。其中，值得注意的是，Kart. E.1594/114《工房呈送河图》（博兴县）中，环绕"博兴城"贴签的符号，除了可以理解为城墙外，也有些西方地图传统指向标风格符号的影子（图2）。

在比例尺方面，有20幅舆图出现了方格，占55幅图的36%。只不过这里方格的作用需要再进一步分析，可能不一定代表比例尺。除了5幅舆图明确"十里一方"，1幅明确"四里一方"，1幅舆图明确"五里一方"外，其余方格均未说明方格的具体含义。甚至在Kart.E.1594/108《惠民县地舆河全图》上出现贴签注明"以十里为一方"，但图上并无画方的情况。

表2　德藏山东县级舆图中的地图要素

序号	馆藏编号	图名	性质	方向	比例尺	形象画法	贴签
1	Kart.E.1594/101	武定府乐陵县呈送舆图	黑白	上南下北	无	无	无
2	Kart.E.1594/102	阳信县舆图	黑白，刻本	上南下北	无	有	无
3	Kart.E.1594/103	沾化县沿海五铺图说	黑白	上南下北	无	有	有
4	Kart.E.1594/104	武定府利津县呈送合县村庄距城里数四至八道河海地舆图	彩绘	上南下北	画方	无	有
5	Kart.E.1594/105	（陵县舆图）	黑白	上东下西	无	无	有
6	Kart.E.1594/106	（德平县舆图）	黑白	上南下北	无	有	无
7	Kart.E.1594/107	商河县舆图	黑白	上南下北	无	无	无

续表

序号	馆藏编号	图名	性质	方向	比例尺	形象画法	贴签
8	Kart.E.1594/108	武定府惠民县地舆全图	彩绘	上南下北	无	有	有
9	Kart.E.1594/108	惠民县地舆河全图	彩绘	上南下北	无	有	有
10	Kart.E.1594/109	滨州呈送合境村庄地舆全图	彩绘	上南下北	画方	无	有
11	Kart.E.1594/110	济南府平原县造送城垣河道全图	彩绘	上南下北	无	是	有
13	Kart.E.1594/112	呈阅卑县全境地舆图【齐东县】	彩绘	上南下北	无	有	有
14	Kart.E.1594/113	蒲台县舆图	彩绘	上南下北	画方	无	有
15	Kart.E.1594/114	工房呈送河图【博兴县】	彩绘	上南下北	无	无	有
16	Kart.E.1594/115	乐安县呈送城河图	彩绘	上南下北	无	无	有
17	Kart.E.1594/115	乐安县呈送舆图	彩绘	上南下北	十里一方	无	有
18	Kart.E.1594/116	禹城县地舆全图	黑白，刻本	上南下北	无	无	无
19	Kart.E.1594/117	济阳县境河道形势四至村庄全图	彩绘	上南下北	无	无	有
20	Kart.E.1594/118	邹平县境内形势地舆全图	彩绘	上南下北	无	有	有，
21	Kart.E.1594/119	高苑县境内形势地舆全图	彩绘	上南下北	无	无	无
22	Kart.E.1594/121	章邱县舆图	彩绘	上南下北	无	有	有，
24	Kart.E.1594/123	馆陶县管辖卫河河道全图说	彩绘	上南下北	无	有	有
25	Kart.E.1594/123	馆陶县四至八到图说	彩绘	上南下北	无	有	有
26	Kart.E.1594/124	茌平县城河村庄墩台地舆全图	彩绘	上南下北	无	无	有

续表

序号	馆藏编号	图名	性质	方向	比例尺	形象画法	贴签
27	Kart.E.1594/125	长清县呈送舆图	彩绘	上南下北	无	有	有
28	Kart.E.1594/126	（冠县舆图）	彩绘	上南下北	方格	无	无
29	Kart.E.1594/127	聊城县舆图	彩绘	上东下西	无	有	有
30	Kart.E.1594/128	东昌府莘县地舆全图	彩绘	上北下南	画方	无	无
31	Kart.E.1594/129	东阿县城河堤埝图	彩绘	上南下北	无	有	无
32	Kart.E.1594/130	泰安府平阴县呈地舆图	彩绘	上南下北	无	无	有
33	Kart.E.1594/131	肥城县舆图	黑白，刻本	上北下南	无	有	无
34	Kart.E.1594/132	东平州合境山川道里村庄全图	彩绘	上南下北	画方	有	有
35	Kart.E.1594/133	汶上县地势舆图	黑白，刻本	上南下北	无	无	有
36	Kart.E.1594/134	滋阳县图	彩绘	上南下北	画方	有	有
37	Kart.E.1594/135	（曲阜县舆图）	彩绘	上北下南	画方	有	有
38	Kart.E.1594/136	济宁直隶州嘉祥县地舆全图	彩绘	上南下北	十里一方	有	有
39	Kart.E.1594/137	济宁直隶州地舆全图	彩绘	上南下北	无	有	有
40	Kart.E.1594/138	巨野县合境舆图	彩绘	上南下北	画方	无	有
41	Kart.E.1594/139	菏泽县舆图	彩绘	上南下北	无	有	有
42	Kart.E.1594/140	定陶县村庄地舆图	彩绘	上北下南	画方	五	有
43	Kart.E.1594/140	定陶县舆图	彩绘	上南下北	无	有	有
44	Kart.E.1594/141	城武县舆河全图	彩绘	上南下北	画方	有	无

续表

序号	馆藏编号	图名	性质	方向	比例尺	形象画法	贴签
45	Kart.E.1594/142	金乡县地舆全图	彩绘	上南下北	十里一方	有	有
46	Kart.E.1594/143	曹县城舆图	彩绘	上南下北	无	有	有
47	Kart.E.1594/144	单县黄河地舆图	黑白，刻本	上南下北	无	有	无
48	Kart.E.1594/144	单县舆图	彩绘	上南下北	无	无	无
49	Kart.E.1594/145	泰安县舆图	黑白，刻本	上北下南	无	有	无
50	Kart.E.1594/146	高密县地舆全图	彩绘	上南下北	十里一方	无	无
51	Kart.E.1594/147	（寿光县舆图）	彩绘	上南下北	无	有	有
52	Kart.E.1594/148	昌邑县河海图	彩绘	上南下北	无	有	有
53	Kart.E.1594/149	长山县境全图	彩绘	上南下北	五里一方	有	无
54	Kart.E.1594/150	济南府淄川县舆图	彩绘	上北下南	四里一方	有	有
55	Kart.E.1594/151	博山县地舆全图	彩绘	上北下南	画方	有	有
57	Kart.E.1594/154	潍县境内铁路城郭山川电线地舆图说	彩绘	上南下北	十里一方	有	无
58	Kart.E.1594/155	青州府安邱县造送卑县城垣疆域村庄图	彩绘	上南下北	画方	有	无

注：Kart.E.1594/108《惠民县地舆河全图》贴签上注明"以十里为一方"，但图上无画方。因此此表将之视为无画方。

3. 德藏山东县级舆图的内容结构

在当代对古地图进行整理时，往往会根据舆图内容对舆图进行分类。比如普通地图与专题地图、全国地图与区域地图等。但是在整理德藏山东县级舆图过程时，笔者发现这批舆图很难依据上述类型进行整理。

　　首先，从现存舆图贴签注记反映的舆图内容结构看，不同舆图表示的内容要素相差较大（表3）。同为晚清县级舆图，同馆所藏直隶县级舆图倒比较整齐划一。

表3　带有舆图内容结构说明贴签的舆图及相应贴签内容

序号	图书馆编号	图名	核心贴签内容
1	Kart.E.1594/103	沾化县沿海五铺图说	沾化县管辖沿海，东西计长一百二十里，中间有铺五座。各铺有铺头往来巡查。所辖沿海口岸均系浅水海滩。各铺相距海边二三十里不等。海边距城一百五六十里，距村庄七八十里。沿海口岸向无设有墩台炮位。亦无岛屿居民庐舍。理合声明
2	Kart.E.1594/108	武定府惠民县地舆全图	惠民县境十六约，计一千一百四十二村
3	Kart.E.1594/108	惠民县地舆河全图	遵查惠民土城一座，周围九里十三步。南界齐东九十里，北界阳信十二里，东界滨州五十五里，西界商河四十里，西南至济阳一百二十里，东南至蒲台一百一十里，西北至乐陵九十里，东北至阳信四十里，南北计长一百零二里，东西计长九十五里。黄河一道上自于山，由齐河、历城、济阳花墙刘家入境起，下至丁家口入滨州境止。经由惠境一百一十里。现通流入海。徒骇河，上自东昌府减水闸，由济阳、商河刘蓓萨桥入境起，下至丁家道口入滨州境止，经由惠境八十二里，现在淤塞不通。小支河，上自临邑、禹城、济阳、商河瞻圣桥入境起，下至永利镇入沙河止，经由惠境一百零二里，现被黄水淤塞无形。沙河，上自商河龙王庙入境起，下至程家口入滨州境止，经由惠境二十五里，年久淤塞，并未奉文开挑。惠民所辖境内分作十六约，以十里为一方，绘黄画者为木路，绘红画者为小路，黑点绿画者为约界。除寄庄不列外，共计实户一千一百四十二村庄。合并声明

续表

序号	图书馆编号	图名	核心贴签内容
4	Kart.E.1594/113	蒲台县舆图	合境村庄向分仁义礼智信五乡，共计三百六十二村庄。并无名山大川。每以十里开方。自有大堤斜堤护城堤黄河各一道，上自滨州交界起，下至利津交界止。东西计广七十五里，南北三十五里。登明
5	Kart.E.1594/115	乐安县呈送舆图	每格横直皆以十里为一方。境内委系平川之地。并无名山巨镇。按乐安县广四十里，袤长一百二十里，东至寿光县界彭道口即所辖刘家巷三十里。南至淄博界黄圻店二十里。西至博兴县界白家坞十里。北至利津县界哨头庄一百里。东南至寿光县界邓家庄三十里。西南至临淄县界张郭店二十五里。西北至博兴县界利城店二十里。东北至海一百三十里。河道形势、四乡村庄，地名逐一注载图中。红线系属大路，黑画系属界限以分区别。合并声明
6	Kart.E.1594/123	馆陶县管辖卫河河道全图说	"拳厂迤北起，至千集止，于光绪二十二年添修小民埝一道，现在节节均有残缺，其间村庄多与临清交界，所有临清管辖之处均未修整。""卫河两岸小村均未添注，以免杂乱而得省目。登明。"
7	Kart.E.1594/127	聊城县舆图	聊城县额设二十四里，统计大小庄村共八百二庄，东南西南两乡道路鞭长，东北西北两乡道路狭短，其庄村集镇星罗棋布，又东北西北两乡村庄与卫属犬牙相错，难以细载，仅将四至八道紧要一区逐一注明，以便按图稽览。"聊城县经管河道计长六十三里，南自阳谷县官窑口起，北至堂博汛交界吕家湾止，沿河设有桥闸四座，南曰周家店闸，次曰李海务闸，附城曰通济桥闸，北曰永通闸。东岸设墩台四座，曰于家墩、李家墩、东柳行、双堤铺。又东岸设有三空桥，每遇运异涨则启滚水坝，以泄运河之水入徒骇河，由博平一带至沾化县入海。运河西岸设有进水闸三座，涵洞六座，以备宣泄南北两乡坡水入运。"

续表

序号	图书馆编号	图名	核心贴签内容
8	Kart.E.1594/136	济宁直隶州嘉祥县地舆全图	嘉祥县在济宁州城西方五十里，至省城四百三十里。地区遍小照。十里开为一方。
9	Kart.E.1594/142	金乡县地舆全图	谨将县境地舆城池山川桥梁河道塞圩防营以及邻境村庄界址绘图贴说回电。每格见方计十里
10	Kart.E.1594/148	昌邑县河海图	"查卓县旧有堤河口一处，地处偏僻，并非海船经由之道，系因沙泥淤塞，于乾隆三十五年报明在案，现在仍系淤塞不通。其下营海口一处，自道光二十八年日渐冲开，堪通内地小船，海船不能停泊。该口并无岛屿居民。登明。""此庄距城五十里，由该庄至海口四十里，系属水道，并无岛屿居民墩台炮台。东至海沧庄四十里，由该庄至掖县虎头崖海口五十里。西至利渔河四十里，由该河至潍县白琅河海口五十里。登明。"
11	Kart.E.1594/150	济南府淄川县舆图	遵查卓县，系偏僻山路，并无通驿大路。图内每格一个，按道路系属四里。东西共计二十二格，计长九十里；南北共计十七格，计长七十里。道路形式弯曲不等，正东、东南两路系属樵苏小路，境内村庄共计五百八十二处。所有山河道路，均无更易。合并声明

　　其次，同一通用图名之间差异也很大。前述德藏山东舆图的第二个特点即是图名类型复杂，同一图名舆图所反映的地理信息也差异较大。比如 Kart.E.1594/108《武定府惠民县地舆全图》、Kart.E.1594/136《济宁直隶州嘉祥县地舆全图》、Kart.E.1594/142《金乡县地舆全图》，三者图名都为"舆地全图"，含义大致等同于今天的"普通地图"，但是所包含内容要素也不一致（表4）。同时，Kart.E.1594/108《武定府惠民县地舆全图》和同属一个编号的 Kart.E.1594/108《惠民县地舆河全图》包括内容又一致。原因之一，便是古人认为"县图，

以清疆域也"。[1] "城池、山川,不可不图者也。"[2] "读其山川志,而形势之胜见矣。"[3] 由此,县境范围、县城、表县境"形势"的山川是一定需要绘出的,但是在相当长时间内,乡村并非县域图的必备要素,比如在清代山东方志地图中,即很少有表示类似今日填满村庄名称的县域图,"旧志境图只载集镇,而不及村庄"。[4] 甚至在部分方志舆图中,如果在"县境图"之外还有村庄图,就会单独设置并标示为"七乡村庄图"、[5] "村庄河道""沿海庄村"。[6]

表4 《武定府惠民县地舆全图》《济宁直隶州嘉祥县地舆全图》《(济宁直隶州)金乡县地舆全图》包含要素

馆藏编号	图名	县城	县境四至	方向	河流	山	乡村组织	村庄	桥梁	道路	军事营寨
Kart.E.1594/108	武定府惠民县地舆全图	√	√	√	√		√	√			
Kart.E.1594/136	济宁直隶州嘉祥县地舆全图	√	√	√	√	√				√	√
Kart.E.1594/142	金乡县地舆全图	√	√	√	√	√	√	√	√	√	√

注:为便于比较和更加有效地说明问题,本文特选取更加接近今日"普通地图"概念的"舆地全图"进行比较。在比较中,又特意选择同属一个统县政区的两幅舆图进行比较。

---

1 乾隆《定陶县志》"续修凡例",光绪二年重刻本。

2 嘉靖《昌乐县志》"序",嘉靖二十七年刻本。

3 乾隆《曹州府志》"凡例",乾隆二十一年刻本。

4 《齐河县志》"凡例",1933年印本。

5 同治《即墨县志》舆图"七乡村庄图",同治十二年刻本。

6 嘉庆《寿光县志》舆图"村庄河道""沿海庄村",嘉庆四年刻本。

　　值得注意的是，笔者在整理这批舆图时，通过分析图名题签的字体，发现德藏山东县级舆图出现了跨统县政区舆图图名题签上的字体一致的情形，说明德藏县级舆图是经过初步整理过的，甚至其图名也是经过初步整理的（例如表5、表6，图3、图4）。这种情况的出现，一方面如同前述舆图所示县级政区空间区域一样，再次说明这套55幅山东舆图是有意识按照某一主题进行系统收集的。同时，也说明这种经过初步整理后的图名是否是原图名仍有可待商榷的空间，这也就极大限制了整理者根据图名就能简单进行分类的可行性。

表5　德藏舆图图名贴签字体相同举例（1）

序号	馆藏编号	图名	所属府
1	Kart.E.1594/102	阳信县舆图	武定府
2	Kart.E.1594/113	蒲台县舆图	武定府
3	Kart.E.1594/116	禹城县地舆全图	济南府
4	Kart.E.1594/119	高苑县境内形势地舆全图	青州府
5	Kart.E.1594/125	长清县呈送舆图	济南府
6	Kart.E.1594/129	东阿县城河堤埝图	泰安府
7	Kart.E.1594/140	定陶县村庄地舆图	曹州府
8	Kart.E.1594/140	定陶县舆图	曹州府
9	Kart.E.1594/143	曹县城舆图	曹州府
10	Kart.E.1594/154	潍县境内铁路城郭山川电线地舆图说	莱州府

表6　德藏舆图图名贴签字体相同举例（2）

序号	馆藏编号	图名	所属府
1	Kart.E.1594/133	汶上县地势舆图	兖州府
2	Kart.E.1594/134	滋阳县图	兖州府
3	Kart.E.1594/138	巨野县合境舆图	曹州府

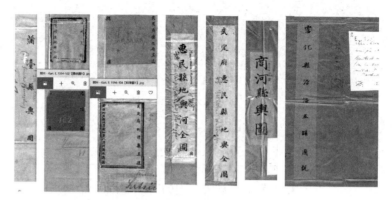

图 3 武定府所属县级政区舆图图名题签

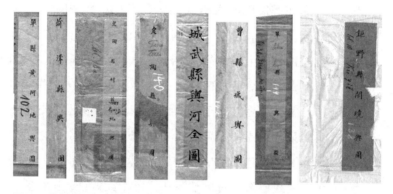

图 4 曹州府所属县级政区舆图图名题签

如果以今日眼光来对德藏山东县级舆图进行分类，则很明显有"河工类"地图，具体如下（表 7）：

表 7 德藏山东县级舆图中的专题舆图

序号	馆藏编号	图名	所属统县政区
1	Kart.E.1594/108	惠民县地舆河全图	武定府
2	Kart.E.1594/110	济南府平原县造送城垣河道全图	济南府
3	Kart.E.1594/114	工房呈送河图【博兴县】	青州府
4	Kart.E.1594/115	乐安县呈送城河图	青州府
5	Kart.E.1594/117	济阳县境河道形势四至村庄全图	济南府

续表

序号	馆藏编号	图名	所属统县政区
6	Kart.E.1594/123	馆陶县管辖卫河河道全图说	东昌府
7	Kart.E.1594/129	东阿县城河堤埝图	泰安府
8	Kart.E.1594/141	城武县舆河全图	曹州府
9	Kart.E.1594/144	单县黄河地舆图	曹州府

4. 德藏山东县级舆图的时间断限

中国传统舆图往往不记载舆图绘制时间，但是如果要想实现对这些舆图的深入研究，又离不开对舆图时间上下限的分析和判断。华林甫教授、周磊对这批舆图进行初步整理后，得出这批舆图属于"晚清"的结论。同时根据华林甫教授调查："这些舆图属于晚清官方的版本[1]，怎么会辗转流入德国呢？在该图书馆协助下，笔者知其于 1924 年从皇家普鲁士移交而来，再向上追溯，只知道是皇家普鲁士土地调查部 1911 年之前的旧藏，……至于 1911 年之前如何，其流落德国的详细过程仍蒙着一层面纱，至今还是谜案，有待于揭开。"[2] 由此调查，这批舆图至少产生于 1911 年之前。

在华林甫教授、周磊研究的基础上，笔者在此结合山东历史地理的特征，对这批舆图的上下时间断限进行进一步推定。由于这批舆图属于典型的清代舆图绘制风格，且大部分舆图可资判断的信息（包括图上地理信息和纸张等载体信息）又绝少，因此只

1　华林甫教授原注：判断为官方版本，依据有二：一是临清直隶州和平原、禹城、高密三县原有图名的彩纸上钤盖官方正印；二是体现在图名上，如"呈送""造送""工房呈送""呈阅卑县""造送卑县"，以及全图、全境、合境等用词。

2　华林甫、李诚、周磊：《德国普鲁士文化遗产图书馆藏晚清直隶山东县级舆图整理与研究》上册，第 2 页。

好以偏概全，以期能够获得进一步分析的突破点。

在政区地理要素方面，（1）自乾隆四十一年（1776）升济宁、临清为直隶州之后，山东除了在光绪三十年（1904）四月设置胶州直隶州，高密县、即墨县从莱州府往属外，政区没有变化。而且高密县只是在统县政区层面进行了转换，并没有发生置废等政区建制变迁，所以根据政区变迁因素无法判断Kart.E.1594/146《高密县地舆全图》的具体时间。（2）根据Kart.E.1594/127《聊城县舆图》贴签所载"运河以东徒骇河以西名曰夹道，多系东昌卫村庄，与县属犬牙相错"。"聊城县额设二十四里，……其庄村集镇星罗棋布，又东北西北两乡村庄与卫属犬牙相错，难以细载"。说明此时在聊城县区域尚存有"东昌卫"。此卫为漕运性质卫所。根据宣统《聊城县志》："东昌向有平山、东昌两卫。康熙二十七年裁平山卫并入东昌卫。光绪二十八年复裁东昌卫并入县治。"[1] 我们可以断定此图绘制在光绪二十八年（1902）之前。由于馆陶县相应维护漕运的把总也撤销，[2] 所以反映此段漕运事务的Kart.E.1594/123《馆陶县管辖卫河河道全图说》也应该于此之前绘制。

在自然地理要素变迁方面，晚清山东的主要地理变迁来自咸丰五年（1855）黄河铜瓦厢决口改道山东。进入山东后，黄河河道和入海口一直不断变动。（1）根据宣统元年山东调查局呈递宪政编查馆报告，黄河在山东境内变迁最大的有二：一是冲决齐东县城，迫使齐东县城于光绪十九年（1893）移治

1　宣统《聊城县志》卷1《方域志》。《中国地方志集成·山东府县志辑》第82册，凤凰出版社，2004，第16页。

2　"光绪二十七年停罢河运，关于沿河区域便利漕运之设施亦即废止……迨经光绪庚子拳匪之乱，厉行新政，壬寅、癸卯两年，廷诏裁绿营兵改练巡警，并裁东昌、临清卫所守备千总官，馆陶把总官嗣亦裁撤。"民国《续修馆陶县志》卷2《政治志·区域》，《中国地方志集成·河北府县志辑》第62册，上海书店出版社，2006，第173页。

本县九扈镇；二是黄河于光绪二十七、二十八年（1901—1902）从蒲台县城北河道改为"径县城之南"。[1]由此两点，我们可以判断 Kart.E.1594/112《呈阅卑县全境地舆图》（齐东县）县治已经迁至九扈镇，应该在光绪十九年（1893）之后成图。Kart.E.1594/113《蒲台县舆图》黄河仍流经蒲台县城之北，说明此图绘制于光绪二十七年（1901）之前。（2）在黄河入海口方面，黄河夺大清河入海之后，河口经历了四次变化。先是沿大清河牡蛎嘴一线入海。伴随泥沙淤积，光绪十五年（1889）河决韩家垣，经傅家窝、杨家嘴等一线入海。至光绪二十二年（1896），又于南北领子漫口夺溜，于丝网口入海。直至光绪三十年（1904）薄庄决口后，由徒骇河入海。[2]Kart.E.1594/104《武定府利津县呈送合县村庄距城里数四至八道河海地舆图》恰好用淡黄色分别绘出了"牡蛎嘴""韩家垣"两处河道，同时用明黄色绘出了"南岭子""北岭子"之间的黄河入海河道。但并没有绘出黄河夺徒骇河河道情况，说明此图绘制于光绪二十二年（1896）至光绪三十年（1904）之间。同时，黄河还冲击了运河河道。最终黄河固定在寿张县一带进入大清河河道。运河河道被迫从张秋镇转移。光绪七年（1881）开挖自陶城埠至阿城闸新运道，[3]Kart.E.1594/129《东阿县城河堤埝图》绘出了这段运河，说明此图在此之后绘制。

在作为新设事物的胶济铁路等方面，光绪二十五年（1899）

---

1 《山东省河务行政沿习利弊报告书》"第一章流域……第四节：全河今昔变迁形势"，宣统二年山东调查局石印，第6页。

2 《山东省河务行政沿习利弊报告书》"第一章流域……第七节：尾闾入海之变迁"，第12页。

3 《清德宗实录》卷126 "光绪七年正月戊子"："山东巡抚周恒祺奏，遵旨浚河利漕，请将运口改在陶城埠，并开挖新河以达阿城闸。又迤北运河淤浅，并饬属分别挑修。下部知之。"《清实录》第54册，第819页。

6 月 14 日德华银行领导下的辛迪加建立山东铁路公司。[1] 9 月 23 日由青岛开工向西修筑胶济铁路。[2] 1901 年 4 月 8 日通车青岛至胶州段。[3] 光绪二十八年（1902）6 月 1 日修至潍县。[4] 光绪二十九年（1903）4 月 12 日通车至青州府；[5] 9 月 22 日修至周村。光绪三十年（1904）6 月 1 日胶济铁路干线，并博山支线竣工。[6] 由此，我们可以判断：已经在舆图中绘出铁路的 Kart.E.1594/146《高密县地舆全图》、Kart.E.1594/155《青州府安邱县造送卑县城垣疆域村庄图》应该反映的是 1901 年 4 月之后的地理状态。并未绘出铁路的 Kart.E.1594/148《昌邑县河海图》应该反映的是 1902 年之前的地理状态。Kart.E.1594/154《潍县境内铁路城郭山川电线地舆图说》是 1902 年 6 月 1 日之后的状态。绘出铁路的 Kart.E.1594/149《长山县境全图》、Kart.E.1594/121《章邱县舆图》应该反映的是 1903 年 9 月之后的地理状态。没有绘出铁路 Kart.E.1594/150《济南府淄川县舆图》、Kart.E.1594/151《博山县地舆全图》应该反映的是 1904 年之前的状态（当然也有一种可能，即已经有铁路，但没有绘出）。

1　孟嘉升、李文杰译：《德华银行年度报告（1897—1902）》之 1899 年报告，中国社会科学院近代史研究所《近代史资料》编辑部编《近代史资料》总 137 号，中国社会科学出版社，2018，第 101 页。

2　交通部交通史编纂委员会、铁道路交通史编纂委员会：《民国文献资料丛编》第 34 册《近代交通史全编》，国家图书馆出版社，2009，第 5113 页。

3　孟嘉升、李文杰译：《德华银行年度报告（1897—1902）》之 1900 年报告，中国社会科学院近代史研究所《近代史资料》编辑部编《近代史资料》总 137 号，第 108 页。

4　交通部交通史编纂委员会、铁道路交通史编纂委员会：《民国文献资料丛编》第 34 册《近代交通史全编》，第 5113 页。

5　孟嘉升、李文杰译：《德华银行年度报告（1897—1902）》之 1902 年报告，中国社会科学院近代史研究所《近代史资料》编辑部编《近代史资料》总 137 号，第 114 页。

6　交通部交通史编纂委员会、铁道路交通史编纂委员会：《民国文献资料丛编》第 34 册《近代交通史全编》，第 5113 页。

三 八国联军侵华与津浦铁路修筑背景下的德藏山东县级舆图性质判断

1.德藏山东县级舆图的几个可能来源与最初性质

从第一部分的分析中，我们可知德藏山东县级舆图来源非常复杂。笔者推测这批舆图的来源可能有四个途径。

（1）自道光二十一年开始的沿海海防地图绘制

由于鸦片战争中，英军战舰直接北上大沽口，清廷开始加强北方沿海防御。为此"着沿海各将军督抚，通饬所属县营遍历本属洋面，测量水势浅深，滩岸远近，沙线险易，何处小舟可通，而重载大船不能到；何处内地大船可通，而外洋大号夷船不能到。以及港岸口门距大洋若干里，水深若干丈；城池距岸距滩距洋若干里，险陷暗礁若干处，一一试探，分别最要次要，何处应安兵防守，何处应令地方居民自为团练防守，何处无庸防守。一面修理军械、操练兵丁、筹备粮饷、制造铅弹火药、整饬塘汛驿站，以期有备无患。仍着随时侦探，先行晓谕沿海各处居民，如有夷船入境，严禁淡水食物接济。如敢故行接济者，即枭首示众"。[1]并命令"各就海口近岸水势详细测量，何处深浅，何项船只可以拢岸，何项船只只能离岸若干远近，不能直逼口岸。其海潮增长之时，水势深浅。均着一并查明，绘图贴说，据实具奏。又各海口情形不一，或滩或沙，或洲或岛，或居民屋宇，或旷远地面，何处最为险要。应如何设法剿御之处，亦着详细查明附奏"。[2]其

---

1 《清宣宗实录》卷 347 "道光二十一年二月甲申"，《清实录》第 38 册，第 290—291 页。
2 《清宣宗实录》卷 359 "道光二十一年十月辛巳"，《清实录》第 38 册，第 481 页。

后，在同治元年"山东奉谕严查海口"[1]，光绪六年"俄人换约，沿海筹防"。[2] 德藏山东舆图中的 Kart.E.1594/148《昌邑县河海图》（昌邑县隶属于青州府）贴签注明"查卑县旧有堤河口一处，地处偏僻，并非海船经由之道，系因沙泥淤塞，于乾隆三十五年报明在案，现在仍系淤塞不通。其下营海口一处，自道光二十八年日渐冲开，堪通内地小船，海船不能停泊。该口并无岛屿居民。登明"，"此庄距城五十里，由该庄至海口四十里，系属水道，并无岛屿居民墩台炮台。东至海沧庄四十里，由该庄至掖县虎头崖海口五十里。西至利渔河四十里，由该河至潍县白琅河海口五十里。登明"。Kart.E.1594/103《沾化县沿海五铺图说》（沾化县隶属于武定府）贴签注明"沾化县管辖沿海，东西计长一百二十里，中间有铺五座。各铺有铺头往来巡查。所辖沿海口岸均系浅水海滩。各铺相距海边二三十里不等。海边距城一百五六十里，距村庄七八十里。沿海口岸向无设有墩台炮位。亦无岛屿居民庐舍。理合声明"都充分说明这些舆图绘制都是为了海防需要，沿海区域各县绘制海防舆图的部分展示。

（2）治理黄河及小清河过程中的舆图绘制

黄河在山东境内引发的决溢，以及带来的山东北部河流紊乱等是晚清山东遭遇的最多灾害之一。在清廷经过多年争论，最终决定黄河不再回归故道，而是在山东境内入海后，以山东巡抚丁宝桢主持堵筑贾庄决口为开端，从同治十三年（1874）开始正式修筑从直隶进入鲁西地区的黄河大堤，"兼檄各州县于南岸筑堤防泛滥，北补金堤以屏畿辅。……阅四月而工成"。这次所筑南堤上起直隶和山东交界处，下至寿张镇附近的十里铺运

---

1 宣统《山东通志》卷 11《通纪九》。

2 宣统《山东通志》卷 11《通纪九》。

河之处止。光绪三年（1877）在"北面金堤之外建立近水北堤一百七十余里"，由此黄河河道在鲁西地区被固定。随着泥沙在河道的淤积，黄河在原大清河河道于光绪八年以后开始决堤，山东巡抚陈士杰于光绪九年（1883）"建筑中下游两岸大堤，南岸自长清达于蒲台，计四百余里，北岸自东阿达于利津，计六百余里"。[1] 在治理黄河过程中，形成了大量治黄文献。如同前表7所述，我们在德藏山东县级舆图发现黄河下游区域的县级政区舆图大部分的绘制重心虽然题名没有涉及黄河，但主要内容依然是河工。

同时，笔者注意到这些舆图也与清末《大清会典图》绘制存在一些关系；[2] 与清末方志舆图也存在相互借鉴乃至使用的关系（例如图5、图6，二图除了方向相反外，在舆图构图与核心地理信息基本一致），兹另文详述。

2. 德藏山东县级舆图性质的变迁：八国联军侵华、津浦铁路修筑背景下的德国对华北平原地理信息的需求

舆图绘制目的与舆图使用二者的关系既有相承性，更有相异性。关于德国为何系统地收集山东、直隶县级舆图，华林甫教授怀疑德国在变山东为其势力范围后，也有变直隶为其势力范围的野心。由于尚未查到足够多的资料进行实证，笔者在此结合本文第一部分所分析的德藏山东县级舆图，并结合该馆一同收藏的直隶县级舆图的特点、空间结构与范围、内容结构与时间断限尝试进行回应。

1　此处关于黄河在山东省境内三次重要筑堤的记载参见董龙凯《清光绪年间黄河变迁与山东人口迁移》，《中国历史地理论丛》1998 年第 1 期，第 50—51 页。

2　光绪《大清会典图》对舆图的格式、内容有详细规定。光绪二十年三月初七日《山东巡抚福润为报山东舆图测绘完竣事奏折》，谢小华：《光绪朝各省绘呈〈会典·舆图〉史料》，《历史档案》2003 年第 2 期，第 46—47 页。

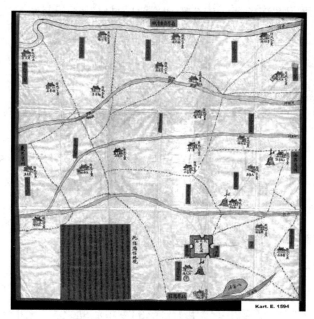

图 5 Kart.E.1594/108《惠民县地舆河全图》

图 6 光绪《惠民县志》"河渠图"

　　虽然同为德国普鲁士文化遗产图书馆所藏，但本馆所藏直隶县级舆图在题名、内在结构、绘图技法上都极其统一，[1]舆图所代表的县级政区空间分布也非常整齐，没有偏向于哪个自然地理或人文地理区域，而是基本在燕山以南的直隶省区域均质分布。[2]这与同一馆藏的山东部分形成了鲜明对比：德藏山东县级舆图在图名、舆图题名、内在结构、舆图反映县级政区分布地域严重不一。揆诸原因，根据二者的时间断限，笔者大胆推测，应该与德国收藏二者的途径不同有关。

　　众所周知，1900 年八国联军侵华，在占领北京后，为追求更大的侵略权益，八国联军统帅德国人瓦德西"第一件大事是指挥联军占领山海关和秦皇岛，第二件即谋划南侵保定"。[3]通过在侵华战争前期攻占直隶总督驻地的天津，后期主导攻占同为直隶总督、直隶布政使等驻地的保定，德军有更多条件系统收缴大量直隶官方舆图，并应用于自己的军事活动之中。相比而言，在八国联军侵华期间，由于袁世凯的积极努力，八国联军兵锋局限于直隶境内，往南只是延伸到德州以北区域，并没有进入山东省境内，[4]德国也就没有条件系统收集官方府库收藏的山东舆图。相比于德军有条件从官府直接获得，德藏山东县级舆图的杂乱，显示其收集途径更有可能是从市场等其他途径而来。作为旁证，在德国巴伐利亚州立图书馆较为集中收藏了晚清 5 个山西县级政区舆

1　比如在图名上绝大多数都直接以 "** 县舆图" 命名；在性质上属于普通地图。

2　德藏县级舆图内容与光绪十二年成书的《畿辅通志》类似，笔者推测德藏直隶县级舆图更大可能是与光绪《大清会典图》绘制有关，且与《畿辅通志图》有关。王一帆：《清末地理大测绘——以光绪〈会典舆图〉为中心的研究》，博士学位论文，复旦大学，2011，第102 页。

3　苏位智：《试论八国联军对直晋边境的侵犯》，《河北大学学报》（哲学社会科学版）1992年第 1 期，第 103 页。

4　唐宏胜：《清军与八国联军之役》，硕士学位论文，华中师范大学，2016，第 53 页。

图：Cod.sin. 34《芮城县地舆图》、Cod.sin. 35《平遥县地舆图》、Cod.sin. 36《文水县舆图》（两幅，但内容不太一致）、Cod.sin. 37《宁远厅舆图》、Cod.sin. 38《黎城县地舆图》。估计也是在此时期系统收集和入藏的。

那么德国为何系统收集山东西部沿运河区域和北部沿黄河区域舆图？而且从这些舆图上密密麻麻的德文地名注记上，显而易见可以看出这些地图对德国人发挥了重要作用。结合这些舆图的断限以及入藏德国普鲁士文化遗产图书馆的时间，笔者推测或许和津浦铁路修建有关。主要依据有二。

首先，在八国联军侵华之后，德国在胶东地区之外的华北平原区域最主要的行动便为津浦铁路（1908 年津镇铁路改为津浦铁路）北段的争夺与施工、运营。在获得津浦铁路修筑权后，鉴于"铁路以勘绘地图为首务""西人造路以勘路为全局纲领，测量绘图为入手要义。稍有不审，稽时误工，劳民糜费，其害不可悉数"。[1]且光绪二十五年四月初九日（1899 年 5 月 18 日）清廷与英德签订的《津镇铁路草合同》第三十三款规定："此草合同一经签押后，中国国家准银行等之工程司前往勘路报明。若所报情形与银行等合意，即将此草合同订定，再立详细合同。如有尚未详洽之处，课由督、帮办大臣与银行等和衷商改。"[2]路线勘测成为签订正式合同的必要条件。德国具体执行本次筑路权的便是 1889 年 5 月 15 日设立于上海的德华银行（Deutsche Asiatische Bank）[3]。"最近，由本银行（即德华银行）及汇丰银行代表的英德辛迪加，

1　国家图书馆藏历史档案文献丛刊《清末民初铁路档案汇编》"津镇铁路档案"，全国图书馆文献缩微复制中心，2008，第 1 册，第 8 页。

2　国家图书馆藏历史档案文献丛刊《清末民初铁路档案汇编》"津镇铁路档案"，第 235—236 页。

3　曹艳荣：《德国在华银行业的历史变迁》，《衡水师专学报》2002 年第 3 期，第 16 页。

也与中国政府签订了津镇铁路的筹资及筑路合同。"[1] 在草合同签订后，作为签约方的德国利益代表者德华银行即开始测绘地图、勘定路线。到 1902 年 7 月 16 日，"嗣因该银行等勘路未竣，是以详细合同至今尚未订定。本年七月十六日准德国署使臣葛尔士照称：据德华银行声称，德商承勘自天津至山东南界一段，现已完毕，拟遵照草合同第三十三款，迅速开议。正合同定后，立即开工"。[2] 在中英德重新谈判于光绪三十三年十二月十日（1908 年 1 月 13 日）签订《津浦铁路借款合同》正合同后，德国与英国于 5 月 25 日提出索要勘测这批地图的费用："该使（即德使雷克斯）暨英使均来署（即外务部）请将从前该路图费、电费照数付给。"[3] 督办津浦铁路大臣吕海寰在回复外务部时，提及德华银行、汇丰银行（即"德英两银公司"）已经来铁路公司索要过，对此行为，吕海寰明确进行了回绝："一德英两银公司所索前绘地图费用一事。初次该两公司来告，本大臣即答以合同并未载入。此款应否付给，请向原议大臣商办。继又来云，图为中国代绘，费须中国认还。又答以图未经见，费未开来，凭何议办。该两银公司亦自认办理未当，云即催寄。现两银公司虽以将各图寄到，而用费迄今尚未开报前来。本大臣实未便据两公司口述用费约略数目，率行允准。恐无此办法。应俟两银公司开报到日，再行核明商办。"[4] 最终吕海

1 　孟嘉升、李文杰译：《德华银行年度报告（1897—1902）》之 1898 年报告，中国社会科学院近代史研究所《近代史资料》编辑部编《近代史资料》总 137 号，第 95 页。

2 　宓汝成：《中国近代铁路史资料》中册，台北：文海出版社，第 791 页。

3 　光绪三十四年四月二十六日（1908 年 5 月 25 日）"外务部致督办津浦铁路大臣吕海寰函"，台北"中研院"近史所编《海防档·戊·铁路》，1957，第 633 页。"德使争津浦铁路北段设站及铁路学堂等事，又与英使共索图费、电费希即与公司迳议"。

4 　光绪三十四年四月二十八日（1908 年 5 月 27 日）"外务部收督办津浦铁路大臣吕海寰函附驳复德使节略"，台北"中研院"近史所编《海防档·戊·铁路》，1957，第 637—638 页。"函送驳复德使节略请予核转"。

寰还是购买了德华银行所勘测地图：

> 督办吕海寰以北段系按照德人测勘津镇铁路建筑，因商
> 之德华银行，将北段测量全图四百三十张全数订购，由总工
> 程司德浦弥勒查点后声明：由天津至利国驿全段干路及所属
> 分段支路，暨天津附近岔路各图均极完善。其峄县至枣庄一
> 段，亦皆详载。此外尚有若干备考图张。本路勘定之路线即
> 由此项各种图内选择者。[1]

由此可见，在德华银行的主持下，为修筑天津至山东南界的津
浦铁路北段，德华银行共勘测出 430 张地图，同时其还有若干"备
考图张"。这些地图包括从天津至利国驿（今江苏徐州铜山区东北
利国乡一带，与山东交界）的干路走向、所属分段支路等。作为德
国侵占筑路权基石的《中德胶澳条约》这项约文对于胶济铁路修通
后，铁路继续"往济南及山东界"规定极其模糊，为德国在华北的
侵略提供了众多空间。同时，由于勘测线路需要比较，即津浦铁路
北段由总工程司勘定绘图后，共设计出红、蓝、黄、黑四条线路。
詹天佑认为所绘绿线线路较为合适，并与总工程司商议"将车站移
改。其余悉照绿线所经，作为定议"。[2] 在支路建筑需要上，德国
为了与卢汉铁路构成连接，相继提出德州至卢汉铁路正定（今河北
正定）支路、兖州至卢汉铁路河南开封支路、济南至卢汉铁路顺德
（今河北邢台）支路等提议。这一点也能从德藏山东县级舆图包括
冠县、莘县、馆陶县等从济南延伸至顺德所经政区，从兖州至开封
沿途定陶、城武等，以及馆藏直隶县级舆图中包括的东明县、长垣

1　交通部交通史编纂委员会、铁道路交通史编纂委员会：《民国文献资料丛编》第 34 册《近代
　交通史全编》"第二章 国有铁路已成线（津浦）：第三款路线：第一项测勘"，第 2437 页。
2　《津浦铁路北段线路》，《盛京时报》1908 年 7 月 24 日，第 3 版。

县中可以约略看出。因此，德华银行需要测绘的就不仅仅是一条路线，更多是一个面状区域。

在勘测之前系统搜集当地舆图以便进行线路分析和勘测，应该是必要的资料准备。虽然山东最接近本时间段的舆图测绘活动是光绪《大清会典图》测绘，光绪十五年（1889）会典馆上奏，建议绘制舆图："应先拟就开方图式，敬请饬颁各省将军、督抚，遴派留心地理、精于测绘之官绅士子，限期一年，每省绘一省图及所属各府直隶州厅分图、州县分图，解送到馆"，并规定："图内开方，省图每方百里；府直隶州图，每方五十里；厅州县图，每方十里。疆界裹广不芥，方数不必拘定格式。大小必须遵照搬出图式，以期画一"，[1] 而且此图于光绪二十年三月初七日上缴会典馆，但是此图除在 1919 年铅印出版的宣统《山东通志》卷 1《舆图志》照录外，[2] 外界除认定其名称为《山东全省舆图表说》，对此图的情况几乎一无所知，且会典馆对此图的评价也不高："山东新图虽有天度开方，然非实测"，[3] "会典馆咨会各省送到舆图，以湖北、浙江、江西、广东、黑龙江、湖南、安徽七省为最，福建、陕西、广西、山东、奉天五省次之"，[4] 山东竟然名列倒数第二。由宣统《山东通志》"舆图"部分看，此图所载聚落严重偏少。[5] 由此，可能津浦铁路只能另寻更加

1　"札北藩司等筹议开办舆图局"附"画图章程"，光绪十六年七月初十日，《张之洞全集》卷 98，第 4 册，武汉出版社，2008，第 2691 页。德国普鲁士文化遗产图书馆藏山东县级舆图中，Kart.E.1594/115《乐安县呈送舆图》、Kart.E.1594/136《济宁直隶州嘉祥县地舆全图》、Kart.E.1594/142《金乡县地舆全图》、Kart.E.1594/146《高密县地舆全图》、Kart.E.1594/154《潍县境内铁路城郭山川电线地舆图说》均为十里一方。

2　宣统《山东通志》卷 1《舆图志》前"山东全省"图说。

3　如《中国测绘史》编辑委员会编《中国测绘史》第二卷"明代—民国"，测绘出版社，1995，第 141 页；王一帆：《清末地理大测绘——以光绪〈会典舆图〉为中心的研究》，博士学位论文，复旦大学，2011，第 106 页。

4　谢小华：《光绪朝各省绘呈〈会典·舆图〉史料》，《历史档案》2003 年第 2 期，第 58 页。

5　宣统《山东通志》卷 1《舆图志》。

详细的县级地图资料。可能就是在此背景下，德华银行主导的津浦铁路总工程司需要自己寻找内容更丰富的舆图资料。

其次，可以通过德藏山东县级舆图缺乏山东沂州府县级舆图进行反证。德国在华北地区修筑铁路的条约基石是光绪二十四年（1898）二月十四日中德签订的《胶澳租借条约》，其中规定："允准德国在山东省盖造铁路二道。其一由胶澳经过潍县、青州、博山、淄川、邹平等处，往济南及山东界。其二由胶澳往沂州，及由此处经过莱芜至济南府。其由济南府往山东界之一道，应俟铁路造至济南府后，始可开造，以便再商，与中国自办干路相接（此后段铁路经过之处，应于另立详细章程内定明）。"[1] 由此，德国获得了在山东境内建筑两条铁路的特权。不过此规定与英国为应对俄法通过卢汉铁路侵入其势力范围的长江流域，而向清廷争取的"五路承筑权"[2] 产生了强烈冲突。为了双方利益最大化，德英经过协调，于 1898 年 9 月 1—2 日在伦敦召开会议，德国提出其在中国要求铁路让与权利益范围包括："山东省和黄河流域并接至天津和正定，或京汉在线另一地点，南面通到镇江或南京，与扬子江相连接。黄河流域经谅解，只限于山西省内的连接线，以及通到长江流域的连接线，前者为英国利益范围的组成部分，后者也属于上述利益范围。"在会议中，英国同意这一提议。随后二者做出修改，认定："自天津至济南或至山东省北界另一地点的铁路线，以及自山东省南部某地至镇江的铁路线，都由英德二国辛迪加承筑，其办法如下：……二、自天津至济南或至山东省北

1　沈吕巡、冯明珠主编《百年传承 走出活路》之"胶澳租借条约"，台北故宫博物院，2011年，第 82 页。此件为本条约的中文原件影印。

2　即："一、由天津至镇江一条""二、由河南、山西两省至长江一条""三、由九龙至广州府一条""四、由浦口至信阳一条""五、由苏州至杭州或展至宁波府一条"。详见宓汝成《中国近代铁路史资料》中册，第 433—434 页。

界另一地点的铁路，由德国方面建筑、装备及经营。三、自山东
省南部某地至镇江的路线，由英国方面建筑、装备及经营。"[1] 通过
此次会议，德国获得了英国对关于《胶澳租借条约》所规定德国
筑路权范围的认同，由此德国不仅进一步明确了在山东乃至直隶
范围内的筑路权；同时还与英国一起以山东省南部为界达成协议，
达成了津镇铁路（以后改为津浦铁路）北段"筑路权"的谅解。

但如前所述，《胶澳租借条约》同时规定了德国拥有修
建"由胶澳往沂州，及由此处经过莱芜至济南府"铁路的权
益。但是在谈判中，为了收回利权，中国坚持将"往济南及山
东界""济南至沂州、沂州至胶澳"理解为津浦铁路山东段及其
支路，由此实现了中国对山东铁路权益的部分收回。经历艰苦
谈判后，以"由德州至正定府，及由兖州府或津镇干路中止他
处，过济宁州至开封府之两支路，尽一千九百二十二年，即光
绪四十八年以内造成。此两段支路所需款项，由中国自行筹办，
倘借洋款，须与德华公司商办"[2] 为条件，德国同意了中国的提
议，期间虽有反复，但事实上放弃了《胶澳租借条约》规定的
"由胶澳往沂州，及由此处经过莱芜至济南府"铁路的修筑。德
藏山东县级舆图恰好缺少这一线的情况，由此也可以从反面得
以说明这批舆图的实际功用。

同时，这批舆图的搜集虽然可能与德国在山东的传教区有关，
不过 1886 年设立的鲁南主教区仅包括兖州府、曹州府和沂州府
以及大运河沿岸城市济宁及其腹地。[3] 历经 1897 年 11 月巨野教案、

1　宓汝成：《中国近代铁路史资料》中册，第 397 页。

2　光绪三十三年九月十九日（1907 年 10 月 25 日）"外务部收德使雷克司节略"，台北"中
　　研院"近史所编《海防档·戊·铁路》，1957，第 533 页。"胶沂等路权应俟津镇路约签
　　订后再议并拟开议办法"。

3　〔德〕余凯思：《在"模范殖民地"胶州湾的统治与抵抗：1897—1914 年中国与德国的相
　　互作用》，孙立新译，山东大学出版社，2005，第 344 页。

1898 年 3 月嘉祥教案、1899 年 4 月日照教案，伴随 1899 年 5
月 25 日德军从日照撤退，"此时的撤军与 5 月 8 日关于向德英财
团借款建造天津——镇江铁路条约的签订以及 5 月 22 日皇帝的
批准有密切关系。撤军令是皇帝威廉二世在获悉德英联合辛迪加
获得了铁路建造权之后才下达的。"从此之后，德国殖民统治与
山东传教联盟关系终止。[1]所以从中我们也可以看到沂州府乃至发
生教案的日照等县地图、巨野教案发生地巨野县麒麟镇磨盘张庄
这一地点依然没有标绘在相应县级舆图图中。

另外，笔者也尝试对几乎同时代，且同为德国普鲁士文化遗
产图书馆所藏德汉双语彩色地图《直隶山东舆地图》(馆藏编号：
K.E.1956)进行一定的分析。该套图比例尺为二十万分之一，包
括"直隶山东舆图六十二幅，每幅 50.5 厘米 ×56 厘米，其中直隶
二十七幅、山东二十九幅，覆盖了赤城县以南的直隶、山东两省所
有地域"。[2]这份地图应该是德国对华北地区绘制的最精致、系统
性内容最完善的一套地图。在地图首页概略图的德文注记中没有提
到任何有关这套地图绘制的信息，只在地图正文中以汉语在图框上
部左边标注"直隶山东舆地图"，图框左侧上部标示"光绪三十三
年"代表其绘制年份，图框右侧下部标示"大德陆军参谋处测量部
绘监印"代表其绘制者。《中国地图学史》《中国近现代地图学史》
《中国测绘史》在相应区域地图与近代外国人在华测绘主题部分中
甚至也都没有提及这套用中文标示地名的近代地图的存在。[3]王庸

---

1 〔德〕余凯思：《在"模范殖民地"胶州湾的统治与抵抗：1897—1914 年中国与德国的相
   互作用》，第 362、366—367 页。

2 华林甫、李诚、周磊：《德国普鲁士文化遗产图书馆藏晚清直隶山东县级舆图整理与研究》
   上册，第 7 页。

3 喻沧、廖克：《中国近现代地图学史》，山东教育出版社，2008；喻沧、廖克：《中国地
   图学史》，测绘出版社，2010；《中国测绘史》编辑委员会编《中国测绘史》第二卷"明
   代—民国"，测绘出版社，1995。

在其《中国地图史纲》中也只是简单记载："德国侵略胶州湾以后，测绘工作扩张到山东直隶（河北），在清末便制成两省的二十万分一地形图。"[1] 陈正祥在其《中国地图学史》云："英国、日本、德国和法国，皆曾借口航海通商的需要，先后在中国的领海沿岸和海港地区进行有系统的测绘，然后再溯内河或循铁路深入内地。例如第一次世界大战以前，德国人曾由胶州湾沿胶济铁路，侵入山东和河北，测绘了这两省的二十万分之一地形图。"[2] 依笔者分析，鉴于这套地图中不同图幅、不同县级政区内地形绘制的精细程度、聚落地名和所标示的地理事物数量详疏密度差距非常大，说明《直隶山东舆地图》更有可能是一种编绘地图，而非一次系统性调查的结果。除了德国通过对在天津武备学堂等近代中国军事学校教授测绘制图等"近水楼台"外，[3] 津浦铁路勘测无疑也是此图的重要资料来源，这套舆图的南端点即是英德关于津浦铁路分界点的 li Guo Si（利国司）。这套地图地名主要集中在交通线两侧，特别是卢汉铁路、胶济铁路两侧，津浦铁路沿线地区地名的密度也非常大，相对于其他地区，特别是作为其势力范围的山东，其对于青岛以东的胶东地区、沂蒙山区以南的鲁南地区和津浦铁路以西的鲁西地区并没有很多的关注，同时，结合德国在山东的诉求，"德意志帝国在山东主要谋求经济的和工业的利益；它从一开始就排除了向这个已经人满为患、居住相当密集的地区移民定居的可能。德国的领土统治不是为了建立一个新垦殖区，而是要在中国沿海建造一个商业和海军据点"。[4] 我们就能稍微回应华林甫教授的问题，即德国是以铁路为核

1　王庸:《中国地图史纲》，三联书店，1958，第105页。

2　陈正祥:《中国地图学史》，商务印书馆香港分馆，1979，第48页。

3　张瑞安:《德国与中国近代军事变革研究》，《青海社会科学》2012年第2期，第134页。

4　〔德〕余凯思:《在"模范殖民地"胶州湾的统治与抵抗：1897—1914年中国与德国的相互作用》，第35页。

心进行华北平原的"经营"，在进入帝国主义时代之后，"盖铁路权一经获得，即可占据沿路之矿产也。惟铁路之建筑，端赖金融机关为之扶持，故各国之占据铁路权者，莫不有本国之银行以为融通资金、采办材料之机关，而铁路之管理权，遂常操于银行"，[1] 德国以德华银行为主要工具，通过投资和控制铁路的方式，而非直接占领的手段，逐步达到实现从胶澳租界到势力范围的区域控制效果。

余 论

对于馆藏的以某种目的集中庋藏的舆图群研究，在今日中文地图史学界尚未见到典范。本文以华林甫教授整理的德国普鲁士文化遗产图书馆藏山东县级舆图为基础，尝试揭示和认识馆藏的系统舆图群内涵和价值。在研究中，笔者认为来源不一的舆图正是在搜集者的"某种特殊目的"下才形成了一个统一整体。这个"特殊目的"即这个舆图群的性质。在直接文献证据缺乏的情况下，由舆图群的特点出发，通过分析舆图结构，即空间分布结构、绘图技法结构、表达内容结构、时间断限结构的方式，结合绘制地图和收集地图时的政治经济背景，我们能基本得出其性质，并通过性质判读的

---

1 《华俄道胜银行之概况》，《银行周报》1920 年 11 月 23 日。转引自蒋立场《外商银行在近代中国活动的区域格局（1845—1937 年）》，《金融理论与实践》2013 年第 3 期，第 102 页。对于 1900 年 8 月绘制的德国普鲁士文化遗产图书馆藏 Kart. E. 1591/20《Wege-Aufunahmenin》，其标示范围为冀东地区，即山海关至保定区域。而之所以德国绘制这套舆图，笔者以为可能是战争的需要，因为"联军将以山海关、秦皇岛为冬季转运之区，是以各国将派兵驻扎"。（佐原笃介：《八国联军志》，《中国近代史资料丛刊·义和团》，神州国光社，1953 年，第 3 册，第 239 页。）而瓦德西则力主南侵保定区域，之后便没有再往南发展，而改为西向山西娘子关区域。作为八国联军统帅的德军，需要对这一个区域有一个有效认识，然后才能够合理安排各国的军事行动。

方式更加深入了解舆图本身，以及搜集这批舆图行为背后的政治经济内涵。通过研究，我们也能发现舆图的意义具有历时性的一面，舆图绘制者绘制时即具有一定的意义，在完成绘制者使命，进入其他场景时，舆图的搜集者便赋予了舆图以新的生命。

由此出发，舆图搜集者本身对舆图来说也就具有了极大的能动意义。在今日，随着科研工作者的大量艰苦工作，我们大致形成了三种海外舆图整理方式，第一种模式可以以李孝聪、林天人为代表，即在整理时，按照舆图的内容性质进行分类。如李孝聪在其《欧洲收藏部分中文古地图叙录》中，将他在欧洲叙录的中文舆图分为"世界图；外国图；山脉图；河流、湖泊图；海岸图；交通图；城市图；历史地图；天文星象图；中国全图 / 连省合图 / 地图集、地区图" 11 类；[1] 林天人在其《皇舆搜览—美国国会图书馆所藏明清舆图》则分为"全国政区总图；地方行政区图；河运水利及河工图；军事交通图；城市地图；边界及周边国家；山陵寺庙宫苑帝陵；民生经济图；复合式地图" 9 类。[2] 第二种模式以华林甫为代表，即在整理出版时，严格按照馆藏编号进行整理编录，如他在《英国国家档案馆庋藏近代中文舆图》即采用原有 David Pong（庞百腾）编号。[3] 第三种模式可以以马保春为代表，以舆图绘制时段为分类标准，如他在《加州大学伯克利分校馆藏中国古地图的整理与研究》中，以时间分类，即"17 世纪及其以前的中国古地图；18 世纪中国及有关中国的古地图；19 世纪中国及有关中国的古地图"。[4] 这三种整理方式都在

1　李孝聪：《欧洲收藏部分中文古地图叙录》"目录"，国际文化出版公司，1996。

2　林天人：《皇舆搜览—美国国会图书馆所藏明清舆图》。

3　华林甫：《英国国家档案馆庋藏近代中文舆图》，上海社会科学院出版社，2009，第 13 页。

4　马保春：《加州大学伯克利分校馆藏中国古地图的整理与研究》"目录"，学苑出版社，2019。

刊布古旧地图方面发挥了重要作用。在 20 世纪末到 21 世纪初，海外中文舆图刚刚被引入时，第一种模式发挥了巨大作用，这种分类方式也在一定程度上影响了地图史的写作。[1] 不过由于地图本身往往"跨界性"，导致分类不容易归类，且随着已经出版舆图的大量增加，中国传统舆图的种类已经基本明晰的情况下，第三种模式在避免舆图的重复收录上，有重要价值。不过随着地图史研究的深入，在新文化史观影响下，遵循图书馆本身的编号系统进行整理，可能更容易发掘地图本身的多重内涵。比如清同治帝在 1869 年曾赠送美国国会图书馆一批中文舆图，[2] 这批舆图本身的符号和内容价值早已经远远超越了其在地图史的含义。

1　席会东：《中国古代地图文化史》，中国地图出版社，2013；成一农：《中国地图学史》，中国社会科学出版社，2023。

2　拉尔夫·埃伦贝格："序二"，林天人：《皇舆搜览——美国国会图书馆所藏明清舆图》。

城市变迁

论民国北京环城铁路的建设及运行

孙　昉[*]

摘　要： 1914 年，民国政府内务总长朱启钤为了连通京汉、京奉和京张
三大干线，并改善市政交通，提议在北京修筑环城铁路。此议得
到袁世凯的批准。环城铁路的西直门—东便门段和西直门—西便
门段分别于 1915 年 12 月和 1916 年 8 月竣工，但未接通前门东
西两站。在实际运行中，环城铁路由京绥（平绥）局管控，长期
未与与京奉（北宁）和京汉（平汉）实现互通客货运输，而且以
运输煤炭为主。同时，环城铁路严重妨碍市区交通，造成沿线环
境破败。最终，环城铁路被拆除。环城铁路是北京轨道交通建设
和运行的尝试，对后来的北京市政建设有深远的影响。

关键词： 北京　民国　环城铁路　公共交通

　　民国北京有一条环城铁路，从京奉铁路首站——正阳门东车
站（俗称前门东站）始，经东便门、朝阳门、东直门、安定门、
德胜门，在京绥铁路首站——西直门站（今北京北站）再折而向
南，在西便门站与以正阳门西车站（俗称前门西站）为首站的京
汉铁路连接。比照今天的北京交通图，不难发现，环城铁路与北
京地铁 2 号线（简称 2 号线）走向基本一致，尤其是前门—朝

1　孙昉，文化和旅游部清史纂修与研究中心文献信息处副编审。

阳门—西直门段基本重合，均设有朝阳门站、东直门站、安定门站。就空间位置而言，环城铁路可以说是地铁 2 号线的前身。

建设环城铁路由北京政府内务总长朱启钤提议，目的是衔接三大干线，完善北京铁路枢纽。经袁世凯批准，由京张铁路管理局（简称京张局）负责勘测、设计、施工。1916 年春，环城铁路西直门—东便门段竣工。1918 年，交通部命令由京张局易名的京绥铁路管理局（简称京绥局）和京汉铁路管理局（简称京汉局）合作，完成西直门—西便门段的工程。虽然名曰"环城铁路"，但前门东西两站并未接通，这就使得南面的路段不完整。换言之，环城铁路并不能真正绕城一周。

在实际运行中，环城铁路一直由京绥局负责管理，长期未实现与京汉、京奉铁路的客货互通，直到九一八事变后，才实现客货互通。这种状况不仅使旅客与货主深感不便，而且造成环城铁路运输服务对象日趋狭窄，成为以运输煤炭为主的专用铁路。由于管理不善，环城铁路日趋破败，严重妨碍进出城垣的交通，而且沿线煤栈和贫民窟丛集，污水横流，垃圾遍地，对市容造成很大的破坏。环城铁路无法与人力车、有轨电车竞争，而且北京居民从未将环城铁路视为公共交通工具。新中国成立后，随着北京城市建设的发展，环城铁路阻碍市区交通的弊端日益突出，被逐渐拆除。就在环城铁路拆除临近完成之际，北京地铁建设工程的序幕徐徐揭起。

在近代北京城市建设和交通发展史专题中，环城铁路是不可忽视的研究对象。从已有的研究成果来看，学术界普遍对环城铁路的评价比较高。北京大学历史系编写的《北京史》认为环城铁路"使北京和南北各地的交通大为便利，和全国的联系更加密切"。[1]

---

1 北京大学历史系《北京史》编写组：《北京史》，北京出版社，1999，第 382 页。

张复合先生也持类似的观点，认为环城铁路便利了北京交通。[1] 王亚男博士认为，环城铁路是北京形成环状交通联络格局的开端。[2] 显然，环城铁路与 2 号线在时间上的紧密衔接和空间上的大体一致，使研究者很容易得出这样的认识。

笔者认为，在注意上述特点外，还应当探讨环城铁路在运行中所出现的种种负面效果——未能有效接通干线铁路，更未能发挥市区公共交通的积极作用，反而妨碍城垣内外交通，破坏市容。同时还应当分析这些负面效果背后所蕴含的超前性构想——发展城市轨道交通、开通前门地下铁路隧道等。对于这些问题，有必要结合民国时期铁路干线各自为政、社会动荡和市民生活普遍贫困等历史背景来展开探讨。

笔者立足于政府公文、报刊和著述等史料，以北京环城铁路的动议、规划、建设、营运，直至拆除的过程为论述线索，以期细化对北京环城铁路的认识，并分析对当时和后世北京城市规划和建设的影响。敬请学界方家指正。

一 环城铁路建设之动议

早在晚清最后十年，随着京汉、京奉和京张铁路的相继开通，北京成为当时全国少有的三线铁路枢纽。然而，这三条干线在北京并没有接通，而是各自营运。前门东西两站虽然相距咫尺，但

1　参见张复合《北京近代市政工程之一大举措——1915 年改造正阳门瓮城和展修京都环城铁路》，北京市档案馆编《档案与北京史国际学术讨论会论文集》上册，中国档案出版社，2003，第 563—566 页。

2　参见王亚男、赵永革《把古都改建为近代化城市的先驱者——民国朱启钤与北京城》，《现代城市研究》2007 年第 2 期。

是彼此没有铁路衔接。京奉列车下车的旅客要换乘京汉列车，必须先出前门东站，步行至前门西站，方可进站登车。京张列车的旅客从西直门站下车后，要换乘京奉或京汉列车，则必须乘坐人力车或马车穿行城区，到前门地区上车，而且前门地区商业繁华，人车流量密集，换乘旅客往来前门东西两站，必须横越前门大街，安全隐患较多。

1912 年，南京临时政府北迁后，北京成为民国首都，需要完善铁路枢纽。然而，当时各自独立营运的京奉、京汉和京张铁路管理局对修筑联络线并无明确意向。由此可见，必须在政府的统一规划下，三大干线连通方具备实现的条件。积极推动北京市政建设的朱启钤则使这一条件得以落实。

1913 年 9 月，大总统袁世凯任命朱启钤为内务总长。1914年 4 月，朱启钤又被任命为北京市政总裁。[1]6 月，朱启钤向袁世凯提议修筑环城铁路：

> 窃北京为首善之区，人口繁密，为全球有名之都市。一切交通设备必须力谋完善，方能示海内以标的，而竞文明于列强，且京畿一带环城，日用之品以米粮煤炭为大宗，专恃军駄，供求均多不便。现在京汉、京奉、京张各路虽已在前门、广安门、西直门等处设有车站，然偏在西南一隅，影响不能及于东北方向。揆之现势，殊不足剂城乡商市之平，而谋都会交通之便。前饬令京张铁路由西直门站起，经德胜门迤东，往南过安定门、朝阳门，以达东便门，与京奉路之通州米仓岔道接轨，筹筑绕城枝路。旋据复称，勘估事竣，共需工料银二十八万元左右，除将旧存物料设法济用外，实需

---

1 参见《译电》，《时报》1914 年 4 月 28 日。

银约二十万元。此项路线各门瓮城，即仿京奉路穿过崇文门瓮城成案，均取直线，一律通过。至附城河道近多淤滞，一经施工筑路，取土垫基，借可修整堤岸，通利河流，尤为一举两得。该路所经地面，旧系官地，除由部协商勘用，按照铁路收用土地办法办理，暨饬京张局专派工程司前往插标详测，准备施工，并设法筹拨款项外，理合具文呈报。[1]

不难看出，朱启钤在购地和经费上，力求节省成本。前门东西两站和西直门站都与城门毗邻，京奉铁路的前门东—东便门段和京汉铁路的前门西—西便门段都紧贴城墙。经过英法联军和八国联军入侵，受损严重的北京城垣已经失去军事防御作用，城墙与护城河之间的地带就顺理成章地成为朱启钤眼中的理想规划用地。

值得注意的是，虽然朱启钤提议修筑环城铁路是为了连接三大干线，但是并非由三大干线的铁路局共同施工，而是交通部指派京张局负责勘测、设计、施工。交通部之所以如此安排，应当是考虑到京张铁路系中国自筑，而京奉、京汉两路都系借款筑路，并且分别由英国、比利时工程师主持建设这一事实。尽管京奉与京汉路权都已经赎回，但尚有诸多后续问题，而且根据《辛丑条约》规定，列强在京奉铁路北京经天津至山海关沿线要地驻军，所以交通部决定由京张局负责建设。这一决定为京张（京绥）局独管环城铁路埋下了伏笔。

朱启钤修筑北京环城铁路以及由京张局负责施工的提议很快得到袁世凯的批准。1914 年 5 月 28 日，袁世凯颁发《大总统申令》：

---

1 《交通部呈请展修京都环城铁路》，《政府公报》第 758 号，1914 年 6 月 16 日。

据署交通总长朱启钤呈请展修京都环城铁路，由京张路局筹款承修，接通京奉东便门车站，以利交通而兴市政。计划甚是，应即照准。其路线经过地面，所有勘用沿线官地，均划归该部应用。至修改瓮城、疏浚河道及关于土地收用事宜，应由内务部会同步军统领督饬各该管官厅、营汛，协力辅助，俾速施工，毋误要政。此令。[1]

可以看出，民国政府相当重视环城铁路工程，为此要求相关部门全力配合。在当时袁世凯凭借自身实力维持北洋集团内部统一局面的背景下，交通部得以充分调动各种资源进行环城铁路勘测和建设。财政部也对该工程予以配合。1914 年 7 月，财政部将朝阳门外已经废弃并曾一度作为军营的太平仓建筑物，移交给交通部，作为环城铁路建设用地。[2]

二　环城铁路西直门—东便门段的修筑

京张局奉交通部命令，组织人手勘测线路。勘测工作由京张局正工程司柴俊畴和副工程司汪昭晟负责。

虽然名曰环城铁路，但京张局并未完全环绕内城城垣勘测，只是沿着北、东城垣，勘测了自西直门至东便门的路段，即连接京张与京奉两路的部分；西直门站至西便门站的路段，即连接京张铁与京汉两路的部分暂未勘测。为了便于叙述，笔者将连接京张与京奉两路部分称为"西直门—东便门段"，将连接京张与京

1　《政府公报》第 740 号，1914 年 5 月 29 日。
2　参见《环城铁路接收官产》，《新闻报》1914 年 7 月 14 日。

汉两路部分称为"西直门—西便门段"。

1915年3月2日，交通部向袁世凯进呈"京师环城铁路勘定路线并修改瓮城情形"图纸，就只提及西直门—东便门段，而对西直门—西便门段毫无着墨。由此可见，环城铁路从筹建起，就是不完整的。

为了减少征地成本，交通部遵循朱启钤的思路，选择城墙与护城河之间的地皮作为筑路用地，而不是选择护城河之外的地皮。这个用意在京张局报告中有明确的表述：

> 路线如果隔河远绕向外，不特路长需费过巨，于附郭一带坟墓、田庐难以绕避，行旅运输舍近就远，交通转为不变（便），于发达市政宗旨似相径庭。即使沿城另行取线，委曲迁就，亦须穿越一二门洞，行车仍多周折，日后交通繁盛，再求改线，旧线全归无用，新筑又须费资，且既已行车，万无停车数月再行改筑之理。[1]

由于筑路用地位于城墙与护城河之间，就不可避免地要穿越瓮城。交通部所提穿越瓮城方案为：

> 经过各门瓮城，即仿京奉路穿过崇文门瓮城成案，均取直线一律通过办法，将经过城门瓮城两边均行开通，仍将前面大箭楼留存，附加点缀，略加修葺，另开马路，较之崇文门现状更为适观，且便行人来往。

该方案还决定在所经各城门设立车站，"以便搭客上下，军队

---

1 《京师环城铁路勘定路线并修改瓮城情形绘图呈请钧鉴文》（民国四年四月五日），《北京市志稿 建置志前事志》，北京燕山出版社，1990，第216页。

运输"。[1]不难看出，交通部仅是考虑连接干线，便利军民铁路运输，而没有考虑发挥环城铁路的公共交通功能。

不论是交通部还是京张局，在考虑节省筑路成本的同时，都忽视了未来增加线路，扩大运量的可能，更未考虑环城铁路在城门口的平交道口对人力、畜力和机动车交通造成的妨碍。这样，环城铁路在勘测设计阶段，就留下了未来营运不佳的隐患。

尽管交通部所呈环城铁路建设方案缺乏严谨而充分的论证，但袁世凯对这一方案表示满意，"准如所拟办理，交内务、财政两部暨步军统领衙门查照图存"。[2]环城铁路遂进入施工阶段。

1915年5月，环城铁路正式开工。新闻界对此颇为关注，《时报》报道称，"京奉、京汉两铁路接轨由前门瓮城通过，即日动工"。该报还报道称："前门外城垣已毁去，以扩充车站。"[3]可以说，前门瓮城的拆改与环城铁路建设都是当时社会舆论的关注对象。

在施工过程中，京张局拆除了朝阳门、东直门、德胜门和安定门的瓮城，并改造了城垣的东北角。相较于瓮城拆改，东北角的改造工程难度要大得多。因为受铁路曲线限制，外有护城河，所以无法直接贴着直角形的东北角城垣筑路，为此京张局在东北角城垣两边券修门洞，使铁路穿越门洞，通过东北角。

经过半年多的施工，1915年底，西直门—东便门段竣工。1915年12月24日，交通部向袁世凯呈报，环城铁路已竣工并预定于1916年1月1日——即袁世凯正式"登基"的日期通车，"现由西直门起，经德胜、安定、东直、朝阳四门，至通州岔道

---

1 《京师环城铁路勘定路线并修改瓮城情形绘图呈请钧鉴文》（民国四年四月五日），《北京市志稿 建置志前事志》，第216页。

2 《大总统批令》（民国四年四月五日），《铁路协会会报》第4卷第4册，1915，第143页。

3 《专电》，《时报》1915年5月20日。

与京奉接轨，可直达正阳门。不特与本路干支各路衔接相通，兼可与中外各路联络一气。"[1]

虽然这条环城铁路实际仅筑半圈，但是为了点缀洪宪帝制的气氛，官方报道仍然称环城铁路全线竣工，并称朱启钤亲自查验全线。1916年1月7日，《时报》就依照官方口径报道环城铁路竣工的新闻："京师环城铁路东口（一日）已开车，昨日（四日）内务朱总长（启钤）试车查勘一周。"[2] 这个"查勘一周"当然不是真正绕行北京城垣一周，仅是从西直门站到前门东站而已。

护国战争结束后，朱启钤遭到通缉，被迫下野。此后，朱启钤不再介入环城铁路之事，但环城铁路的验收工作并未中辍。因交通部已经在1916年将京张、张绥铁路合并为京绥铁路，京绥局就成为环城铁路工程的负责部门。1916年9月，交通部命令曾鲲化、曾璜等人会同京绥局局长验收环城铁路。验收人员"报称全路工程大抵力崇朴实，一切布置亦颇井井有条。惟自各方面具体的观察，则尚有不甚适宜者数项，呈请鉴核"。交通部部长许世英批复道："查该员等所呈各节，于路线工程，关系颇为重要，自应设法改良，以期完善，合行令。"[3] 不难看出，此次验收明显回避了环城铁路只有半圈的事实。

尽管交通部不愿张扬环城铁路名不副实的缺憾，但公众舆论仍对此有所关注和批评。成书于1919年的《大中华京兆地理志》这样解释环城铁路仅有半圈的原因：

> 环城铁路利用者，惟东北之朝阳、东直、安定、德胜四门。此四门城内皆街巷稠密，城外亦有大街、商场、马

---

1 《报京都环城铁路竣工定期开车情形折》，《政府公报》第1307号，1915年12月24日。
2 《国内专电》，《时报》1916年1月7日。
3 《交通部指令第五二三号》，《政府公报》第244号，1916年9月7日。

路，若外城除永定门有京奉铁路、京苑铁路，广安门有京
绥铁路外，左安、右安及广渠门大抵城内亦多菜园、荒地、
坟墓。城外民居尤少，客货必比内城更少，是以勘测路线，
不绕外城。[1]

铁路业内也对这一现象深表不满："京绥环城铁路，自开业以来，
不甚发达。名为换乘，其实仅环其半，与他线不联络。"[2]

三 环城铁路西直门—西便门段的续筑

仅筑成西直门—东便门段的环城铁路验收后使京绥与京奉连成
一气，但是由于该路归京绥局管理，京奉铁路管理局（简称京奉
局）对该路营运合作不甚积极。尽管如此，环城铁路仍然在一定程
度上便利了西直门至前门东站的客货运输。《大中华京兆地理志》
就叙述称："京绥客货至西直门，多乘环城路至前门，旅馆多在前
门，接客者众。……城北市集，以黄寺外馆为重，蒙藏货物所萃，
利用环城路向前门。"同时，该书也指出环城铁路受惠面比较狭窄
的事实："……乘客不多，因需久候，惟居近城门之商家利用之。"[3]

动荡的北京政局严重妨碍了环城铁路的续筑。袁世凯病亡后，
北洋派系分裂。大总统黎元洪与国务总理段祺瑞发生"府院之
争"，随后张勋制造了十二天的丁巳复辟。环城铁路的续筑不得
不一拖再拖。直到 1918 年，京汉局提议展筑环城铁路：

1　林传甲：《大中华京兆地理志》，中国青年出版社，2012，第 183 页。

2　《京绥展筑环城铁路》，《铁路协会会报》第 11 卷第 1 册，1922，第 140—141 页。

3　林传甲：《大中华京兆地理志》，第 184 页。

窃查京畿内城地面辽阔，人烟稠密，前议开办电车，迄未实行。行人往来，殊感不便。为交通便利计，自应择要举办此环城铁路。所由建筑也，乃通车日久，运输并未发达，推原其故，有以知缺点之所在矣。盖环城铁路起于西直门北，向东绕，以达前门东站，其前［门］迤西经宣武门至西便门、阜城（成）门一段，尚付阙如。名为环城，其实隔断半径，不能圆成。是以东城内外之官商居民或旅客，拟由前往西直门一带，均不附搭该车，因该路隔断半径，全线来往，不能同时开行，而列车仅于日间开车数次，而搭客购票候车费时，失事较之步行或雇用人力车，尤为繁难。此客票所以滞销。至运输货物，其缺点与前相同。商人计算运费，毫末必争，若由西直门向东绕城一周，始达前门东站，自不如将该路展成圆线，俾向西径，一半径便达西站之较为省费。此该路运输不能畅旺，而交通亦形阻碍之大略情形也。兹拟联合京绥路局，于西便门外轨道交叉地点之东北角，兴修岔道，北接西直门，西接前门西站，借以联络两路运输，并仿照欧西各国京都之环城铁路办法，俾该路成一圆线，庶可名副其实。将来东城内外之搭客，拟往张家口或游览西山、八大处及汤山温泉，暨南口等处，本路可就近代售车票，迳由前门西站登车。即京绥转运货物，亦可直达本路，以期便商，省费不特此也。京汉、京绥，此后来往列车，均可由接轨处通过，不须绕道丰台，于行车尤为便益。惟该处轨道，京绥实跨京汉之上，如果修筑岔道，须于起点处斜趋向平，以便衔接，所费无多，获益甚大。如蒙允准，应请转饬京绥路局，与本路接洽办理。[1]

---

1 《京汉铁路管理局呈交通部拟展环城铁路，由西直门直达前门西站，以利运输而便交通文》，《铁路协会会报》第 7 卷第 4 册，1918，第 71 页。

接到此函后，交通部就此事与京绥局会商。京绥局自然求之不得，表示赞同。京汉局车务处却担心此路将仅便利京绥运煤，而于京汉无益。为此，车务处致函交通部称：

> 环城铁路一案，事关两路联络，而又属首都巨观，不得不极端筹画。本处详加考核，特缕缕以陈之。查环城铁路对于京汉、京绥两路之联络问题，首宜特别注意。兹拟两路联接办法有二：一在西便门，一在前门。由西便门者，系将京绥路现有西方城墙根用作运煤之岔道，循城墙延长，接通本路，同时再由前门横穿地道，使京奉、京汉相衔接。似此，环城畅达，将来推行尽利，必可收效果，否则终属无用。此次改良纯为便利客商，并非专为京绥谋煤产发达而设。故若专设西便门一处，俾京绥接通京汉，不过仅使京绥所运之煤日与周口店、坨里之煤相竞争。京绥之营业可日期繁盛，而本路因线甚短，运费无多，必无利益之可言。虽对于北京市民方面，因竞争之结果，煤价可渐望低廉，对于政府方面，因两路同属国有，失之此路，可收于彼路，亦无何等关系。然为本路计，则权衡轻重，必须西便门、前门两处同时兴工而后可，万不可偏于一隅，致失建设初旨。两处如果同时建设，工成之后，则本路利益当不可胜算，何以言之？前门东西各站若通，则本路挂在京奉车辆，即可直达，免由丰台展（辗）转，多费周折。至往来京汉、京绥两路货物，亦不必绕道丰台，更形便利。自此，京绥转入本路之运输必多，而本路运往张家口之货物必益加畅旺，此西便门与前门两处兼筹之办法也。[1]

---

1 《附车务处原函》，《铁路协会会报》第7卷第4册，1918，第72—73页。

尽管京汉局意向有所动摇，但交通部仍然积极促成续筑环城铁路。交通部向大总统冯国璋呈交《扩充北京环城铁路意见书》。交通部在续筑方案上吸取了前一阶段工程和营运的经验教训。该意见书开宗明义地指出环城铁路经营不佳的事实："环城铁路由京绥建筑以来，迄今未见发展，殊非初料所及。其故盖以经营之法未尽得宜耳。"交通部认为环城铁路经营不佳的原因有三。

其一是环城铁路不完整，"……现在之环城铁路并未完全成立，不过仅由前门至西直门之一段而已"。

其二是环城铁路列车班次稀少，每班列车行车时间较长，"每日列车往来次数，自早七钟起，至晚七钟止，十二点钟之间，仅各有五次。每次距离时间约两点半钟，每次行驶时刻则须四十五分钟。以与人力车比较，并不为速"。

其三是环城铁路各车站与旅客的出发地、目的地距离较远，不如人力车可以实现门到门的运输服务。"盖一则绕城行走，路程最远；一则可择近道而行，其速者不过三十分钟，即可达到。是以在搭客一方面，仍以乘人力车为便，价既不贵，行亦不迟，而况可由家中起行，直达欲往之地。火车则仅能由此站至彼站，至于由家赴站，及由站至所往之地，仍须步行，或乘人力车。"[1]

基于上述认识，交通部对环城铁路续筑工程的设计思路和营运目的的认识都明显不同于前一阶段。这种变化表现在以下几个方面。

第一，效仿有轨电车，强化环城铁路的公共交通功能。交通部在意见书中表达了这一思路：

> 环城铁路不能视为一种正道铁路，与世界各大都市电车

---

1 《附扩充北京环城铁路意见书》，《铁路协会会报》第 7 卷第 4 册，1918，第 73 页。

相较，庶几为近。种类既不相同，经营之法斯因之而异。铁路经过城镇，彼此相距较远，必须多挂车辆，多载搭客，其开车次数以少为宜。电车经过街市，彼此距离较近，必须少挂车辆，少载搭客，而开车次数以多为贵。北京之环城铁路必须采用电车办法，方能收效。盖路线既短，自与货物无大关系，必须就搭客一项设法招徕。……今为补救起见，惟有仿照电车办法，多开轻便之车，而将绕城未筑铁路之处一律兴筑，以圆成环城铁路线。[1]

第二，确保环城铁路的完整性。交通部提议在顺治门（宣武门）与崇文门之间修筑地下铁路，以连接前门东西两站：

　　欲成完全环城铁路，前门接轨之万不可少，极为明显，否则环城之车到前门东西两站后，必须退行，不惟一切迟缓，而平则门、朝阳门间，由南城往来之搭客亦将无有。且西便门接轨改良之处收效亦微乎其微矣。但此项工程极为困难，其故因前门系冲繁之区，车马行人来往，络绎不绝，欲不阻碍前门交通及京奉、京汉前门两站站务，非在正阳门及正阳门桥之间开筑隧道铁路不可。其间地址足设轨道两条，月台两座，而成一站。环城之车均在该站停驶。至此项隧道，其一端由顺治门，一端由崇文门出，与地平，即在该两处与京汉、京奉两路相接。该两处居户最多，人烟稠密，即各开车站一所，以便搭客而广招徕。此项接轨成后，将来如需开驶奉天、汉口之直达车时，并可应用。至其建筑之费，即由京汉、京奉两路各任其半，而营业费归环城铁路担任，

---

1 《附扩充北京环城铁路意见书》，第 73 页。

由其派员管理。[1]

第三，续筑路段用地不再单纯追求节省征地成本，紧邻城垣，而是在城外开阔之地筑路。这种思路在交通部的意见书中有明确的表述："按诸京汉、京绥两路在西便门外交错之处，逼近城墙，不能在其交错之东北角接连。盖其地势高下相差太大，甚万难筑一湾（弯）度极小之曲线，且恐碍及白云观名胜之庙宇也。惟有在交错之西北角接连，并接轨道。京汉新设之西便门车站成三角形如下（见图1）。"[2]

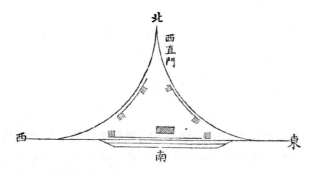

图1 西便门站三角线示意

资料来源：《京汉铁路管理局呈交通部拟展环城铁路由西直门直达前门西站以利运输而便交通文》，《铁路协会会报》第7卷第4册，1918年，第74页。

该方案线路曲线弯度较大，施工成本较高，但交通部仍然倾向这一方案，认为该方案便利之处为：

一、有站长、管理员负责行车，较为稳妥，设置号志亦觉方便。

二、站上现有人员可用可省另行添置之费。车站房舍亦

---

1 《附扩充北京环城铁路意见书》，第75页。
2 《附扩充北京环城铁路意见书》，第73—74页。

可通用。

三、此项接轨，则自京绥来之火车可引至西便门转赴京汉各站。

四、此项接轨可运兵直达张家口、汉口间，于军事上颇形方便。[1]

第四，改变由京绥局管理和经营环城铁路的局面，从而调动京汉和京奉两局的积极性。交通部提出三大铁路局共同续筑环城铁路以及经营办法：

（一）在城内之西南角接连京汉、京绥两路。

（二）在前门前面开筑地底铁路，接连京汉、京奉两路。

（三）在外城之西南角接连京绥、京奉两路，以便通达南城一带。

（四）由京汉、京奉、京绥三路合资，设立环城铁路局。[2]

民国政府批准交通部这一方案，由京绥局与京汉局合作，共同修建环城铁路西南接轨的工程。两局商定，京绥局负责修筑环城铁路西便门至西直门段，京汉局负责修筑广安门至西便门段。

1919 年 8 月，经过一年的施工，西直门—西便门段竣工，但前门东西两站之间仍未接通，交通部所提议的修筑宣武门—崇文门地下铁路方案也没有得到落实。尽管如此，北京地图上终于标出了一条环绕内城的铁路线（见图 2）。由于京奉和京汉在丰台站交会，因而广安门—丰台—永定门—前门东构成了联络三大干线的路段，就某种意义上而言，该路段可以被视为环城铁路的一部分，只是该

---

1 《附扩充北京环城铁路意见书》，第 74 页。

2 《附扩充北京环城铁路意见书》，第 73 页。

路段离城区较远，很难提供城市公共交通服务。

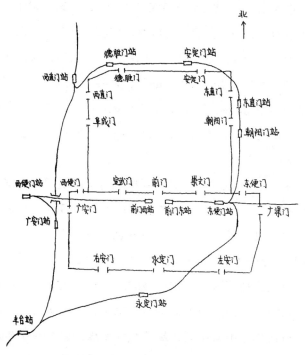

图 2　北京环城铁路示意图（笔者手绘）

四　环城铁路的运行

虽然前门东西两站仍然没有接通，但是广安门—丰台—永定门—前门东路段的存在，的确实现了三大干线的完全接通，北京的铁路枢纽地位得以强化。因而，西直门—西便门段的修筑仍然有不可忽视的积极意义。

尽管交通部力图促成三大路局共同管理和经营环城铁路，但是由于全国铁路干线各自为政的状况并未得到根本改变，所以京绥局依然独自管理环城铁路，京汉局和京奉局对环城铁路营运并不热心。1928 年，奉军退出北京，国民政府控制北京，将北京易名为北平，京绥、京汉和京奉铁路分别易名为平绥、平汉和北宁铁路。环城铁路继续由平绥局负责。

查阅 1918—1931 年京汉（平汉）、京奉（北宁）、京绥（平绥）的旅客列车时刻表，可以发现京汉（平汉）和京奉（北宁）均未开通直达西直门站的列车，而京绥（平绥）亦未开通直达前门东西两站的列车。更耐人寻味的是，京绥（平绥）旅客列车时刻表将西直门站作为全线终点站，而未标记德胜门、安定门、东直门、朝阳门等站的时刻。换言之，西直门至前门东的路段长期没有开通旅客列车。

1926 年京汉铁路时刻表标出往返于西便门和广安门之间的第741 次和第 742 次列车时刻，票价为四角五分，行车里程仅 2 公里。第 741 次列车中午 12：55 从西便门站发车，13：03 到广安门站，用时 8 分钟；第 742 次下午 13：50 从广安门站发车，13：55 到西便门站，用时 5 分钟。[1] 这两趟车次在形式上比较接近公共交通，但是一天只有一对班次，无法满足其他时间段的乘客出行需求。由此可见，虽然交通部极力以有轨电车为范例，试图强化环城铁路的公共交通功能，可是在缺乏统一营运铁路的背景下，这种愿望归于落空。交通部也不再对环城铁路的公共交通功能抱有任何期望了。

在便捷性上，环城铁路无法与人力车竞争。北京有轨电车的开通和营运，更是妨碍了环城铁路发挥公共交通的功能。1924 年12 月，北京第一条有轨电车线路投入营运。该线路全长约 9 公里，从前门至西直门，途经天安门、西单、西四、新街口等站。对比之下，有轨电车班次较多，而且途经繁华地段，便利了前门东、前门西和西直门三站旅客的换乘。西直门站下车的旅客乘坐有轨电车，便可到前门东西两站。这样，环城铁路的三站换乘功能就

1　参见《京汉全路行车时刻并里数、票价表》，《学林》1926 年第 2 期。

无从谈起了。更值得深思的是，人力车夫对有轨电车持以敌视态度，却从未将环城铁路视为威胁。从这一方面，更可以看出民国北京（北平）的公共交通体系中没有环城铁路的一席之地。

铁路换乘和公共交通功能的缺失意味着环城铁路在客运无从发挥作用，只能仰赖于货物运输。当时北京铁路能够承担大宗货物装卸的车站主要为西直门、广安门、长辛店、丰台、永定门等站，前门东西两站由于客运繁忙，仅承担旅客行李装卸业务。环城铁路德胜门、安定门、朝阳门等站由于地处城墙与护城河之间，场地狭小，调车不便，因而难以装卸大宗货物。

环城铁路货运对象也极为有限，以煤炭主要运输对象。北京冬天寒冷而漫长，北京居民对煤炭有刚性需求。当时北京煤炭供给仰赖于门头沟、周口店、唐山坨里等地，其中以门头沟煤炭居多。早在光绪三十二年（1906），在詹天佑主持下，修筑了西直门站至门头沟站的京门铁路（53公里）。虽然京汉铁路有自琉璃河站至良各庄站的周口店铁路（15公里），但是周口店煤炭出产量远远不及门头沟。京绥局借助京门铁路这一支线，在北京煤炭运输市场上占据了优势。环城铁路更是便利了京绥局将煤炭运输到北京城区，并逐渐成为京绥局的运煤专线。

由于环城铁路以运输煤炭为主要业务，许多煤栈、煤铺就选址在环城铁路两侧，以求节省堆栈和运输成本。京绥局也将环城铁路沿线部分属地租给煤栈、煤铺等煤业商户。这一状况可见于平绥局的文件中。如：1930年7月3日，平绥局就朝阳门站宝山灰煤栈缴纳138元租金，并恳请展期缴纳剩余所欠租金之事，批复朝阳门站，要求该煤栈应在7月缴清民国十八年（1929）下半年的租金，8月再将十九年（1930）全年租金缴清；[1]7月10日，

---

1 参见《局批第二二五号》（1930年7月3日），《铁路公报·平绥铁路》第75期，1930。

平绥局批准朝阳门站将该站第廿七号地租赁于复源煤栈，租金自7月1日算起，并且不得拖欠；[1] 9月，恒兴顺煤栈欲租安定门站地块，请地安门内的黄花门（即黄化门街）协顺煤栈担保，平绥局核准协顺煤栈担保。[2]

平绥局租地给煤业商户的做法，固然便利了进城煤炭的运输和集散，但是也表明平绥局已经无意改善环城铁路的运行条件、提升运输能力、扩大运输范围。可以说，平绥局对环城铁路采取了维持现状的消极态度。

1931年九一八事变爆发，东北沦陷，北宁铁路已经无法开通往返关内外的列车，平绥局客货运输也因日军入侵热河、绥远、察哈尔而大受影响。营运收入严重受损的北宁局不得不扩大与平绥局的客货联运。1935年6月，北宁局向国民政府铁道部报告称："因东便门站岔道不敷应用，不能办理授受，业与平绥路商妥，往来北宁路或与其他各路联运货物时，改在正阳门办理授受，惟所有运费仍算至东便门站。"铁道部批准了这一请求。[3] 1933年11月1日，铁道部开通北平至包头的特别快车。每周三、日，由前门东站发车，经丰台、西直门，开往包头。每周二、五，自包头始发，开往前门东站。[4] 1934年4月1日，平包特别快车改经环城铁路行驶，不再绕行丰台。[5] 平包特快列车经行环城铁路，缩短了前门东站至西直门站的运行时间。以笔者目力所及，直至北平沦陷，平包特快是环城铁路唯一通行的旅客列车。和北宁铁路时刻表依然标记已经

1　参见《局批第二二九号》（1930年7月10日），《铁路公报·平绥铁路》第76期，1930。

2　参见《局批第二七八号》（1930年9月6日），《铁路公报·平绥铁路》第81期，1930。

3　《通告第四七一号》，《京沪沪杭甬铁路车务周报》第47期，1935。

4　参见《电呈铁道部十一月一日加开特别快车并照章加收快车加价费用》，《平绥路闻》第12期，1933。

5　参见《平绥铁路三、四次平包特别快车改经环城线行驶，又西直门、南口间添开一七三、一六八次旅客区间车通告》，《平绥路闻》第22期，1934。

沦陷的辽宁总站（今沈阳北站）一样，平包特快的开通是国民政府宣示捍卫对绥远、察哈尔地区主权的行动，环城铁路通行平包特快列车就具有积极的政治意义。

五　环城铁路的负面效果

先天不足的环城铁路自出现在京城地面之日始，北京社会各界就对其颇为失望。学者陶孟和就直言不讳地批评环城铁路的低效："北京的环城铁路，因时间不准确，人多不肯乘坐。因为时间不准确即失去敏捷的效力。"[1] 遍观民国时期报刊、文学作品，当时文人、学生乘坐环城铁路列车的记载和感想都十分少见。朱自清在《初到清华记》讲到自己在 1925 年初次任教清华大学时，曾住在朝阳门附近的友人家，平时是乘坐人力车到西直门，然后再另雇人力车前往清华，直到搬离友人居所时，因携带物品较多，才在朝阳门站乘坐环城铁路列车前往西直门站。朱自清这样写道："过了一两天，我就搬行李来了。这一会却坐了火车，是从环城铁路朝阳门站上车的。"[2]

环城铁路跟城区道路相交均为平交道口，容易堵塞交通。尤其是前门东至东便门、前门西至西便门路段，分别在崇文门、宣武门与道路平交，而且车次比较密集，堵塞时间比较长。为此平汉局于 1929 年呈请铁道部，缩短经过宣武门的行车时间。北平特别市政府则请求铁道部配合，由北宁和平汉两局出资，分别在崇文门和宣武门修筑供车马跨越铁路的便桥。北宁局称"目前路帑支绌，无力修筑崇文门便桥"，并且和平汉局表示，只能尽可

1　陶孟和：《社会与教育》，吉林人民出版社，2013，第 161 页。

2　朱自清：《初到清华记》，《朱自清散文》，岳麓书社，2021，第 160 页。

能缩短列车遮断交通时间，增设栅栏，安置道口看守人员，配置电铃，确保通过道口的人马、车辆的安全。[1]铁路当局这一答复自然不能令北平市政局满意，为此市政局致函平汉局，请求更换旧栅栏，添设临时栅栏门，并将轨道中间的路面垫平，减轻颠簸。[2]这一请求依然毫无下文。

环城铁路还限制了北京有轨电车路线向城外延伸。有轨电车轨道无法与铁路平面交叉，而且供电线也妨碍列车行车。1923年，刚刚成立的北京电车公司就意识到这个问题，为此特意致函交通部，请求交通部命令京奉局妥善处理电车道与铁路的平交问题，并且由电车公司在城门设置标志，防止安全事故。[3]交通部批复道："经行知京奉路局查核去后，兹据复称，平交横道最易发生行车事变，而致生命之危险。现在世界各国均认为不能适用，美国昔时虽有此种横道，现亦完全废止，英国商部对此种横道且悬为厉禁，其危险之处可知。即安设号志，亦未见有十分安全之计画。本路对于此项办法实难赞成。"[4]最终，有轨电车未能解决与环城铁路相交的问题，只能在前门东西两站之间进出内外城。1925年，前门至天桥的有轨电车路线开通。直到1949年，北京有轨电车线路分布仍然局限于内外城垣范围中。

紧邻城墙的环城铁路还引发了社会各界对古迹保护的担忧。古观象台就担心近在咫尺的环城铁路列车行驶造成震动，不利于保护天文仪器。一篇题为《本台对于环城铁路之感言》的文章就表达了这种担忧：

---

1 《铁道部来函据平汉路局呈复该局列车经过宣武门减短时间一节函复查照》(民国十八年六月二十九日)，《北平特别市市政公报》第 1 期，1929。

2 参见《函平汉铁路管理局》(民国十九年六月三十日)，《北平特别市市政公报》第 54 期，1930。

3 参见《交通部致京奉路局函》(1923 年 9 月)，《交通公报》第 366 期，1923。

4 《交通部致北京电车公司董事会函》(1923 年 10 月)，《交通公报》第 366 期，1923。

　　吾华全国，乃仅北京有一国立观象台，……环城铁路适于是时兴工，路线距台仅咫尺。今者路工告竣，业已行车。列车之经过，而仪座震撼矣。铁轨之衔接，而磁针吸引矣。凡此种种窒碍，本台几番之筹备，几尽等于徒劳。第此路为京都市政之一，不特谋交通之利便，亦且为岁入之所关，自属一成而不可变者。……其惟本台别筹改造乎？然为费至巨，需时甚长，何日观成，殊难预计。是不能不因之有感焉。[1]

　　1921 年，来华旅游的日本作家芥川龙之介不无遗憾地评论道："北京不是有条'环城铁路'吗？嗯，就是环绕着城墙的铁路。在修建这条铁路时，有一段线路从城内经过。有人说：这样就不叫'环城'了。于是，又特意在那段线路的内侧筑了一段新城墙。这形式主义也搞得太厉害了。"[2] 瑞典学者喜仁龙（Osvald Siren）则对环城铁路工程拆除瓮城感到痛心。[3]

　　由于铁路当局对环城铁路管理不当，许多贫民在环城铁路路基下搭筑窝棚，使沿线尘土飞扬，污水横流，腥臭扑鼻。1936年，《漫画界》刊登出一组速写，展现了环城铁路贫民窟的景象（见图 3、4、5）。

　　频繁的战乱更是加速了环城铁路的衰败。就在环城铁路续筑工程完成后不久的 1920 年 7 月，直皖战争爆发，京奉、京汉铁路均停止发售车票。[4] 1925 年 10 月，冯玉祥国民军与张作霖奉军在京

1　《本台对于环城铁路之感言》，《观象丛报》1916 年第 9 期。

2　〔日〕芥川龙之介：《爱情这东西》，黄悦生译，江苏凤凰文艺出版社，2018，第 234 页。

3　参见〔瑞典〕喜仁龙（Osvald Siren）《遗失在西方的中国史 老北京皇城写真全图》（下），沈弘、聂书江编译，广东人民出版社，2017，第 381 页。

4　参见《国内专电》，《时报》1920 年 7 月 14 日。

畿一带剑拔弩张,双方均强行征用铁路客货车辆,使即将入冬的
北京面临无法运送煤炭进城的困境。京师总商会向交通部呈文:

图 3　辅助生活需要的天然菜圃——环城铁路沿线即景之一(陆志庠作,
《漫画界》1936 年创刊号)

图 4　晒衣的露天大广场——环城铁路沿线即景之二(陆志庠作,《漫画
界》1936 年创刊号)

图 5　贫穷人家的产业——环城铁路沿线即景之三（陆志庠作，《漫画界》
1936 年创刊号）

　　京煤缺乏，日益恐惶（慌），各栈待运甚殷，大有无货应
市之慨，屈指寒冬已近，统官商士民计之，每日需煤在六千吨
以上。用量既巨，需车自多，故须于平日预运存储，方免临渴
掘井。奈自上年煤运停顿，各栈之存货，早经搜罗一空。虽云
设法接济，然所来之车，亦不过随到随销，毫无存储。以时下
各栈之销路论，每日约可销至五六千吨。此后，天气愈寒，用
量若干，可以预卜。惟运到之煤，供求不给，相差悬殊。所损
于商业者虽微有误，于需用者甚巨，请多备车辆，及早维持。

　　交通部将呈文转发京汉、京绥和京奉三局，要求设法调拨车
辆，不得借口军运，"弃置不顾"。[1] 然而，国民军和奉军都对此

---

1 《交通部致京奉、京汉、京绥路局电》，《交通公报》第 1070 号，1925 年 11 月 2 日。

置若罔闻。1926 年 3 月，奉军联合直系吴佩孚进攻国民军，北京煤炭供应更加紧张。京师警察厅不得不致函交通部诉苦："京师日需用煤二千吨，各栈存煤，转瞬即空，请速设法拨车运输接济。"[1] 交通部也只能无奈而已。

九一八事变后，觊觎北平的日本侵略者极为重视环城铁路，视其为控制北平对外联系的交通线路。1935 年 11 月 27 日，日军一部占领丰台、广安门站，并蛮横地阻断平绥与平汉的运输业务。据《兴华周刊》报道：日军占领丰台站后，"向站长声称即日起两路联运车过丰时，只准装卸，不准过轨，并自觅房，接收军用电话，有久居意"。[2] 1937 年北平沦陷后，环城铁路被日军完全控制。沦陷期间，环城铁路成为日军调运部队、镇压抗日武装、运输掠夺的煤炭或农副产品的交通线。和沦陷区的其他铁路一样，环城铁路见证了日本侵华战争的罪行。

抗战胜利后，环城铁路早已年久失修，无论是铁道部还是北平市政府，都无力修缮环城铁路。国民党发动内战后，环城铁路更是几乎无人过问。

1949 年北平和平解放后，环城铁路由中国人民革命军事委员会平津铁路局（简称平津局）接收。平津局将环城铁路予以修缮，更换设备，使环城铁路状况大为改观。5 月 1 日，为了照顾家住北平城内的南口铁路员工周末休假，平津局开通往返于北平东站（即前门东站）与南口站的第 432 次交通列车。该次列车每周六开行，傍晚 18：40 从南口站发车，经昌平、沙河镇、西直门、德胜门、安定门、东直门、朝阳门、东便门，晚 21：05 到达北平东站。周日，铁路员工可乘坐第 443 次混合列车返回南

---

1 《本馆专电》，《时报》1926 年 3 月 23 日。
2 《日军占据丰台情形》，《兴华周刊》第 47 期，1935。

口站。[1]虽然这两趟列车每周只开行一次，仅供铁路内部职工通勤之用，但以往未承担客运业务的德胜门、安定门、东直门、朝阳门等站都成为通勤列车的经停站，表明告别战乱的环城铁路，客运和公共交通功能得到了一定程度的发掘。

中华人民共和国成立后，随着北京城市建设的发展，环城铁路堵塞交通问题越来越突出，拆除环城铁路被提上了日程。1954年8月，北京铁路管理局根据北京市人民政府城市规划的意见，提出关闭环城铁路各站的建议。北京市人民政府批准该建议，德胜门、安定门、东直门、朝阳门四站正式关闭。[2]1957年，西直门—广安门段停止营运，西直门—朝阳门段被拆除。1959年北京站建成，朝阳门—东便门段被拆除。1969年，西直门—广安门段开始拆除，至1971年8月，拆除完毕。

就在环城铁路逐渐淡出人们视线之际，北京地铁建设工程于1965年7月1日正式开工。1971年1月15日，公主坟至北京站区间开通。该区间的宣武门—北京站段，与环城铁路宣武门—东便门段一致。1987年，北京地铁环线（即2号线）建成通车。除西直门—宣武门段外，2号线其余路段与环城铁路一致。新旧环城轨道交通路线在交替时序上如此紧密，在世界交通发展史上是少有的情景。

结 论

平心而论，虽然北京环城铁路勘测、设计和运行有严重不足，

1 参见《重订各区间交通车、通勤车时刻及办法，自五月一日起实行》，《中国人民革命军事委员会平津铁路管理局公报》第1卷第45期，1949年，第1—2页。
2 参见王开利主编《广安门站志》，新华出版社，1991，第199页。

但是设计理念仍然具有一定程度的超前性，表明当时的民国政府已经迈出探索建设城市轨道交通的步伐，北京环城铁路就是这一探索的成果。这一探索过程中所出现的问题——如何便利出行、避免地面交通堵塞、保护古迹、维护市容等，都是后世城市轨道交通建设无法绕开的问题。可以说，民国北京环城铁路的建设和运行为今天的北京和其他城市的轨道交通建设留下了宝贵的历史经验和教训。

北京环城铁路未能发挥公共交通功能，固然与设计缺陷、技术条件限制有关，但是更为重要的原因是动荡的民国社会环境无法为这条铁路提供进一步完善的条件，连年战乱更是将环城铁路推向破败的境地，唯有在社会主义的建设环境下，环城铁路才能实现变成地铁 2 号线的涅槃重生。

民国时期北京城市旅游演进与典型事例
（1912—1936）

李鹏鹏 [*]

摘　要： 1912—1936 年，北京（北平）城市旅游发展具有独特的历程，根据国内外旅行社建立、旅游指南书籍、游客身份变化等，本文将该时期的城市旅游发展阶段分为革新、勃兴和转型三个阶段。1912—1916 年，北京城市旅游处于革新时期。北京国内城市旅游表现为旅游和休闲并存，并涵盖教育、交通和生活方面的旅行活动。此阶段的城市旅游与古代旅游不甚相同，受到西方的影响，城市旅游出现革新的局面。国内旅游出现游学的组团式活动，1916 年，英国通济隆旅游公司在北京设立分社，成功组织了中外游人旅京活动，北京开始成为国际旅游目的地。1917—1923 年，北京城市旅游处于勃兴时期，此阶段城市旅游活动出现各类实际形式。北京交通和设施促进国内旅游进一步发展，国内旅游书籍增多。同时，更多的国际旅游公司和旅游驻京办事处纷纷在北京建立。1924—1936 年，北京（北平）城市旅游处于转型时期。北京丧失首都地位后，城市内商业经济环境衰落，国内旅游和休闲活动萧条。1924 年前后，中国旅行社北京分社成立，标志着中国旅游进入现代化阶段。与其他国际旅行社合作共同提高北京国际旅游水平。同时，北京市政府在"文化游历区"和"北平游览区"的建设目标下，促使国际旅游活动转型发展。民国时期的城市旅游是旅

1　李鹏鹏，北京市鲁迅博物馆（新文化运动展览馆）鲁迅和新文化运动研究室馆员。

游史继往开来，承前继后的实践活动，北京作为首都是城市史研究的典范，也是旅游史的典型案例。将其作为案例研究，一方面完善了城市史的研究，另一方面也是旅游文化史的探索。

关键词： 民国北京　城市旅游　旅游办事处　旅游指南

一　1912—1916 年　北京城市旅游革新

1912 年 1 月 1 日，中华民国临时政府建立，"民国元年，定都北京，顺天府改称京兆"。[1]1912—1916 年，受到西方游学风尚的影响，中国本土的城市游学活动兴起，北京城市游学组团式活动出现，外地学生到北京和北京的学生到外地进行游学活动，获取知识并观光游览，游学旅行迅速发展并成为城市旅游的重要组成部分。第一次世界大战期间，中国处于相对安全平稳的局面，英国通济隆旅游公司就开始着手在北京建立服务游客的旅行社。[2]国内旅游群体逐渐形成，国际城市旅游活动也处于革新阶段。与此同时，随着铁路交通的发展，交通旅行逐步兴起。

（一）城市基础建设

民国北京城空间近代化拓展了旅游设施和景观的内容，特别是公园、图书馆、博物馆、商场、游乐场等设施的建设。清末的城

1　陈宗蕃编著《燕都丛考》，北京古籍出版社，1991，第 2 页。
2　《北京新设之世界旅行公司》，《上海亚细亚日报》1916 年 4 月 5 日，第 7 版。

市排水系统已经破烂不堪，[1]民国后，市政公所对全市沟渠进行测算并制定了掏淤泥计划。[2]"先后整理前门三门护城河、府右街、景山东街、北新华街等处，将部分明沟改成暗沟，拓宽了道路，改善了城市环境。"[3]此外，近代化的生活方式也开始影响北京。以北京城市公园为例，综合性的服务出现，包括餐饮、游乐。餐饮涉及中式饭馆、茶馆和茶座，还有西式餐馆、咖啡厅，中西餐饮。公园还在茶社添设围棋、象棋等娱乐活动。1914 年 10 月，社稷坛开放为中央公园。[4]随着城南公园、天坛公园、和平公园、北海公园等逐步向公众开放，游人得以体验公园生活。

北京城市产业、设施为城市旅游奠定了基础。城市经济建设不仅是北京城市近代化生活方式的动力，也使北京城市旅游群体扩展。旅游和休闲群体仍然以晚清北京城市的遗老遗少为主，而通过铁路旅京的商人、学生、官员等新兴群体也逐步扩展，此外，随着跨国铁路、远洋游轮的发展，外国人的旅京活动也不断增多。

（二）青年夏令会与学生游学

晚清时期，清政府开始选派学生赴海外游学。"学生派到东洋

---

1 北京沟渠的荒废有以下原因：滥用已有的沟渠；沟渠设计上存在缺陷；沟渠维修费用短缺，被相关负责人员贪污等。参见〔美〕史明正《走向近代化的北京城——城市建设与社会变革》，王业龙、周卫红译，北京大学出版社，1995，第 113—115 页。

2 北京市政府出台了《北平沟渠建设计划》《北平市河道整理计划》《征求北平市沟渠计划意见报告书》，主要是学习欧美城市规划和城市建设的经验。参见孙冬虎、王均《民国北京（北平）城市形态与功能演变》，华南理工大学出版社，2015，第 25—26 页；朱清华《繁荣北平计划草案（关于呈请中央部分）》，出版地不详，1931。

3 吴建雍、王岗、姜纬堂等：《北京城市生活史》，开明出版社，1997，第 341 页。

4 《社稷论（中央公园）》，《市政通告》1914 年第 3 期，第 1 页。

的已经不少，再多派学生到西洋欧洲美洲去游学"。[1] "顾吾国游学之风，自曾文正派遣华童百人赴美留学以来，各著名之国，几无不有我国留学生者。"[2] 出洋游学也有一定的规定，"宜择年自十五至二十五已通西文者出洋，不通西文则选十四五，心地明白文理晓畅者出洋，向习某国语文遣游某国，择员翻译。"[3] 出国游学的人在年龄上有限制，并且要有一定的学习能力。"游学盖欲收人才之速效，挽积弱之危邦"。[4] 培养人才，救亡图存，挽救国家的危亡。除此之外，游学受到交通条件的限制，先到距离近的东洋日本，然后发展到西洋欧洲、美洲，由近及远。"顷年以来，海内士夫，渐知游学之为急务。于是离乡别井者，日众一日，综合其数，殆逾千人。"[5] 中国的近代游学旅行处于从精英到大众，从文人士大夫、官宦向普通民众过渡的阶段，学生群体的数量逐渐大于精英的数量。"年来有志之士，负笈出洋，续求高深学问者，人数日众。就中美日两国，以历史上关系，往者尤多，德法次之，英、比、意、加拿大又次之。"[6] 出国人数不断增多，从而影响国内旅行，国内旅行又以城市为中心展开。

随着西方教育的传入，北京城市学生旅游教育形成了固定的规律和形式。西方"童子军教育"是旅行教育的形式之一，包括"煮饭、烧菜、洗衣、缝衣、救火、救溺、驾车等事，无一不实地练习。"[7] 相较于商业旅行和观光旅行，旅行教育有固定的时间

1　《中国近事：游学欧美》，《绍兴白话报》第 74 期，1900，第 4 页。

2　高平叔编《蔡元培全集 第 3 卷 1917—1920》，中华书局，1984，第 52 页。

3　《学务大臣会同外部覆奏出使比国杨大臣明订游学章程折》，《济南报》第 16 期，1900，第 251 页。

4　熊勉：《课艺，论游学（致用书院课卷）》，《南洋七日报》第 12 期，1901，第 34 页。

5　卜技：《美国游学指南》，广智书局，1911，第 1 页。

6　中国旅行社编《游学手续撮要》，中国旅行社，1935，第 1 页。

7　高平叔编《蔡元培全集 第 4 卷 1921—1924》，中华书局，1984，第 69 页。

（寒暑假）。其中最具代表性是北京基督教青年会[1]（北京青年会）组织的夏令会活动，青年会创办的目的是"近代社会科学与社会进步""耶稣的社会福音""慈善事业与社会工作"，[2] 同时也可以改变当时中国青年不良的生活习惯。普林斯顿大学毕业的步济时（John Stewart Burgess），担任北京青年会干事，主要负责北京青年会的组织工作。[3]1911 年夏，青年会在北京西山卧佛寺举办第一届夏令会。青年会旅行属于教育的组成部分，参与者能在旅行中获取知识。在第一届夏令会的活动中，除了探讨宗教和社会问题，也安排有游艺会、运动会，还"遣人往附近乡村考察风俗民生"。[4] 这些活动开启了北京城市旅行教育。华北青年会夏令会除了西山卧佛寺的活动，还会"借北通州协文学堂为会所，该校河水绕带，绿树成荫，空气清鲜。诚悦目洗尘之美区也。故赴会之人均有恋恋不忍去之意"。[5]1911 年，西山卧佛寺夏令会的参与者有 38 人；1912 年，第二届夏令会参与人数有 49 人。[6] 虽然最初参与夏令会的人数不多，但是带有救国、服务社会性质的活动仍然成为城市旅游的组成部分。西山也成为青年学子学习、游览的地点，其功能和作用发生了变化，胡适在参加香山慈幼院

1　北京青年会的筹备工作始于 1906 年，1909 年正式成立，由普林斯顿大学青年会设立的普林斯顿北京中心（Princeton in Peking）与青年会北美协会（International Committee of YMCA in North America）联合创办。

2　彭秀良：《中国社会工作名家小传》，中国社会出版社，2020，第 149 页。

3　李伟玉：《北京青年会与民初基督教在北京官立学校学生中的传播》，《北京史学》2020 年春季刊，社会科学文献出版社，2020。

4　温万庆：《清华学校青年会之历史与现状》，《青年（上海）》第 18 卷第 4 期，1915，第 127—130 页。

5　杨国相：《华北青年夏令会记要》，《青年（上海）》第 12 卷第 6 期，1909，第 164—165 页。

6　李伟玉：《北京青年会与民初基督教在北京官立学校学生中的传播》，《北京史学》2020 年春季刊。

周年纪念会时，说道："从前皇帝住过的园子，现在变成我们的贫民子弟居住、上学、游戏的地方了。"[1]

近代游学旅行丰富了学生的学习和生活，而学生的旅行活动也促进了城市旅游的革新。首先，北京学生假期旅行或实习都有优惠，"凡大学学生于假期内旅行，无论参观或实习，得由各该校先期声明旅行性质，开列学生姓名、起讫站点。呈部请求团体三等免费乘车证，其人数在六十人以上者，并得挂车一辆，但遇各路车辆缺乏时，仍得由路局随时酌量办理。"[2]除此之外，学生单独旅行可以享受单程七五折、往返五折的优惠，客观上鼓励了北京城市内学生的旅行。其次，国内游学活动和科研考察也是城市旅游的动力。从 1922 年开始，北京高师史地部组织实地考察旅行。史地专业的考察旅行，是为了获取正确的知识，并进行实际记录。[3]这种关于山川形势、风土人情普查式的调研，可以丰富学生的学业。[4]学校给予游学旅行一定的支持，"确定旅行地点，需要共同商定，学校会固定给旅行以津贴，每年有二十元旅费津贴"。1923 年，北京女高师范"博物系四年级生二十余人因修学期满，特请地质教员及助教等率领往泰安、济南一带旅行，借以察勘地层，并采集矿物化石诸标本以资实习，当于十一月一日起

1　阚红柳编《民国香山诗文精选》，北京联合出版公司，2015，第 2—3 页。

2　交通部接收部署及所属机关委员会编《北京交通部接收报告》，南京交通部交通公报处，1928，第 347 页。

3　"正确知识之原则，旅行远足乃证实记录之法门，本部专修历史地理学科，关于山川之形势，地质之变迁，古迹之沿革，物产之状况，推至社会风俗，教育现况及工业商业交通等，在在皆必须研究，此修学旅行，所以为史地部之必要也。每届春秋佳节，本部辄出旅行，鄙以助手资格，时克追随厥后，握管记录，责诸同学，临时筹备，无遑旁待，谨就应筹备事项，择录一二，以备将来之改良云耳。"转引自武学易《北京高师史地部筹备旅行计画书》，《史地丛刊（北京）》第 2 卷第 1 期，1922，第 1—3 页。

4　同济医学院春假例有旅行，一为游览各地名胜，一为参观各处医校。参见劳书一《北京旅行参观记》，《同济杂志》第 19 期，1923，第 1—7 页。

程出京"。[1] 综合来看，修学旅行大致可以分两类。第一种是北京地区的学生到城市周边或外地开展修学旅行，高年级学生为完成实习与学业，由专门的老师带队出京，实习与旅行结合，增长专业知识；第二种是外省大学生，到北京参观游览。总之，游学活动形成了新的旅行群体和旅行方式使城市旅游和青年之间关系更加密切。

（三）通济隆公司与"北京旅游办事处"

受到第一次世界大战的影响，西方社会反战思想勃兴，对东方文明产生兴趣，想要从中国的古老文明中寻得救世良方。"五四"运动以后，西方学者热衷于到中国游历，例如杜威、罗素和泰戈尔到华旅行，增进了中西方文化的交流。他们在北京城内讲学、观光游览，其思想不断影响北京学者和学生。此外，英国通济隆公司（Thomas Cook Group）[2] 创办"北京旅游办事处"，[3] 组织西方游人旅行。国际游轮也为北京成为国际旅游目的地提供了便利。"世界旅游团"带来了大批欧美游客，最终促成北京成为国际旅游目的地。北京国际旅游活动产生的标志主要表现为：国际旅行社在北京城内建立，招徕中外游客；世界旅行团借助远洋游轮或国际铁路到北京观光游览。

1　《学界消息:（六）旅行参观: 北京女高师的采集旅行》,《学生杂志》第 10 卷第 1 期, 1923，第 233—234 页。

2　"通济隆"是中国人对"Thomas Cook"诗意的翻译，意为"为所有的旅行者提供服务, 满足需要，以使旅途平安，一帆风顺。"参见〔英〕彼得·海伯德《北京饭店与英国通济隆公司》，张广瑞译，《旅游学刊》1990 年第 3 期。

3　根据彼得·海伯德《北京饭店与英国通济隆公司》记载，通济隆公司最早于 1910 年在上海创办第一个办事处，1916 年在北京俄国公使馆内中国东方铁路办事处创办"北京旅游办事处"，这是通济隆公司创办的第一个北京分社。

中国城市旅游发展受到国际城市旅游[1]发展的影响。托马斯·库克（Thomas Cook）建立的旅行社，提供旅游指南、行李箱、导游等服务，中国旅游从业者也竞相模仿。1841年，托马斯·库克创立通济隆公司，"襄助游客周到异常，凡商务繁盛，风景优美都服。莫不设有分行，所设分行已多至一百六十所"。[2] "1906年底，库克在香港设立分支机构，给去往远东和欧洲的商旅人士提供出行服务，之后托马斯·库克（旧称'通济隆'）先后在上海、北京设立代办机构。"[3] "它除了代售世界各大轮船公司、各国铁路公司、航空公司和中国各铁路局的客票及代办运输外，还在津浦铁路及陇海铁路的直达快车上，挂上一两辆蓝钢皮卧车。"[4] 除了负责旅行交通外，通济隆公司各旅游团的全程旅费，均在其旅游出发地所设立的公司交付。通济隆还会临时收取额外服务费，例如雇用导游的费用。

1916年，由于中国的观光旅行业务发展需要，通济隆公司在北京设立"旅游办事处"，开始组织国际游客观光游览北京城。当时，通济隆公司把中国描绘成一个与欧洲现代文明不同的国家，

1　1841年，托马斯·库克包租火车组织了一次由莱斯特开往洛赫伯勒的570人参加的旅游团队专列，他们来自各行各业。每人只用支付往返票价一先令，这次的单次行程约20千米。4年之后，他又开办商业性的旅行业务，并于当年首次组织团体消遣旅游，从而开近代旅游之先河。另一种说法是1865年，从托马斯父子成立公司算起，采取商业公司管理的模式，在伦敦设立办公室，包括一家商店，出售旅行指南、行李箱、望远镜和鞋等，托马斯负责提供服务，他的儿子提供商业知识，商店的楼上是他和妻子共同经营的禁酒旅馆。托马斯前期组织的旅游活动有自发和探索的性质。

2　《北京新设之世界旅行公司》，《上海亚细亚日报》1916年4月5日，第7版。

3　白诗棋：《世界首家旅行社 Thomas Cook：与中国旅游界的百年相杀与一朝相爱》，搜狐新闻，2016年8月28日，https://www.sohu.com/a/112422859_130541。

4　中国人民政治协商会议北京市委员会文史资料研究委员会编《文史资料选编》第29辑，北京出版社，1986，第185页。

并将中国与日本、朝鲜设计成为一个完整的远东旅行线路。[1] 此时正值世界大战，通济隆为世界大战后的北京城市旅游服务做足了准备。"以备欧战停后，有以助游客之雅兴，凡游明陵、万里长城、颐和园、陈列所之各项代理价目，皆已详细订明。"[2] 通济隆北京办事处不仅提供北京当地游览服务，还承接到南洋、日本的海外旅行服务，包括购票、导游（各种外国语翻译员接待旅客），最具特色的业务是提供银行汇兑和货物运输业务。其地址"在东交民巷省铁路公司内"。[3] 后来搬到北京东交民巷的六国饭店内。从北京早期的旅行社所承接的业务来看，除了入境和出境旅游服务外，它们还承担银行、商务、运输等业务，早期的旅行公司具有综合业务服务的功能。1917 年，当时北京城市旅游才刚刚起步，由于交通不便，长城尚无法前往，西方游客只能在北京城内观光，但是至少可以逗留四天。[4] 托马斯·库克所编的城市旅行手册是北京世界旅行团活动的基础。在从传统向现代过渡的过程中，城市旅游的人数增加，对于西方人来说北京城是陌生的、神秘的，城市旅游书籍具有指导性。随着大批的西方人到中国旅行，城市旅游业兴起，旅行社、旅馆、餐馆、商店成为城市旅游主要的设施。[5] 旅游指南的重要性不亚于熟悉当地文化并精通外语的"导游员"。

---

1 Thos Cook & Son, Ludgate Circus.etc, *Cook's Handbook for Tourists to Peking, Tientsin, Shan-Hai-Kwan, Mukden, Dalny, Port Arthur, and Seoul*, London: Kent & CO., LTD., 1910.

2 《北京新设之世界旅行公司》，《上海亚细亚日报》1916 年 4 月 5 日，第 7 版。

3 《北京新设之世界旅行公司》，《上海亚细亚日报》1916 年 4 月 5 日，第 7 版。

4 〔英〕彼得·海伯德：《北京饭店与英国通济隆公司》，张广瑞译，《旅游学刊》1990 年第 3 期。

5 Thos Cook & Son, Ludgate Circus.etc, *Cook's Handbook for Tourists to Peking, Tientsin, Shan-Hai-Kwan, Mukden, Dalny, Port Arthur, and Seoul*, London: Kent & CO., LTD., 1910.

（四）外文北京旅行指南出现

北京的旅行手册最早可以追溯到晚清。1866 年出版的《中国北方旅行指南》[1]（*Notes For Tourists in The North of China*），中有涉及北京的旅行内容，主要包括北京交通、旅行手续、旅行费用、注意事项等内容。晚清已经出现外国人往返于北京和天津之间，但政府对于外国人的旅行严格限制。1879年的《北京的旅行，关于天坛、地坛、日坛、月坛和社稷坛的崇拜》[2]（*A Visit To Peking, with some Notice of The Imperial Worship at The Altars of Heaven, Earth, Sun, Moon and The Gods of The Grain and The Land*）则重点介绍了北京城市内的坛庙情况，坛庙作为北京城市重要的旅游资源，已经引起外国人关注。1897 和 1898 年，还分别出版了《北京及其周边的旅游》[3]（*Tourists To Peking and its Environs*）和《北京的速写》[4]（*Description of Peking*）这两部书更加侧重北京城市旅游的景观资源，逐步确立北京城市旅游的内容和项目。

1910 年，托马斯·库克和儿子编制了《北京、天津、山海关、奉天、大连、旅顺、汉城旅行手册》（*Cook's Handbook for Tourists to Peking, Tientsin, Shan-Hai-Kwan, Mukden,*

1　N.B.Dennys, *Notes for Tourists in The North of China*, Hongkong: A.Shortrede & Co., 1866.

2　Andrew Patton Happer, *A Visit to Peking, with Some Notice of The Imperial Worship at The Altars of Heaven, Earth, Sun, Moon and The Gods of The Grain and The Land*, Shanghai: American Presbyterian Mission Press, 1879.

3　*Tourists To Peking and its Environs*, Tientsin: The Tientsin, 1897.

4　J.Edkins, *Description of Peking*, Shanghai: The "Shanghai Mercury" Office, 1898.

Dalny, Port Arthur, and Seoul），关于北京城市旅游的指南前后发行四个版本。库克的北京旅游指南服务于西方旅游群体，内容上更加简练和完整。其序言写道："在最近的几十年内，铁路旅游快速发展。铁路旅游使得欧洲大陆和西方世界不断提供经过现代化加工和装饰的旅游活动，满足旅游者的需要。幸运的是中国'帝国的祖先'还依然保存着原始的习俗和文化，与欧洲大陆和西半球的半开化和野蛮文化保留一致性。中国的旅游发展与日俱增，这一点也不惊讶，而此书会满足到这里旅行的外国人需要。"[1]到北京城游历自明清就已是西方人关注的重点，一是因为北京是中国的首都，二是因为西方人对中国文化的认知主要聚焦于此。清末民初，到北京旅行的外国人数增多。[2]北京的城市旅行得益于世界交通的发展，尤其是跨国长途铁路的发展。"最近几年铁路交通的发展，使得西方人可以寻找与欧洲'现代文明序列'不一样的内容。旅游者可以去体验古老的和传统的文化，此种可以亲眼所见的'时尚和弱势'。"[3]从托马斯·库克所编的旅游手册中可以看出，中国的北京、天津、山海关、奉天、大连、旅顺等城市已经成为欧洲游客的旅游目的地。北京成为西方游客旅游目的地，首先是因为北京是中国的首都，有上千年的建城史。"北京即使不是最先

1　Thos Cook & Son, Ludgate Circus.etc, *Cook's Handbook for Tourists to Peking, Tientsin, Shan-Hai-Kwan, Mukden, Dalny, Port Arthur, and Seoul*, London: Kent & CO., LTD., 1910, pp.7-8.

2　通济隆旅行社大量印发中国旅行手册，从侧面反映当时已经有西欧和英国人到北京旅行，借助此种旅行手册，可以大大提高北京城市旅游的效率。并且此种手册还可以为广大西方旅游者介绍旅行过程可能发生的事情，例如北京城市景点、北京购物等相关的内容。托马斯·库克印发的《北京、天津、山海关、奉天、大连、旅顺、汉城旅行手册》可以算是最早介绍远东地区旅游的书籍，其所发挥的作用甚至可以代替旅行社的功能。

3　Thos Cook & Son, Ludgate Circus.etc, *Cook's Handbook for Tourists to Peking, Tientsin, Shan-Hai-Kwan, Mukden, Dalny, Port Arthur, and Seoul*, London: Kent & CO., LTD., 1910, pp.7-8.

进的城市，也是中国最重要的城市"。[1] 其次，中国传统的都城建筑和文化，也是吸引外国人到北京旅行的原因。1913 年，库克又出版该手册的第二版，强调与时俱进和游客的新需求。除此之外，库克也强调中华民国的建立增加了西方游人到中国旅行的兴趣。[2]

二　1917—1927 年　北京城市旅游勃兴

1917—1927 年，北京城市旅游设施和交通进一步完善，为城市旅游勃兴奠定了基础。市容和市貌得到较大改善，商业、文化和公共设施、服务等不断发展，城市旅游条件趋于成熟。1923 年，中国旅行社到北京建立旅行分社，承担北京城市旅游服务工作。20 世纪 20 年代，"世界旅行团"不断到北京进行旅行活动，这一方面体现国外组团旅行的发展；另一方面，也直接反映北京城市旅游的国际化水平。城市旅游手册的内容和发行地等情况，从侧面反映了北京城市旅游发展的情况，北京城市旅游的内容不断丰富，旅行手册的发行地和出版地涉及国内和海外主要城市，间接反映北京成为世界旅行的目的地。

（一）城市旅游和交通设施完善

民国以后，古老的北京在城市交通设施方面发生了变化。交

1　Thos Cook & Son, Ludgate Circus.etc, *Cook's Handbook for Tourists to Peking, Tientsin, Shan-Hai-Kwan, Mukden, Dalny, Port Arthur, and Seoul*, London: Kent & CO., LTD., 1910, pp.11.

2　Thos Cook & Son, Ludgate Circus.etc, *Cook's Handbook for Tourists to Peking, Tientsin, Shan-Hai-Kwan, Mukden, Dalny, Port Arthur, and Seoul*, London: Kent & CO., LTD., 1910.

通方式的变革节省了城市旅行的时间，并扩大了城市旅游的范围。交通工具的转变可以增加旅游主体的数量，铁路交通加强了城市之间的交流。清末北京城市存在交通恶劣、城墙城门阻隔等问题。"当时北京城内少部分是石渣路，大部分还是'无风三尺土，雨后一街泥'的土路"。[1] 道路年久失修，雨水侵蚀，车辆碾压，垃圾污水横流，车辆行人行走困难。1905 年以后，"北京新修马路平坦异常，唯各胡同崎岖如故。每逢雨雪泥淖难行，现经那大金吾谕命，路工局妥为修垫，以便行人"。[2] 针对此种问题，北洋政府提出"内政始于道路"[3] 的口号。北京道路的建设是从主干道的硬化、修整开始进行的。[4] 进而对城门进行改造。拆除瓮城，释放空间；增设城门，便利交通。除此之外，增开城门，拆除箭楼，"民国十五年，于正阳门、宣武门之间，复辟一门曰和平门。未几，改名兴华门。十七年，仍复和平之名……自光绪庚子京奉火车自永定门之东辟门而入，其后遂经东便门以达通州，京汉火车亦自东便门入，于是外城增辟三门……""民国十六年，乃将宣武、朝阳二门箭楼拆除……"[5]

城市内外的交通是城市旅游的基础。"文明程度愈高，人事愈紧，不仅只于都市内的人与都市内的人，彼此要常常往来，市内的人与市外的人，也是往来不断，市内的人与市内的人往来，贵有电车通行，市内的人与市外的往来，还得求铁路的进步。"[6]"京城里的人，由京门支线往游西山，出西直门游农事试验场，游万寿山，出

1　尹钧科：《北京古代交通》，北京出版社，2000，第 69 页。
2　《各省内政汇志：京师北京新修马路平坦异常惟各胡同崎岖》，《南洋官报》1905 年第 4 期，第 18—20 页。
3　袁熹：《北京近百年生活变迁 1840—1949》，同心出版社，2007，第 184 页。
4　《整理市容意见》，《市政公报》第 132 期，1941，第 21 页。
5　陈宗蕃编著《燕都丛考》，第 18—21 页。
6　《说环城铁路》，《铁路协会会报》第 32 期，1915，第 142 页。

东便门逛二闸，无一不可搭乘环城铁路的火车，随处上下"，[1] 一方面，城内开辟了多条贯通东西和南北的大道。另一方面，铁路建设使北京成为全国铁路交通枢纽，为大规模的城市旅游提供了可能。

民国北京城市旅游的发展离不开铁路交通的发展。清朝结束之前，全国已经建设铁路总里程为 9100 公里；1912—1927 年，北洋政府建成铁路近 4000 公里；1928—1949 年，国民政府统治时期建成铁路 13000 公里。[2] 整体上看，"中国的铁路事业是一种由南至北的发展过程，并且伴有从地方向北京延伸之景观。"[3] 李鸿章对于铁路的建设充分肯定，也注意到了"行旅者"的作用，"铁路之设，关于国计、军政、京畿、民生、转运、邮政、矿务、招商、轮船、行旅者，其利甚溥"。[4] 基于此，"事经数年，至光绪二十三年（1897），北京至天津铁路始成，此为北京有铁路之始"。[5] 以北京为中心的铁路交通系统在此过程中逐步完善，巩固了北京交通枢纽的地位。除此之外，1902 年，由清政府完全自营的京通铁路建成，一日两次往返。人们在通州地区可以凭吊庚子事变战场、游览通州运河，北京城内居民可以利用该铁路开展近郊游。[6] 京张铁路过居庸关、八达岭的南口[7]。"至八达岭，可观赏登山降谷修筑之内长城，虽未得见塞北风光，但疑自己已置身于塞北荒漠之地。"[8]

---

1 《说环城铁路》，《铁路协会会报》第 32 期，1915，第 151 页。

2 庄林德、张京祥编著《中国城市发展与建设史》，东南大学出版社，2002，第 185 页。

3 〔日〕服部宇之吉：《清末北京志资料》，张宗平、吕永和译，北京燕山出版社，1994，第 405 页。

4 赵尔巽等撰《清史稿》卷 149《交通志一》，吉林人民出版社，2020。

5 〔日〕服部宇之吉：《清末北京志资料》，第 406 页。

6 马芷庠：《老北京旅行指南》，吉林出版集团有限责任公司，2008，第 261—263 页。

7 南口为北京到张家口的要冲之地。

8 〔日〕服部宇之吉：《清末北京志资料》，第 409 页。

（二）中国旅行社北京分社建立

1923 年，陈光甫建立的上海银行旅行部开始营业，邀请美国耶鲁大学毕业的朱成章负责上海商业储蓄银行设立的旅行部，早在 1917 年，陈光甫就邀聘朱成章为银行副经理兼储蓄处经理。[1] 旅行部主要业务为"代售国有各路联运车票及国内外各大商埠船票。添售牲口车票，专备乘客携带猎犬、鸟、猫等时所应用，并闻该行除在上海、杭州两处已先后设旅行部。"[2] 随后旅行部在北京、天津、汉口、青岛、济南等铁路沿线城市纷纷设立分社。[3]1924 年，旅行部从上海商业储蓄银行迁出，成立中国旅行社。"上海商业储蓄银行，其附设旅行部，按照各游历事务经理处，同一条件代售中华国有各铁路车票，曾经呈请交通部在案。"[4] 其中原因是中国旅游事业两年来发展迅速，而且"上海银行旅行部"名字太过冗长，不容易记忆和使用。

中国旅行社与铁路部门常有合作。[5] 中国的旅游发展深受日本影响，日本国际观光局就是起源于日本铁路部门。中国的铁路部门为促进旅行活动开展，制定多样化的票价，"特价颁行，其种类有四，一曰定期乘车票，二曰回数乘车票，三曰来回游览票，四曰国内周游票"。[6] 外宾也有特殊的招待方式，特别是外交官或是有地位的外国人会增专车接送。国内免费乘车的还有蒙藏王公

---

1 徐昂：《陈光甫与民国政府关系研究》，上海远东出版社，2020，第 47 页。

2 徐昂：《陈光甫与民国政府关系研究》，第 47 页。

3 《上海旅行部近况》，《申报》1923 年 12 月 11 日。

4 《上海银行旅行部更改名称新名中国旅行社》，《晨报》1927 年 5 月 16 日，第 7 版。

5 徐昂：《陈光甫与民国政府关系研究》，上海远东出版社，2020，第 47—48 页。

6 交通部接收部署及所属机关委员会编《北京交通部接收报告》，南京交通部交通公报处，1928，第 342 页。

喇嘛、学生，国内旅行团体票价也会打折。中国旅行社与铁路部门开发了城市之间旅行交通售票业务，"旅行社陆续与长江、南北洋及外国轮船公司订立代办客票合同，不久更推广至京绥、京汉及津浦各铁路，并在外埠分行添设分部"。[1]

中国旅行社北京分社主要组织北京、天津地区的居民到北戴河、苏杭等地进行观光游览活动，也会组织北京城内外的游览活动。中国旅行社还售卖天津和北京之间的"星期来回票"，"北宁铁路为便利津平往来旅客起见，最近发售津平头二等星期来回票，计头等来回每张洋九元四角五分，二等来回每张洋六元三角，较普通票价便宜四分之一。其有效期间，去程为星期五、六两日，回程为星期日及星期一两日。"[2]民国时期，北京的中国旅行社组织的旅游活动主要分为四类：城内节假日（一日游）；郊外一日游；春秋盛夏出京游（一到三日不等），旅行社与铁路局合作铁路旅行；国内定制北京城游（一周左右）。[3]城内的景点包括天坛、地坛等公园，东岳庙、白云观、大佛寺等寺观和庙会，甚至还包括景泰蓝等工艺厂、地毯厂等。郊外的景点主要包括长城、明陵、颐和园、香山等，北京城外的景点则包括北戴河、秦皇岛等。[4]

（三）北京旅行指南发展情况

北京作为政治、商业、文化、交通中心，南来北往的旅行者众多，促进了北京城市旅行指南的发展。北京城市旅行指南可以分为

1　中国人民银行上海市分行金融研究所编《上海商业储蓄银行史料》，第828页。

2　《中国旅行社发售津平星期来回票》，《庸报》1929年8月29日，第13版。

3　中国人民政治协商会议北京市委员会文史资料研究委员会编《文史资料选编》第29辑，第187页。

4　中国人民政治协商会议北京市委员会文史资料研究委员会编《文史资料选编》第29辑，第187页。

城市指南、旅游指南、铁路旅行指南和单体旅游指南四类。笔者一共收集和整理有 69 种。每种类型的指南都各具特色：城市指南属于事无巨细的记录，内容完备，并有主要服务人群；旅游指南相对简略，主要介绍北京城市旅行必要问题，主要服务外地旅客观光游览；铁路旅行指南介绍北京更加简单，因为北京只是其中一个旅游目的地；单体旅游指南介绍更为详细，涉及单个景点历史文化、游览顺序、景点介绍。外文的旅游指南也较成熟，托马斯父子前后出版了 4 个版本的北京旅游指南，1910 年版是多个城市旅游指南的合集，其中包括了北京。1913、1917 和 1924 年版则是单独出版的北京城市旅游手册。该手册不仅在国内大城市销售，也在其他国家进行销售，可见托马斯父子的旅游手册影响之大。[1] 总体而言，这一时期中英文北京城市旅行指南的发展呈现繁荣状态。

以 1914 年商务印书馆出版的《北京宫苑名胜》为例，全书一共介绍了 24 处宫苑景观。[2] 这些景观由实物和虚拟构成，既有具体的宫殿、宫殿装饰，还有像"云辉玉宇""金鳌玉蝀"这样的带有虚拟色彩的景观。民国初年，政府开放的皇家公园成为公共空间，竹枝词有云："总统原非九五尊，先开北海作公园。而今更辟中南海，禊饮年年说梦痕。"[3] 从景观介绍的内容看，有文字（中文为主，题目有英文翻译）、有图片（黑白照片）；景点有宏观介绍（全景），也有微观介绍（铜牛），还有丈量介绍和功能介绍。这种景观介绍，使神秘的宫苑开始进入大众的视野，并以

---

[1] Thos.Cook & son, *Peking and the Overland Route, with Maps, Plans, and Illustrations*, Peking, Chinese Eastern Rly. Compound, Third Edition, 1917.

[2] 包括宫殿全景，海晏堂，紫光阁，瀛台，蕉园，堆云积翠，铜台，云辉玉宇，乐寿堂，排云殿，铜牛，钓台，太和殿外，海晏堂内，金鳌玉蝀，人字柳碑，水云榭，琼岛春阴，景山，万寿山一览，玉澜堂，清晏舫，十七孔桥，玉带桥。参见商务印书馆编《北京宫苑名胜》，商务印书馆，1914，第 2 页。

[3] 潘超、丘良任、孙忠铨等主编《中华竹枝词全编 1》，北京出版社，2007，第 134 页。

图文并茂的形式展开。北京宫苑对普通人有强大的吸引力，是北京城市景观的重要内容。这部书的总发行城市有13处，[1]设有"分售处"的城市有14处。[2]商务印书馆的发行涉及全国，主要区域集中在东部和中部城市，西部城市较少，这种空间分布反映了北京城市旅游的传播范围。

1917年托马斯·库克的第三版已经有了成熟的观光游览线路和计划（表1）。托马斯·库克的旅游书籍已经出版第三版[3]和第四版[4]，相较于前两个版本，出现单独介绍北京游览项目，全面地介绍北京观光游览的情况。从北京城市旅游的计划可以看出，北京城旅游已经相对成熟。书中有九天的旅行计划和观光游览的内容介绍，占整本书内容的四分之一。可见，北京已经具备丰富的旅游服务经验，并且逐步成为现代意义的旅游目的地。托马斯·库克的旅游手册不仅在北京、上海、香港发行，还在伦敦等国外重要城市发行。[5]北京城市旅行手册在国内外的发行，可见北京城市旅游的繁荣。北京已经成为外国人青睐的旅游目的地。根据甘博《北京的社会调查》："1921年北京作为首都，已经有超过一千年的历史，所建的城墙内拥有宫殿、寺庙、皇帝为自己和大臣所建的房屋。虽然一些宫殿仍然被总统和旧的皇室所占据，现在帝国已经覆灭，但是仍然属于政府财

1　北京、天津、保定、奉天、吉林、长春、西安、太原、渭南、开封、成都、重庆、汉口。参见商务印书馆编《北京宫苑名胜》，第51页。

2　长沙、安庆、苏州、南京、南昌、杭州、兰溪、福州、广州、潮州、桂林、云南、澳门、香港。参见商务印书馆编《北京宫苑名胜》，第51页。

3　Thos.Cook & son, *Peking and the Overland Route, with Maps, Plans, and Illustrations*, Peking, Chinese Eastern Rly. Compound, Third Edition, 1917.

4　Thos.Cook & son, *Cook's Guide to Peking North China South Manchuria Korea*, Shanghai, The North-China News & Herald, Ltd., 1924.

5　Thos.Cook & son, *Cook's Guide to Peking North China South Manchuria Korea*, Shanghai, The North-China News & Herald, Ltd., 1924.

产，其中大部分建筑成为公园和博物馆。"[1] 北京城市的发展需要整体入手，不是单纯几个景点和公园就可以概括的。"古迹建筑，如紫禁城的旧皇宫，西苑（即三海）、景山，外城的天坛、先农坛。这样乱七八糟的一个北京城，要是乘着飞机到天空，俯首下看，真是破破烂烂，看不出一点美意来。虽然有美处，如三海等，有些景致，总觉得是老太太戴着鲜花一般，还是因为美的都市，是整个的，不是有一二点缀，可以掩盖大都的丑陋。自然不是整顿几个公园、游乐场，就可以使暮气沉沉的北京，成为一个新都市。"[2] 除此之外，1930 年以后，北京的使馆也出现在旅游指南当中，成为城市旅游的一部分。[3]

表1 1917 年托马斯·库克北京旅行手册计划表 [4]

时间		景点与景区
第一天	上午	（1）天坛和寺庙，斋宫（2）先农坛（3）天桥
	下午	（4）紫禁城（5）博物馆（故宫博物院，古物陈列所，历史博物馆）（6）中心公园
第二天	上午	（7）冬宫（"三海"周围公园、植物和文化建筑），北海和庭院（8）煤山
	下午	（9）黄庙（10）地坛（11）钟楼和鼓楼
第三天	上午	（12）西直门（13）大钟寺（14）五塔寺（15）万佛寺（16）历代帝王庙（17）白塔寺（回程观光）（18）皇城（19）大理石桥（金鳌玉蝀桥）
	下午	（20）喇嘛庙（现雍和宫）（21）孔庙（22）国子监

1 Gamble, Sidney D., *Peking: A Social Surver*, New York: Geogre H.Doran Company, 1921, p.18.

2 Gamble, Sidney D., *Peking: A Social Surver*, New York: Geogre H.Doran Company, 1921, p.20.

3 马芷庠：《老北京旅行指南》，第221页。

4 Thos. Cook & son, *Peking and the Overland Route, with Maps, Plans, and Illustrations*, *Peking*, Chinese Eastern Rly. Compound, 1917, Third Edition, pp.28-29.

续表

时间		景点与景区
第四天	上午	（23）天文台（24）贡院（25）东岳庙和九天宫
	下午	（26）政府工业博物馆，长安门，天明寺，白云观，高尔夫俱乐部和赛马场
第五天	全天	（27）颐和园（28）圆明园（29）动植物园
第六天	全天	（30）玉泉山，畅漪园，明陵（31）卧佛寺（32）碧云寺（33）白塔寺（34）皇陵（清十三陵）
第七天	全天	（35）明十三陵和万里长城
第八天		
第九天	全天	（36）清西陵

三　1928—1936年　北平城市旅游转型

1928年，北京改为北平市，与天津均为特别市。迁都之后的北京城市旅游处于转型时期。北京经济萧条，财政入不敷出。受到城市功能转型的影响，北京城市国内旅游活动呈现一片萧条景象；但北平特别市政府计划建设北平游览区，国际旅游活动呈现繁荣发展的局面。

（一）国内旅京的萧条

进入南京国民政府时期，随着国家政治中心向南转移，北京商业萧条和人口减少的局面不可避免。"1928年到1949年，北京（北平）进入'非首都'时期。"[1] 1928年"京都市政公所"被正式取消，国民党政府任命何其巩为北平特别市第一任市长，

1　陈双辰：《古都之承》，硕士学位论文，天津大学，2014。

他"整顿吏治；首创市政会议制度；主持修建'三一八'烈士公墓；将中央公园易名中山公园；向国民党北平政治分会'筹拟收回使馆界行政权利'；首次提出北京由消费城市向生产城市转化，实施工业兴市、工业强市的战略；成立北京第一个贫民救济机构——北平特别市贫民救济总会"。[1] 作为北平第一任市长，他为北平的城市发展提出了新的方向，政府"成立了财政、土地、社会、公安、卫生、教育、公务、公用八局，取消直属于内务部、管理北京市政的京师警察厅"。[2]

北京城市旅行的主要交通方式是铁路。"客运收入在铁路运输总收入中常占到 40% 以上的高位。"[3] 可见旅客所占比重之大。通过分析北京铁路客运量所占比情况，可以发现民国时期北京的铁路旅行基本符合北京城市旅游分期的基本情况，第一，社会稳定时期，是城市旅游大发展时期；第二，城市旅游旅客是铁路旅客的组成部分，铁路旅客的数量可以从侧面反映城市旅游的发展状况；第三，北京城市旅游发展经历革新、勃兴和转型，而铁路游客的数量变化可以反映这一历程。通过对京汉铁路、京奉铁路（北宁铁路）、京绥铁路（京张铁路）的游客数量进行统计（表 2），并与全国国有铁路客运量进行比对，可以看到北京城市铁路旅客运输占比最高可以到达 45%，这也说明铁路已经成为城市旅游的主要交通方式。通过对民国北京相关铁路客运量进一步的整理和分析，可以看出客运数量的变化基本符合北京城市旅游的三个分期。1912—1917 年，北京城市旅游处于革新时期，北京铁路接待游客量保持平稳发展态势；

1　王乐群：《枞阳历史名人传略》，合肥工业大学出版社，2017，第 157 页。

2　北京市档案馆编《北京档案史料》，新华出版社，2003，第 375 页。

3　严中平、徐义生、姚贤镐、孙毓棠、汪敬虞、李一诚、宓汝成、聂宝璋、李文治、章有义、罗尔纲编《中国近代经济史统计资料选辑 第一种》，科学出版社，1955，第 206 页。

1918 年，北京城市旅游处于勃兴期，北京铁路接待量浮动增加，并出现最高接待量；1928—1936 年，北京城市旅游明显处于转型时期，国内铁路旅行客运量趋于降低。

表 2   1912 年到 1934 年北京铁路接待旅客人数

年份	客运总数	京汉铁路	京奉 （北宁）	京绥 （京张）	铁路总客运量	客运量占比
1912	18301070	2187691	3495707	412129	6095527	33.31%
1913	24050909	2567011	3741174	625183	6933368	28.83%
1914	24326717	2870625	3418140	641036	6929801	28.49%
1915	30032932	2836748	3323709	576508	6736965	22.43%
1916	34098067	3469946	3332908	819647	7622501	22.35%
1917	27608521	3553593	3797867	971864	8323324	30.15%
1918	28982085	3982043	3858844	897916	8738803	30.15%
1919	30335667	4245989	3514907	1210246	8971142	29.57%
1920	24218163	4646178	5076032	1301872	11024082	45.52%
1921	35482991	3679341	4716559	1101555	9497455	26.77%
1922	35298307	3727223	5171879	1097673	9996775	28.32%
1923	39041352	4274835	4039947	1289143	9603925	24.60%
1924	41305701	4457068	5603524	1441620	11502212	27.85%
1925	39715721	4212300	6317217	1783105	12312622	31.00%
1926	32711843	——	4992497	843102	5835599	17.84%
1927	29784459	——	5616569	810675	6427244	21.58%
1928	28704651	——	3854301	——	3854301	13.43%
1929	34425557	——	4693198	——	4693198	13.63%
1931	40430538	2449395	7060726		9510121	23.52%
1932	33127200	2990534	4792918	974485	8757937	26.44%
1933	44398730	3326846	8068063	956408	12351317	27.82%
1934	22067701.5	1590758	234864.5	593931	2419553.5	10.96%

资料来源：交通部统计科编《中华民国十一年交通部统计图表》，交通部统计科，1925，第 4—12 页；铁道部总务司统计科编《中华国有铁路统计总报告（民国二十一年）》，铁道部总务司统计科，1933，第 181 页；京奉铁路局编《京奉铁路中华民国十四年报告册》，京奉铁路局，1925，第 24 页；铁道部统计处编《中华国有铁路会计统计汇

编（民国四年至民国十八年 1915—1929）》，铁道部统计处，1931，第142—157页；铁道部总务司统计科编《中华国有铁路会计统计总报告（民国二十年）》，铁道部总务司统计科，1932，第24页；铁道部秘书厅统计室编《中华民国国有铁路统计图解》，铁道部秘书厅图书室，1934—1939，第17页；铁道部总务司统计科编《民国二十一年中华国有铁路统计总报告》，铁道部总务司统计科，出版时间不详，第73页；铁道部秘书厅统计室第二组编订《中华国有铁路统计总报告（民国二十三年度）》，铁道部秘书厅研究室，1934，第64页。数据来源于民国铁道部统计资料，其中有1930年份缺失，京汉铁路（1926—1929）、京绥铁路（1928—1931）个别年份缺少统计，1934年为1—6月统计数据。

1926年，"京师内外城四郊及海甸、清河大街、丽水桥、东西小关、外馆、南苑、大红门、十三门各关厢共有商店三万余家"。[1]1928年，迁都以后，北京城市内整体环境萧条。"近些时，京城戒严特别加紧。每夜十一时，即禁止行人。所以各戏园在十时半即须停演……全城冷冷清清，无异墟墓。"[2]晚上实行戒严，城市的戏园演出都受到影响。竹枝词有云："古物南迁殿阁尘，守兵零落况游人。"[3]"古都之居民，贫富至不一律。富者挥金如土，贫者饔餐不继。即一批受有相当教育，而有相当身份之灾官，言其惨状，亦至可怜也。"[4]贫者生活温食不保，富者的生活有时也相当可怜。北平市政府想通过民众招徕外地游客，以振兴城市商业经济，改变萧条的局面。但是，迁都以后的城市生活整体上还是受到了严重的影响，城市的商业、休闲和旅游活动一蹶不振，"民国十七年国都南迁，平市日渐凋敝。更以'九一八'后，外患日逼，人心不安，市况益趋不振。尤以八埠营业，冷落异常。较民国初年，诚有不胜今昔之感。现时人口虽然增加，而商号营业，除开门七件（即煤米油盐酱醋茶）外，均一落千丈。"[5]

1　《北京商业之萧条》，《益世报》（北京版）1926年4月15日，第7版。

2　《北京的狗哭城隍》，《申报》1928年5月12日，第17版。

3　潘超、丘良任、孙忠铨等主编《中华竹枝词全编1》，北京出版社，2007，第129页。

4　《狗碎鸡零话北平》，《申报》1928年9月21日，第21版。

5　马芷庠：《老北京旅行指南》，第15页。

但是北京城市高校、机构和文化团体依然保留，帝都时期的名胜古迹、建筑遗迹都还有存在，"北平为文化中心是十七年（1928年）以后，通用的一句口头禅"。[1]

1928年后，"自废都以来，北平市面，日渐萧条。即论电灯一项，仅三四月而约减七分之三。其他可知，今冬一过，恐益不堪矣……按北平本为消费的都会，非生产的都会。数百年来以官吏为居民，恃国库作挹注。故一旦废都，官吏失业，市面遂立受影响，盖繁盛以人口为本位。萧条者，人口减少之谓，维持繁盛者维持人口之谓也，苟无法以维持人口，虽省府迁平亦属徒然"。[2]城市道路的路灯减少百分之七十之多，单从这一点就可以看出萧条的程度。与此同时，北京的国内城市旅游处于萧条状态，中国旅行社推出了"星期回程票"，票价是普通旅行票价的四分之三，以刺激天津和北京之间的旅行活动。[3]可见，这一时期北京国内城市旅游的发展，需要铁路交通优惠刺激。

（二）《北平游览区建设计划》相关内容

民国北京城市旅游的萧条加快了城市旅游开发和资源保护的进程。1929年《北平指南》与之前的北京城市指南相比有较大变化，该城市指南不仅有公共服务内容，也开始注重旅游服务，图书馆和博物馆成为一类公共服务机构，一共有31处，新成立

1　铼庵：《北游录话》，《宇宙风》，第20期，1936，第324—329页。
2　《维持北平繁盛之道》，《大公报》（天津版）1928年10月16日，第1版。
3　"其有效期间，去程为星期五六两日，回程为星期日及星期一两日，如旅客购有星期来回票，欲乘坐平津浦特别快车，须另购加价票，计头等一次每张洋一元二角，二等一次每张洋六角，该项车票可向本埠法租界八号路一百号之中国旅行社购买云。"参见《中国旅行社发售津平星期来回票》，《庸报》1929年8月29日，第13版。

的故宫博物院成为典型旅游空间。北京城市地位的下降，使"文化之城"成为城市主要发展的方向。"争得居民之外，更可竞争游民，其法在由平市有力者。效通济隆组织，与国内游平者以种种之诱导与便利，或进而联合通济隆，为国际上之组织。以诱致居民为根据，以招徕游人为辅助。北平在中国保存一日内瓦之资格，指顾间事耳……"[1] 政府足够重视，增加旅游景区数量。在接待世界旅行团的过程中，政府安排的接待服务更加合理，表明北京市政府想要发展旅游的愿望。

1928—1933 年间，北平兴起了"繁荣北平"的各类活动。1928 年，薛笃弼提出将北平建成为"东方文化游览中心"，"研究开放宫苑陵庙，陈列古物书画，布置旅舍，联络交通等办法"。[2] 征集意见的广告连续一周在报纸上刊登，[3] 希望得到各界人士的意见。朱辉在《建设北平意见书》中，提出北京建设目标："第一、建设北平为国故之中心。第二、建设北平为学术美术艺术之中心。第三、建设北平为东方文化表现之中心。第四、建设北平为交通运输之中心。第五、建设北平为陆地实业之中心。第六、建设北平为观光游览之中心。第七、建设北平为国防之中心（权在中央，但可由市府建议之）。"[4]

1933 年，中日签署《塘沽协定》，华北局势暂时稳定，同年 6 月，新市长袁良开始着手进行北平的建设，在市政计划书中提出建设"东方最大之文化都市"，"河道沟渠之整理及游览区之创

---

1 《维持北平繁盛之道》，《大公报》（天津版）1928 年 10 月 16 日，第 1 版。

2 《河北省政府征集繁荣北平市面计划意见》，《大公报》（天津版）1928 年 10 月 9 日，第 3 版。

3 大公报连载《河北省政府征集繁荣北平市面计划意见》这项报道，从 1928 年 10 月 8 日至 1928 年 10 月 15 日。

4 朱辉：《建设北平意见书》，《北京档案史料》编辑部编《北京档案史料》第三期，北京市档案馆，1989，第 40 页。

设"成为当务之急。[1] 当时北京的城市规划和设计已经对接西方都市，"按近代世界各名都市，殆无不滨海跨河者，实以水道为发展都市重要条件之一。"[2] 随后《北平游览区建设计划》与《北平市沟渠建设计划》《北平市河道整理计划》相继出台，并优先发展《北平游览区建设计划》（以下简称"计划"），计划的内容包括北平游览区建设的意义、范围、古迹名胜保管、古迹名胜修缮、游览区交通建设、游人居住建设、娱乐建设、游览社创建及游览区建设经费等九个方面。将北平建成游览区不仅有当时世界局势的大背景，还有国内城市发展的需要，北平游览区建设计划在城市经济贡献方面有巨大吸引力。[3] 从北平城市发展的角度看，北京的自然风光、古迹名胜的优势突显，在国际宣传、古迹保管、交通建设、旅馆经营、游览导游五个方面意义深远。

1933 年，北平市市长袁良在前任市长何其巩"文化休闲游历区"的基础上，并借鉴欧美各国先进的城市规划和市政建设经验，前后颁布了《北平市游览区建设计划》《北平市沟渠建设设计纲要》《北平市河道整理计划》等城市计划，并通过市政府发布市政公债，对旧都文物进行有计划的保护，开启了北京大规模近代化的建设先河。[4] 计划对北平游览区的范围做了确定，"凡由北平为出发点而到达之名胜古迹，皆应划入北平游览区之内"，[5] 以北平城市为中心，辐射到周边地区的旅行都算是北平游览区的范围。具体而言，包括北平市区，"八达岭、明陵、

1 北京档案馆编，徐俊德主编，方旭、梅佳副主编《北京档案史料 1999.3》，新华出版社，1999，第 84 页。

2 北京档案馆编，徐俊德主编，方旭、梅佳副主编《北京档案史料 1999.3》，第 84 页。

3 《北平市政府为建设北平市政拟定筹款办法行政院驻平政务文员会呈（1934 年 9 月 26 日）》，《北京档案史料 1999.3》，新华出版社，1999，第 34 页。

4 孙冬虎、王均：《民国北京（北平）城市形态与功能演变》，第 23—28 页。

5 北平市政府编《北平游览区建设计划》，北平市政府，1934，第 4 页。

汤山温泉、妙峰山、潭柘寺等处皆应包括在内"。[1] 计划还对城市内外交通修缮的费用出处做了安排，城市内由北平市政府筹划，而市区外的名胜古迹整理之费，"由省府筹划或省市会商办理，可临时酌定"。[2] 最后，计划更多的是关于文物保护。北平游览区的古迹管理范围主要有："有应拨归市府保管以资整顿者；有应由市府会同管理，以收市政与古迹平衡整饬之功者；有应责成原保管机关修整，如无整理能力即交由市府保管以免荒圮者；有应授市府以监督权，以免有损市容、有伤国体情事之发生者。"[3]

相关机构的成立也促进了游览区建设。1934 年，旧都文物委员会成立，"乃于二十三年（1934 年）冬，拟定北平文物整理计划，呈请行政院驻平政务整理文员会核示，旋由会呈奉行政院核定，旧都文物整理委员会遂于次年一月十一日成立"。[4]1935年 1 月，北京成立了"北平文物整理实施事务处"，[5] 市长袁良担任第一任处长，并进行了第一期工程："整理天坛工程；修缮角楼及箭楼工程；修缮各路牌楼；各门修缮工程；颐和园修缮工程；修缮明长陵工程等六大工程。"[6] 北平市政府出版的《旧都文物略》就是在此背景下的产物。当时的中央社北平电称："袁良十二日发表整理市政谈话，谓：平市为世界有名都市，名胜古

1　北平市政府编《北平游览区建设计划》，第 4 页。

2　北平市政府编《北平游览区建设计划》，第 4 页。

3　北平市政府编《北平游览区建设计划》，第 7 页。

4　《院令：行政院令：第二十三号（二十三年十二月二十二日）：公布旧都文物整理委员会组织规程由》，《国民政府公报（南京 1927）》第 1623 期，1934，第 2 页。

5　袁良：《命令：府令五则：派参事吴承湜、金保康专员，陶履敦代理，技正李颁琛兼任本市文物整理实施事务处审查委员此令（府令第七十二号）》，《北平市市政公报》第 301 期，1935，第 16 页。

6　宗绪盛：《老北京地图的记忆》，中国地图出版社，2014，第 171—172 页。

迹，关系文化甚巨。今后决倾全力，使平市成为世界唯一之游览区。预定计划：（一）将故宫一部改建皇宫饭店，以供各国人士游息。（二）市内所有坛庙，一并收归市有，加以整理，择其尤者，改建文化商场，陈列各种特产，供外宾采购。"[1] 北京开始走上国际旅游发展的道路。

（三）世界旅行团旅京持续发展

在 20 世纪初，北京作为国际旅游目的地最直接的反映就是外国人的旅行活动。首先，北京城市基本完成了近代化的建设，城市的食、住、行等可以满足国际游客的基本需要。其次，远洋交通工具的发展为北京的国际旅行提供了便利。最后，根据北京"世界旅游团"的报道记载，可以估算民国时期北京"世界旅行团"的旅游人数。1916 年，通济隆在北京建立世界旅行公司，至 1936 年，20 年间，北京城市旅游人数每年在 1000—2000 人，个别年份人数可能有所减少。20 年的时间，北京城市接待世界旅游团人数应该在三万到五万人左右。[2] 虽然世界旅游团人数不能与现代大众旅游相比，但是已经出现了大众旅游的趋势。

20 世纪 20 年代，"世界旅行团"到北京旅行呈现以下特征。第一，乘坐先进交通工具。"世界旅行团"成员多乘坐远洋邮轮，邮轮载客量巨大。到了目的地乘坐火车或是汽车，观光游览的效率大大提升。[3] 第二，人数众多。每团人数可以达到

1　风子：《随感录：关于游览区》，《人间世》1934 年第 11 期，第 3 页。

2　根据 1928—1936 年北京《益世报》的相关记载，北京每年必有四五团来京，根据统计每团有 300—400 人，可以估算北京世界旅行团来京旅游人数。

3　"乘澳大利亚皇后号东行，预定昨夜可抵秦皇岛，如无耽搁，今日下午五时，即可到京。京奉路局，已在秦皇岛备就专车一列。"参见《世界旅行团今晚抵京团员共四百余人》，《晨报》1928 年 2 月 20 日，第 2 版。

三四百人，在北京城内要分开住宿，一般分住在北京饭店和六国饭店。[1]第三，除了传统的观光游览项目，北京市政府还准备了其他特色项目，包括梅兰芳表演的京剧、商业购物、欢迎欢送晚宴等。[2]1930年以后，世界旅行团到北京的旅行发生了变化。首先，时间由四天增加到十天，[3]观光游览项目增多，行程安排上更加符合游客的需要。其次，政府接待和欢迎也较之前更加完备，这与北京城市地位的转变，城市向文化和旅游的领域发展有关。在旅行住宿接待上，仍然是六国饭店和北京饭店。再次，最为明显的特征是增加了商业购物活动，旅行的商业性质开始显现。之前都是送纪念品，而此后开始增加购物的日程安排。最后，欢迎仪式也更加受到重视，北京内的中外人士都来参加，规模相应扩大。最终，完善的北京城市国际旅行服务体系形成。

形成北京国际旅行这种繁荣情况的原因主要有：第一，北京城市地位转变，城市的功能也发生了改变；第二，北平市政府重视北平的文化和旅游的发展，出台的北平游览区建设计划、文化保护政策等都成为城市旅游发展的客观条件；第三，北京城市服务设施和基础设施得到完善，不仅可以提供近代化的住宿和游览项目，也可以利用北京城市传统的服务类型，例如北京各种民间杂技，满足更多西方城市游客的旅游需求。北京城正常的国际旅

1　"其中外人士，赴站欢迎者甚夥，尤以美国人居多，下车后，照原定计划，分为两队，投北京六国两饭店住宿。"参见《世界旅行团昨日到京》，《益世报》（北京版）1928年2月21日，第7版。

2　"拟腾出半日时间，赴市购物……本星期三为华盛顿寿辰，京内美侨定是日举行宴会庆祝，并邀各旅行员参加，星期四晚六国饭店之跳舞会，亦拟邀团员等多数前往。"参见《世界旅行团今晚抵京　团员共四百余人》，《益世报》（北京版）1928年2月20日，第4版。

3　〔英〕彼得·海伯德：《北京饭店与英国通济隆公司》，张广瑞译，《旅游学刊》1990年第3期。

游活动虽然受到日本侵华战争的影响而停止，[1] 但是北京城市的旅游计划的制定和旅游建设的国际化发展目标，对当代北京城市旅游的发展也有一定的启发意义。

（四）国内外旅行社进一步发展

国外旅行社在京的建设也促进了北京的旅游国际化。城市旅行社分社的建立与北京成为国际旅行目的地有一定的关系。[2]1936年，北京已经成为国际旅行目的地，国际航线的开通就是直接证明。据美商运通公司卡脱氏称："为华人顾客便利计，将组织世界旅行团。该组织由联合旅行社暨运通公司之合作，进行计划。参加人数，约定五十名，并有专人指导人员，负责率领导游。行程由日本往美国、英国、法国、德国、瑞士、意大利、埃及、印度、菲律宾等各地。"[3] 组织中国人到世界各地旅行，是出境旅游发轫期的体验活动。虽然人数和入境游相比较少，但是配备有专业的导游人员。日本也与中国建立国际旅行社，提供到中国入境旅行基础服务。[4] 国际旅行社与中国旅行社展开合作，既是中国旅行事业发展的需要，也是中国旅游与世界旅游接轨的标志。

1932 年之前，北京的旅行社被国外旅行公司垄断，有日本观

1　到 1938 年，由于日军占领北京，中国的国际旅游业也消失了。参见〔英〕彼得·海伯德《北京饭店与英国通济隆公司》，张广瑞译，《旅游学刊》1990 年第 3 期。

2　"柏克尔（Porkel）氏最近考察往日定期航空路后，声言现已确定，在西伯利亚东部设航路二道。一由伊尔库斯克至北京，一由伊尔库斯克至海参崴，通航计划，明年或可实现云。"参见《北京将为欧亚航空路之终点，另一路点为海参崴》，《东方时报》1925 年 10 月 17 日，第 5 版。

3　《华事外报：美商运通公司将组织世界旅行团》，《外论通信稿》第 1671 期，1936，第 3 页。

4　《日使昨抵沪将会晤黄郛殷同赴沪谒黄郛昨抵京今日北返》，《新天津》1934 年 5 月 31 日，第 2 版。

光局、美国运通公司、英国通济隆公司，他们组织在中国的旅行业务，旅行交通设施完备，旅行服务分支机构完整。[1]1923年，中国旅行社在上海建立，北京作为中国旅行社的分支开始建设和发展。中国旅行社通过其创办的《旅行杂志》用中英文宣传北京，从上海调来一辆改造的大型游览汽车，并配备有行李卡车。组织经济实惠的旅行促销活动：一日至三日游行团；为外国人旅行制定的七日旅行团；避暑旅行团。国内外酒店种类和数量不断增加。北京的城市物价低廉，同一时期消费水平低于上海和广东，也大大便利了城市旅游消费和购物。

结　论

晚清到民国时期，北京城市旅游的发展拥有天然优势，如地理位置优越、历史文化浓厚等。随着城市近代化进程的加快，城市空间由传统封闭向现代开放局面转化，原本的城市空间获得扩展和释放，也推动了城市旅游的发展。城市旅游群体随之壮大，其中不仅包括本国民众，还包括外国人，特别是20世纪前十年，形成了以美国人为主的前往北京旅游的热潮。[2]同时，这些人群对北京城市形象的持续建构，使北京城市旅游加快了近代化的发展进程。

民国时期的北京城市旅游可以分为革新期、勃兴期和转型期。在革新时期，北京城市经济保持持续增长，各类工厂的出现，为城

1　徐芳田：《中国旅行社与早期的北京旅游》，中国人民政治协商会议北京市委员会文史资料研究委员会编《文史资料选编》第29辑，第183页。

2　〔英〕彼得·海伯德：《北京饭店与英国通济隆公司》，张广瑞译，《旅游学刊》1990年第3期。

市提供了产业和产能，也促进了有闲阶级的壮大。这一时期，外国人到北京旅行的人数不断增多，北京城产生了为外国人提供旅行服务的旅行社或旅游公司。外国旅行社的出现，也标志着北京城市团队旅行的形成。国内旅游群体也有所扩展，如青年夏令会于1911年开始举办，大中小学校也不断组织学生游学活动。群体旅行的出现，标志着国内团体旅行的萌芽。到勃兴时期，北京城市旅游进一步发展，随着城市内外交通的完善，城市空间获得进一步释放。1923年，中国旅行社北京分社成立，标志着国内游客可以参加前往北京城的团队旅行。这一时期，中文版的北京城市旅行手册不断涌现，从其内容看，北京作为旅游目的地的条件更为成熟。北京的国际旅游事业也在20世纪20年代获得进一步发展，标志性事件是世界旅行团旅京。1924—1936年，北京城市处于转型时期。北京城市旅游呈现出国内旅游下降、国际旅游上升的状态。国内旅游下降的原因在于迁都所造成的影响，使这一时期的城市商业和社会生活较为萧条。但是，北平市政府开始主动谋划城市的发展方向，出台的《北平游览区建设计划》和其他城市规划客观上保护了北京城市文物古迹，也形成了组织和管理北京城市旅游建设的思路。国外旅行社进一步发展，并与中国旅行社相互合作开展旅行服务。20世纪30年代，世界旅行团旅京进一步发展，随着日本侵华战争的爆发，北京城市旅游活动日益萧条。

从晚清到民国，北京在西方文化和市政建设的影响下，政治地位及旅游定位不断发生演变。这种影响是西方对东方的冲击，城市旅游从学生群体萌芽，拓展到世界旅行团的大规模的旅京活动，此种变迁离不开政府的《北平游览区建设计划》和民间旅行社的建立。清代城市制度等级森严，西方人的旅行活动受到一定的限制，民国以后，随着城市空间向公共性转向，西方游人及中国其他城市的民众，均可参观曾经神秘的北京城。从城市旅游革新、勃兴和转型角度来看，重要的事件内部包含了时间序列，其本质是城市旅游发展功能和内涵的变迁。

20世纪30年代北平简易小学研究 *

陈育红　梁婉婷 **

摘　要： 民国时期面临失学儿童数量庞大与财政困窘之状况，为推行义务教育，政府与民间教育界人士进行了积极有益的探索，简易小学即是其成果之一。北平简易小学正式创设于20世纪30年代中期，主要由市公安局民众学校与自治区普通小学改设而成，此外亦因需酌情增设一些学校，学级编制与课程设置均具有极大灵活性，"简省"乃其最显著特征。囿于主管行政机构屡屡变迁与经费匮乏不稳，北平简易小学存在师资水平参差、教学环境简陋等诸多问题。然则作为推广义务教育的一种形式，北平简易小学的创设与发展无疑有其积极意义：一方面，灵活的学级编制方式有利于学校充分利用有限资源招收更多贫困失学儿童；另一方面，其对推动整个社会教育进步与国民素质提高亦发挥了重要作用。

关键词： 义务教育　北平简易小学　师资检定

* 本文系湖南省社会科学基金2020年度一般规划项目（项目编号：20YBA239）阶段性成果。

** 陈育红，湘潭大学碧泉书院·哲学与历史文化学院历史系副教授；梁婉婷，湖南省株洲市档案馆。

　　自鸦片战争开启中国近代化历程后，先进的中国人就不断寻求救国方案，甲午一役，一部分先进人士意识到"开民智"之重要性，义务教育由此提上日程。然直至南京国民政府成立，义务教育的成果仍相当有限。为推行义务教育，政府与民间教育界人士进行了积极有益的探索。20 世纪 30 年代，简易小学作为推行义务教育之变通办法开始渐次推广。目前学界有关义务教育之研究成果已相当丰硕，然对于简易小学之专题研究尚付阙如，通常仅在对民国时期地方义务教育或小学教育研究中稍带提及。[1] 本文以北平市一域之简易小学作为考察对象，通过梳理北平简易小学发展历程与办学实践，尽可能还原简易小学办学原貌及其对民国义务教育产生的影响，期冀能为当代义务教育发展提供历史借鉴。

一　北平简易小学发展概况

　　简易小学的正式出现虽然要到民国时期，但其发展源流可以追溯至清末的学制改革。1904 年清廷颁布《奏定学堂章程》，其中的《学务纲要》中明确指出："初等小学堂为养正始基，各国均任为国家之义务教育"。[2] 此即中国历史上由官方首次明文提

1　代表性著作有熊贤君《民国义务教育研究》（湖南教育出版社，2018）对民国义务教育做了较系统梳理。专题论文有刘晓敏《1918—1937 年山西省义务教育研究》，硕士学位论文，山西大学，2017；王红鑫《南京国民政府时期云南省义务教育发展研究》，硕士学位论文，云南师范大学，2021；张少攀《众人之教：民国时期河北省义务教育研究（1928—1937）》，硕士学位论文，河北大学，2021；王晓华《清末河南义务教育研究》，硕士学位论文，河南大学，2018；黄华《湖北小学教育 1927—1937》，硕士学位论文，华中师范大学，2016；申海涛《1928—1937 年北平市小学教育探析》，《北京社会科学》2012 年第 5 期等，对所涉地域之简易小学有所涉及，但缺乏深入探讨。
2　谭承耕、李龙如校点《张百熙集》，岳麓书社，2008，第 42 页。

出"义务教育"这一概念。《奏定学堂章程》虽规定初等小学堂是实施义务教育的主要形式，但考虑"惟有乡民贫瘠师儒稀少地方，不能不量从简略以期多设"，[1] 特专为贫家儿童而设简易科。1905 年，学部通令各省设立半日学堂，招收失学儿童及贫寒子弟，"半日学习，半日谋生，不交学费，不拘年龄，所学内容以识字为主"。[2] 此外，另设简易识字学塾收年长失学或贫寒无力就学者，"欲以辅小学教育之不及，而期以无人不学为归……惟此项学塾既以简易为名，则一切章程必使易知易从，而后不背乎委曲变通之恉"。[3] 此或为简易学校之滥觞。

民国成立伊始，教育部即将北京原督学局与八旗学务处裁并，改设京师学务局，下设四科。京师学务局为京师地方教育行政唯一之机关，京师各项中等以下学校，均归京师学务局直接管理，所有局款校款（私立学校除外）统由教育部发给。[4]1923 年，为节省经费，京师学务局改组为三科，其中"第三科掌理小学教育，初等实业教育，补习教育，及图书馆事项"。[5] 南京国民政府成立后，于 1928 年 6 月将京师学务局改为北平特别市教育局，由直属教育部改为隶属北平市政府，负责全市的教育事务。1932 年 7 月，又令将北平市教育局合并于社会局添设第四科（教育科），专办北平市教育事业，由科长主持一切，下分设中学股、小学股及通俗股三股。[6] 后社会局第二科被裁撤，教育科遂列为第三科。

北平常年以来作为国家政治文化中心，高等教育事业较为发

1　谭承耕、李龙如校点《张百熙集》，第 142 页。

2　王雷：《近代中国社会教育事业与管理》，黑龙江人民出版社，2002，第 7 页。

3　舒新城编《中国近代教育史资料》，人民教育出版社，1981，第 442 页。

4　邓菊英、高莹编《北京近代教育行政史料》，北京教育出版社，1995，第 18 页。

5　《新教育评论》第 1 卷第 9 期，1926，第 14 页。

6　邓菊英、高莹编《北京近代教育行政史料》，第 41—42 页。

达，然小学教育事业形势不容乐观，学龄儿童失学现象严重。早在 1917 年，教育界人士即针对"京师"教育状况呼吁："市民人数渐多，且渐知向学，信任学校。是以无论某处小学，皆有人满之患，且报名不得入学者甚多，其中尤以女学为甚。将来若不别筹办法，恐失学儿童愈多。"[1] 然至南京国民政府时期，"依照民国十七年统计，北平市有机会入学之学龄儿童，仅占百分之二十，其余百分之八十均为失学儿童"。[2] 政局不稳、财政困窘、教育经费之拮据使义务教育推广处处掣肘，始终与目标相去甚远。由此，简易小学作为推行义务教育的变通办法开始渐次推广。毋庸置疑，简易小学的创办优势仍在于其简省经济。

据统计，至 1933 年，全国共有 15 个省采取了创办简易小学的形式，共计 4044 所简易小学，其中公立 3634 所，山西、安徽、广东校数位列前三，北平未在其列。[3] "至简易小学山西最多，有二四九九校，次安徽五一二校，广东四七三校，余均不满百校，其费用以云南为最省，用四〇二〇元，共教学生二七四四人……每生只占一元二角余……山西用一六七三四四元，共教学生四二二四〇人，每生不满四元，广东用七五五四〇元，共教学生一一九三七人，每生约六元多，最费的是湖南，二八校，学生一三一二人，用费二三一五二元，每生约十七元余，未免太贵，其推行自不容易。"[4]

北平简易小学的最初创设实得益于民众学校之改设。1930 年，北平颁布《北平特别市市立民众学校管理暂行规程》，内中规定：

---

1 邓菊英、高莹编《北京近代教育行政史料》，第 6 页。

2 邓菊英、高莹编《北京近代教育行政史料》，第 115 页。

3 教育部编《中华民国二十二年度全国初等教育统计》，上海商务印书馆，1937，第 66 页（正文页）。

4 教育部编《中华民国二十二年度全国初等教育统计》，第 2 页（概况页）。

"民众学校每班名额五十人，授课时间每日须在三小时以上，童子班四年毕业，成人班两年毕业。"[1] 民众学校面向成人招生，一方面可以提高成人素质，另一方面可以教授技能，但部分学校由于招收不到足额的成人学员，实则与普通小学无异，"各校现有之学生，多系儿童班所用之教本，学生程度及教法，亦多采用普通小学之办法，名实多不相符"，遂决定"凡学生人数过少，校务废弛者，应令其取消，如不能招收成人班时，可酌改为简易小学"。[2]

1934 年，北平市政府颁布《北平市社会公安两局会同管理简易小学办法大纲》，其中规定："一、原有民众学校改称北平市市立第○简易小学主管人员称管理员。"[3] 自此，北平市公安局立 40 所民众学校正式改为简易小学，从补助社会教育转为推行义务教育的小学校。据《北平市政府二十三年上半年行政纪要》所载："本市公安局主办之民众学校，原由各警段随地创设，救济贫苦失学儿童，补助社会教育不及，办理已历多年，成绩亦颇可观，惟现有编制，学生年龄，及所授课程，核与部颁民众学校办法，未能尽合，爰将所有各校，按之行政系统，参照实际情形，一律改为简易小学以符名实，而便整理，并饬由公安社会两局，厘订办法，会同管理，以收通力合作之效，自此项办法施行后，效率激增，综计全市现有简易小学四十处，学生五千余人。"[4] 同时，"本市各私立民众学校，多系收容幼童，于民众教育无补"，遂将部分私立民众学校亦改设为简易小学，"而现有之私立民众学校，将改为简易小学，俾得名符其实云"。[5]

---

1 《北平特别市市政公报》第 39 期，1930，"教育法规"第 1 页。

2 北平市政府编《北平市政府二十三年上半年行政纪要》，1934，第 124 页。

3 北平市政府编《北平市政府二十三年上半年行政纪要》，1934，第 54 页。

4 北平市政府编《北平市政府二十三年上半年行政纪要》，1934，第 30 页。

5 《私立民众学校将改简易小学》，《京报》1934 年 12 月 26 日，第 7 版。

　　1935 年，北平自治监理处鉴于"本市失学人数，据最近调查为四十三万有零，几达全人口三分之一，亦足以证贫苦民众大半皆无力求学，故就自治立场言，尤不能不多设简易小学"，[1] 决定将自治区 [2] 所办小学一律改为简易小学。"现在自治区所办之小学共三十八处，合于完全小学程度者居最少数，应按照民众教育标准办法一律改为简易小学，先由自治监理处会同社会局，按照社会、公安两局会拟之简易小学章则视察各校情形，负责整理后即改称市立第几简易小学"，[3] 同时提出六项改组办法：一、各校五六两年级学生准由各校填具转学书，转入市立各小学肄业。一、转学各生如确系贫寒子弟，应由各校出具证明书呈由本处汇转社会局，照旧免收学费。一、其余各级学生应切实按照各生程度重行编级造册具报（册应造三份）。一、各校经费在未经本处呈准以前暂照原有经费开支。一、各校名称候呈准再行饬知，在未经饬知以前暂就原有名称增加简易二字，行文仍暂行借用旧章。一、其他应行改革事项随时令行饬遵。[4]

　　在自治监理处看来，改制后的简易小学虽然缩短了修业年限，"以普通小学六年制度，应授之功课缩短为四年毕业"[5] 但"毕业之后仍可投考中学，即现在一切课程亦与小学无殊，是经此次改制之后，不特与各生学业毫无影响，抑可缩短修业年限，尤与各生经济环境相适应"，[6] "其利益第一减少毕业期间，第二免收学杂

1　《北平市市政公报》第 300 期，1935，第 48 页。

2　1928 年，北平市市政府下令推行"地方自治"，设立市辖区（"自治区"），将全市分为 15 个自治区（内城 6 个，外城 5 个，郊区 4 个），各区以序号命名。

3　《北平市市政公报》第 300 期，1935，第 48 页。

4　《北平市市政公报》第 300 期，1935，第 48 页。

5　《自治区简易小学 均添设识字班 自治监理处令各区分所遵办》，《京报》1935 年 3 月 29 日，第 7 版。

6　《北平市市政公报》第 300 期，1935，第 48 页。

各费。并由校发给书籍，盖所以为各生谋利便，庶免因环境经济之压迫，失去求学之机会"。[1]

除将公安局所设民众学校和私立民众学校及各自治区普通小学改设为简易小学，北平市政府亦综合考虑实际情况新开设一些简易小学。例如，1935 年 4 月，北平市第十三区呈请市政府就慈明寺旧址添设简易小学，理由是："西郊贫民甚多，失学儿童触目皆是，舍此不图问心滋愧。查职区区立小学仅蓝靛厂万泉庄两处，较各区尤觉偏枯，兹拟在阜外北礼士路慈明寺筹设简易小学一所。"[2] 迄至 1941 年，仍有市立宣外老君地简易小学校呈请"准予增加二班"，以便救济失学儿童。[3] 自然，偏远地区简易小学相较市内小学环境要简陋破旧得多，但毕竟可使偏远贫困郊区的儿童能够就近上学。

表 1 为笔者 1937 年 6 月对北平市简易小学分布情况所做的统计。

表 1　北平市简易小学分布状况统计（1937 年 6 月）

	一区	二区	三区	四区	五区	六区	七区	八区	九区	十区	十一区	十二区	十三区	十四区	十五区
市立简小	6	5	8	13	\	\	\	\	\	\	\	\	\	\	\
区立简小	1	1	1	1	1	2	1	1	1	3	4	7	4	7	8

资料来源：邓菊英、李诚编《北京近代小学教育史料（下）》，第 897—902 页。表格系笔者整理绘制。

---

1 《自治区简易小学 均添设识字班 自治监理处令各区分所遵办》，《京报》1935 年 3 月 29 日，第 7 版。

2 《北平市市政公报》第 305 期，1935，第 39 页。

3 邓菊英、李诚编《北京近代小学教育史料（上）》，北京出版社，1995，第 638—639 页。

　　据《北平市政府二十三年上半年行政纪要》所载，1934 年全市有市立简易小学 40 所（此即为原北平市公安局立 40 所民众学校改设而来），然据表 1 所示，至 1937 年 6 月已精简至 32 所，由于其前身为市公安局所设，因此全部分布于内城 1—4 区；区立简易小学有 43 所，虽各区皆有，然内城 1—5 区仅各 1 所，第 6 区 2 所，其余绝大多数分布于郊区的第 12—15 区。可见，区立简易小学的设置倾向于贫弱儿童人数相对多的郊区，然即便如此，小学教育资源分配不均情形仍相当严峻。《北京市政府民国二十六年度行政计划书》中亦提到："本市完全小学与简易小学，聚在城市，郊区较少，分布不甚适宜"，"期于各小学区内，普遍分布，以便儿童能延长其就学年限，而减少实施强迫时之阻力"。[1]

　　简易小学的逐区分布使各区尤其是郊区的贫弱儿童可以就近就学，学生上学的距离近了，提高学习效率的同时亦尽量避免上课与干家务活之间冲突，有利于减少部分家长对孩子上学的抵触与阻挠。据 1935 年"平市社会局统计，全市失学儿童总数为十一万九千一百九十七人，与在校儿童比例，约在三倍以上"。[2]1936 年 8 月，北平市义务教育委员会再对全市学龄儿童进行详细调查："北京市六足岁至十二足岁的学龄儿童全数是十三万六千零六人。现在在校的儿童只有六万四千九百九十三人，比这全体数只有 1 与 2.2 强之比。就是两个多学生中准得有升学的机会一人"。[3]尽管数据仍旧不乐观，但较之 1928 年的 80% 的学龄儿童失学率，显然有了明显进步。义务教育的普及借

1　《北京市政府民国二十六年度行政计划书》，"教育"第 30 页，中国国家数字图书馆电子资源。

2　邓菊英、李诚编《北京近代小学教育史料（下）》，第 1067 页。

3　邓菊英、李诚编《北京近代小学教育史料（上）》，第 83 页。

助于简易小学的创设，取得了一定成绩。

二　20 世纪 30 年代北平简易小学学级编制与课程设置

（一）学级编制

《小学组织法》中有谓："通常小学校学级之编制，分单级与多级二种，将全校儿童编制为一学级者，谓之单级小学校……若将全校儿童编制为两学级以上者，谓之多级小学校，而多级小学之编制法，又分单式编制、复式编制与二部教授编制三种，以同学年之儿童，编为一学级者，谓之单式编制；合二学年以上程度相异之儿童，编制为一学级者，谓之复式编制……而二部教授之编制法，又有半日制，全日制之别。"[1] 北平市小学学级编制，分为单式制和复式制两种，而单式制又分单轨双轨，其中有采用一种者，有二种并行者，亦有单轨与双轨并用者，然以采用单式单轨者为最多。[2]

1933 年 5 月，国民政府教育部通令全国各省市教育行政机关努力推行二部制。[3] 二部制教学主要采用半日二部制、全日二部制和折衷制三种形式。半日二部制，即把学生编为甲部和乙部，甲部上午到校上课，下午在家自学，乙部则正好反过来，二部每周会有一两天时间整日到校，便于进行集体教育。半日二部制特别适用于教室数量与师资均十分有限之学校，但亦存在教学效果不

1　沈雷渔编纂《小学组织法》，上海商务印书馆，1926，第 40 页。

2　邓菊英、李诚编《北京近代小学教育史料（上）》，第 88 页。

3　张汉英编《二部制概要》，中华书局，1939，第 4 页。

强、易使学生因嬉戏而荒废学业之不足。全日二部制对学校设施
要求更高些，因为除了上课所需教室外，还需另增一个可供学习
的场所，甲部在教室进行直接教学时，乙部则在另一场所进行自
学，直接教学与自学交替轮流，二部学生交替受教。二部制形式
多样，但其益处相同，一则能够节省教育经费，二则能够照顾到
不同民生状况。

据 1935 年 4 月颁行之《北平市各自治区区立简易小学暂行规
程》第十二条规定："简易小学学级，应于学生入学时依其年龄能
力分别编制，其编制依照小学法第七条之规定应用单式，但有特
殊情形者得用复式或二部及单级。学额每级以四十人为限，至多
不得过六十人。"[1] 另据 1935 年《北平市政府第二次检阅市立各级
学校报告》显示，市立简易小学亦多以单式编制为主，兼有复式
或半日二部制，且学级并不必须具有连续性。换言之，以单式编
制为主体，并非意味着整齐划一，实际仍视需要而定。例如，市
立第一简易小学"全校教室两座，有三级学生，每学级学生数均
在四十七人以上，皆足额，学级编制一二年级为半日二部制，三
年级为单式制"，专家认为"编制上颇为合理"。[2] 市立第九简易
小学，"编制分二四两级，二年级六十名，四年级四十名"。市立
第十、第十一简易小学均仅有一级，编制系二三年复式学级，市
立第十简易小学"采用同教科异程度之复式教学，与普通小学，
无甚区别"。针对许多市立简易小学班级并未招收到足额学生或者
学级不连续现象，专家建议采取复式和二部制编制方式，或者改
设单级小学，例如对第九简易小学的改进意见即有："该校只有二

---

1 北平市政府参事室编《北平市市政法规汇编 第二辑》"第六类 教育"，北平市社会局救济
院印刷组，1937，第 13 页。

2 《检阅市立简易小学报告》，北平市政府编印《北平市政府第二次检阅市立各级学校报
告》，1935，第 2 页。

学级，一为二年级，一为四年级，中间隔断，招生时有许多不便，不如改为一二年与三四年两个复式学级，较为便利"，对第十、第十一简易小学，则认为"不如改为四个（学）年之单级小学"。[1]

为何会出现编制不能统一之现象？盖因简易小学本身即经费、师资匮乏下之产物，尤其主要是为贫弱儿童所设。因此，使用何种形式学级编制，似未便于强制规定，各校可依据本地本校具体情况因地制宜灵活处理。

（二）课程设置

课程设置一方面反映国家培养人才方向，另一方面也是教育宗旨与教学目标之体现与实现路径。

清末八旗初等小学堂开设课程有修身、读经、讲经、国文、算术、历史、地理、格致、体操，高等小学堂有修身、读经、讲经、国文、算术、历史、地理、格致、图画、体操、音乐。[2] 民国成立后，教育宗旨注重"德育"，删去读经讲经课程，增添国语课程，其他科目，仍多沿用旧制。1922 年，施行"六三三"新学制（"六"指初级小学 4 年，高级小学 2 年），小学课程进行较大调整，分为国语、算术、卫生、公民、历史、地理（前 4 年卫生、公民、历史、地理合并为社会）、自然、园艺、工用艺术、形象艺术、音乐、体育等。

北伐成功后，南京国民政府将"党化教育"定为教育宗旨。1929 年南京政府教育部修订小学课程，颁布暂行课程标准，分党义、国语、社会、自然、算术、工作、美术、体育、

---

1 《检阅市立简易小学报告》，北平市政府编印《北平市政府第二次检阅市立各级学校报告》，1935，第 29—37 页。
2 《时代教育》第 1 卷第 6 期，1933，第 2 页。

音乐九科，增设了"党义"一课，实行党化教育。此项暂行标准经过 4 年实验，到 1932 年 10 月，教育部正式公布小学课程标准，将"党义"改为"公民训练"课程，规定公民训练、卫生、体育、国语、社会、自然、算术、劳作、美术、音乐十科，其中社会、自然、卫生三科在初级小学得合并为"常识"一科，美术与劳作二科在低年级得合并为"工作"科。每堂课时间以 30 分钟一节为基本，视科目教材之性质，分别延长至 45 分钟或 60 分钟。[1] 教育部并令自 1933 年第一学期起，一律遵照实行。

1935 年 4 月，《北平市各自治区区立简易小学暂行规程》出台，内中第十三条规定区立简易小学"教员科目暂定公民、体育、国语、常识、算术等，减少美术劳作、音乐等学习时间，其课程标准另定之"，[2] 大体遵循 1932 年教育部公布之小学课程标准，仅对艺术审美类非实用课程有所弱化，这显然与简易小学修学年限缩短为 4 年毕业有关。另据 1935 年北平市政府第二次检阅市各级学校调查显示，许多市立简易小学依据具体的学级编制自行制定课表，对单式与复式编制分别制定，但课程类别与普通小学无甚差别。教材方面，绝大部分简易小学使用商务印书馆出版的复兴教科书，[3] 由公安局统一发放，也有相当一部分学校使用自选教材，学校会根据实际情况设定一些课程。[4] 至 1936 年 5

---

1 邓菊英、李诚编《北京近代小学教育史料（上）》，第 88—89 页。

2 北平市政府参事室编《北平市市政法规汇编 第二辑》"第六类 教育"，第 13 页。

3 商务印书馆是民国时期最有影响的中小学教科书出版社之一。1932 年 1 月 29 日，侵华日军炸毁了上海商务印书馆。面对百般艰苦，商务人坚持"为国难而牺牲，为文化而奋斗"的精神，迅速编辑出版了复兴教科书，该套书是商务印书馆编写的科目和品种最多、使用时间最长的一套教科书。

4 《检阅市立简易小学报告》，北平市政府编印《北平市政府第二次检阅市立各级学校报告》，1935，第 13 页。

月，鉴于"各校原有教学科目及上课时间，均系依照小学标准施行，核与现行之复式及二部等编制殊属不便"，[1]因此另行颁布简易小学暂行科目及二部制科目、每周教学时间总表。遗憾笔者未能查阅到该份材料，但通过比较1936年2月（表2）与1938年8月（日占时期）（表3）的两张课表，或许我们能对当时北平市简易小学课程设置情形有所了解。

表2　小学科目及每周教学时间总表（1936年2月18日修正公布）

年级	科目／时间（小时）	公民训练	国语	社会	自然	算术	劳作	美术	体育	音乐	总计
				（常识）			（工作）		（唱游）		
低年级	一年级	1	7	2.5		1	2.5		3		17
	二年级					2.5					18.5
中年级	三年级	1	7	3		3	1.5	1.5	2	1.5	20.5
	四年级					3.5			2.5		21.5
高年级	五年级	1	7	3	2.5	3	1.5	1	3	1	23
	六年级										

说明：1. 低中年级社会自然合并为常识科，包括卫生的知识部分（卫生的习惯部分纳入公民训练）。

2. 四年级起算术科加教珠算。

3. 高年级社会科得分为公民（公民知识）、历史、地理三科。时间支配：公民三十分钟，历史九十分钟，地理六十分钟。

4. 高年级自然科包括卫生的知识部分（习惯部分纳入公民训练）。

5. 低年级美术和劳作合并为工作科，音乐和体育合并为唱游科。

资料来源：《北平市市政公报》第356期，1936，第21页。为便于进行对比，笔者对原表格略作调整。

表2是北平市1936年2月18日修正公布的小学科目及每周教学时间总表。首先，排在首列的是"公民训练"课程，取

---

1 《北平市市政公报》第369期，1936，第30页。

代原先的"党义"课程，旨在发扬传统固有道德与民族精神，训练儿童养成奉行三民主义的健全人格。其次，无论低中高，国语均为教学时长最多科目，每周长达 7 小时，原因有二：一是国语课是学好其他课程之基础，二是小学阶段主要任务之一即为降低文盲率，提升国民素质。此外，劳作、美术、体育和音乐都分配有一定比例课时。由此似亦可推论，20 世纪 30 年代南京国民政府仍以培养"德智体美"全面发展型儿童作为基本导向。

对照表 2 与表 3 两份课表，可以发现日占时期市立普通小学的课程设置并未有太大变化，仅将"公民训练"改为"修身"，"查中小各校，原有公民等课，已不适用，现经规定，小学公民改为修身，体育改为体操"，[1] 高级小学（第五与第六学年）增设"日语"课程，中高年级（第三学年始）自然课程与高年级历史、地理课程不再置于"常识"与"社会"课程之下，而是独立开课。此外，各学年总课时均有所增加，例如第五、六学年总课时由之前 23 学时调整为 27 学时，课时分配上亦仅稍作调整。据此推测，北平在日占后对课程的设置应未做太多变更，表 3 所示简易小学课程设置应与日占前大致相同。

从北平市简易小学的学级编制与课程设置不难看出，简易小学之"简易"除了修业年限缩短之外，相应课程设置亦多有简省。四年制简易小学较之六年制完全小学，在学时与课程上进行了灵活变通，这在一定程度上有利于学校充分利用有限资源招收更多贫困失学儿童，助力义务教育发展。

---

1 《全市中小学校 更改一部课程 并加添日语随意科 社会局昨训令各校遵照办理》，《世界日报》1937 年 10 月 6 日，第 4 版。

表 3　北平市（伪北京特别市）市立小学简易小学课程时数统计（1938 年 8 月）

小学	学年	修身	国语（说话·读书·作文·写字）	常识	算术 笔算	算术 珠算	劳作	美术	体育 体操	体育 国术	音乐	唱游	自然	日语	历史	地理	总计
初级	第一学年	1	7	2.5		1.5	3					3					18
初级	第二学年	1	8	2.5		2.5	3					3					20
初级	第三学年	1	7.5	2	3		1.5	1.5	1	1	1.5		2				22
初级	第四学年	1	7.5	2	3	1	1.5	1.5	1.25	1.25	1.5		2				23.5
高级	第五学年	1	7.5		3	1	1.5	1.5	1.5	1.5	1		2.5	2	1.5	1.5	27
高级	第六学年	1	7.5		3	1	1.5	1.5	1.5	1.5	1		2.5	2	1.5	1.5	27

续表

		修身	国语				常识	算术		劳作	美术	体育		音乐	唱游	自然	日语	历史	地理	总计
			说话	读书	作文	写字		笔算	珠算			体操	国术							
简易小学 低年级	第一学年	1	1	4.5		1.5	2.5	1			2.5		3							17
	第二学年	1	1	4	0.5	1.5	2.5	2.5			2.5		3							18.5
中年级	第三学年	1	0.5	4	1	1.5	3	3		1.5	1.5	2		1.5						20.5
	第四学年	1	0.5	4	1	1.5	3	2.5	1	1.5	1.5	2.5		1.5						21.5

资料来源：（伪）北京市教育局第三科设计股编印《教育概况》1938 年创刊号，第 75—76 页。

三　20世纪30年代北平简易小学经费来源与分配

经费问题一直是困扰民国教育界的一个重大难题，不论高等教育还是初等教育，经费都是保障教育工作顺利推进之重要保障。

民国初立，"京师"地方行政机关均隶属于中央政府，"京师地方岁入，（如崇关、左右翼税署等）完全为政府所吸收，政府乃又划出一小部分，补助地方教育，地方上亦即完全仰赖此些许之补助费，设置少数之学校，此外毫无学款"。[1] 而"京师"中小学教育经费"历由崇关补助，相沿有年著为成案"。[2] 北京政府时期，"崇关每月将五万六千元解送财政部，由财政部将此款会同补充之款六千余元，合计六万二千余元，一并拨至教育部，复由教育部拨至学务局（即前之教育局）转发各中小学校，经历十二年之久，此制未尝变更也"。南京国民政府成立后，因崇关系二重税收，北平市民运动裁撤崇关。1930 年，中央正式批准北平裁撤崇关，至此，连续 12 年为北平中小学提供经费的来源断流。受此影响，北平市教育经费陷入动摇，此后，北平教育经费改由中央每月协助 5 万元，其他不足之数，则由市政府补充拨发。[3]

北平市不同性质小学之经费来源并不相同。市立普通小学，经费由财政部全额拨给，学生缴纳学费与杂费较少，高级学生每学期最多各收 2 元，初级学生每学期最多各收 1 元；[4] 私立小

1　《京师教育周报》第 1 卷第 6、7 期，1927，第 10 页。

2　邓菊英、高莹编《北京近代教育行政史料》，第 635 页。

3　邓菊英、高莹编《北京近代教育行政史料》，第 54—56 页。

4　邓菊英、李诚编《北京近代小学教育史料（上）》，第 140 页。

学，除少部分学校能获得政府补助外，其经费来源大部分倚赖学杂费、捐款以及息金等，学生缴纳学费最多的有每学期 6 元，普通也在三四元；[1]然简易小学"各校对于入校学生不得征收任何费用，学生所需书籍及学生用品应由校供给"。[2]

北平市区立简易小学之经费由所属自治区分所负责筹划，自治事务监理处统揽调拨。依据 1935 年《北平市各自治区区立简易小学暂行规程》第六条规定："（区立）简易小学经费，由自治区分所负责筹划，但各区分所如有特殊困难情形者，得报请自治事务监理处，转呈市政府核准，于自治专款项下酌量补助各简易小学，每月开支应造具预算及计算书表，由自治事务监理处分别存转。"[3]

市立简易小学与区立简易小学之经费来源亦有分别。1936 年 2 月以前，北平市市立简易小学经费来源主要有两种：一是浮摊捐，二是学校捐。所谓浮摊捐，指 1929 年 11 月颁布实施的《北平特别市公安局各区署征收浮摊弹压费规则》，内中规定："公安局就各街便道或空地之不碍交通地点得指定范围允许商民摆设浮摊"。[4]学校捐则是政府对界内士绅及商家住户所进行的募捐。这是市立简易小学经费来源之大致情形。然征收浮摊弹压费无疑增加了小商贩的生存压力，"兹查征收之浮摊捐，有关小本商人谋生之路，此项商贩，终日鹄立街头，借谋蝇头微利，所得既属锱铢，收捐颇近苛细"。[5]为体恤小本商摊，时任北平市市长秦德纯

---

1 《时代教育》第 1 卷第 6 期，1933，第 2 页。杭小言：《北京市小学教育的一个迫切问题》，《教育学报》1939 年第 1 期，第 63 页。

2 邓菊英、李诚编《北京近代小学教育史料（上）》，第 124 页。

3 北平市政府参事室编《北平市市政法规汇编 第二辑》"第六类 教育"，第 12 页。

4 《北平特别市市政公报》1929 年第 20 期，"公安 法规"第 3 页。

5 《浮摊免捐后 简小经费已有办法 市库减收数额 刻正筹谋抵补》，《京报》1936 年 2 月 5 日，第 7 版。

于 1936 年 2 月颁发文电，令曰："以供全家衣食所得既属微薄，何忍再加负担？并应即日将浮摊捐废除以资顾恤。"[1] 北平市政府遂于当月起即行废除浮摊捐，由财政局补足因废除浮摊弹压费而造成的经费缺额。

表 4 和表 5 分别是 1935 年 12 月和 1936 年 2 月北平市公安局简易小学的收支报表。

表 4 北平市公安局简易小学校 1935 年 12 月收支报告

	收入（元）	支出（元）
浮摊弹压费	1610.98	
学校捐	718.93	
合计	2329.91	
职教员薪水		1946.43
校役工资		266
办公纸张费		36.54
杂费及房租		194.26
合计		2443.23
收支总计	2329.91	2443.23
本月不敷		113.32
结至上月止结不敷		344.46
总计结不敷		457.78

资料来源：《北平市市政公报》第 351 期，1936，第 30 页。

表 5 北平市公安局简易小学 1936 年 2 月收支报告

	收入（元）	支出（元）
浮摊弹压费	608.82	
学校捐	491.74	
由财政局领补助费	2000	
合计	3100.56	
职教员薪水		1944.03

---

1 《北平市市政公报》第 338 期，1936，第 12 页。

	收入（元）	支出（元）
校役工资		266
办公纸张费		37.47
杂费及房租		202.95
合计		2450.45
收支总计	3100.56	2450.45
本月结存		650.11
结至上月止结存		319.59
总计结存		969.70

资料来源：《北平市市政公报》第352期，1936，第26—27页。

观表4与表5可知，1935年12月，北平市公安局简易小学（即市立简小）的经费收入仅浮摊弹压费和学校捐两项。1936年2月已调整为浮摊弹压费、学校捐和财政局补助三项，且该月浮摊弹压费与学校捐大幅减少，财政补贴成为主要收入来源项；而支出项目均为教职员薪水、校役工资、办公纸张费、杂费及房租，其中薪水、工资占总支出的90%。薪水、工资和房租乃维持学校日常运转之最低开支，由此可见北平市立简易小学经费之匮乏。

为长久解决简易小学经费支绌问题，1936年3月，北平市政府议决将公安局简易小学移交至社会局管理，"简易小学经费无着，须由市府筹拨，遂与市款设办之学校同一系统，改由社会局接办"，[1] 隶属第三科。社会局接办简易小学后，将其经费定在2700元以下，来源为三：（一）由社会局教育经费结余项下拨付六百元；（二）电车公司市政捐一千元；（三）其余不足之款则由财政局设法补足之。[2]

---

1 《公安局简易小学 市府令社会局接办 简小将隶第三科小学股 经费来源已分配妥定》，《京报》1936年3月18日，第7版。

2 《公安局简易小学 市府令社会局接办 简小将隶第三科小学股 经费来源已分配妥定》，《京报》1936年3月18日，第7版。

比较1937年七七事变前北平市立小学与市立简易小学经费与师生比情形，如表6和表7所示。

表6　七七事变前北平市立小学与市立简易小学经费统计对比

经费（元/年）	市立小学（69所）	简易小学（32所）
0—50	0	7
51—100	0	19
101—150	0	5
151—200	0	0
201—300	0	1
301—1000	0	0
1001—5000	19	0
5001—10000	40	0
10000以上	10	0

资料来源：邓菊英、高莹编《北京近代教育行政史料》，第171—177、216—217页。表格系笔者整理绘制。

表6显示，七七事变前北平市立简易小学经费分配均在每所300元以下，超半数在51—100元之间，而普通市立小学均在1000元以上，近60%在5001—10000元间，1万元以上的尚有10所。北平市立小学与简易小学经费差异实乃悬殊。

再来看二者师生比情形。

表7　七七事变前北平市立小学与简易小学职教员、学生、校役数量

	市立小学（69所）	简易小学（32所）
一、职员数（名）		
1	11	32
2	22	0
3	32	0
4	3	0
5	1	0

续表

	市立小学（69 所）	简易小学（32 所）
二、教员数（名）		
1 — 5	11	30
6 — 10	46	0
11 — 15	4	0
16 — 20	6	0
21 — 25	2	0
54	0	1
校长兼教员	0	1
三、学生数（名）		
1 — 100	7	6
101 — 200	13	20
201 — 300	13	3
301 — 400	25	2
401 — 500	3	0
500 以上	8	1
四、校役数（名）		
1	9	22
2	11	10
3	39	0
4	3	0
5	7	0

资料来源：邓菊英、高莹编《北京近代教育行政史料》，第 171—177、216—217 页。表格系笔者整理绘制。

表 7 显示出，简易小学学生人数多集中于 200 人以下，而市立小学学生人数多在 100—400 人之间，几呈倍数关系；简易小学教员基本在 5 人以下，普通市立小学教员则以 5—10 人居多；在所调查的 32 所简易小学中，学校职员数均仅配置 1 名，而市立学校以 2—3 名居多，甚至有一所学校有 5 名职员。

总体而言，简易小学办学因其简省特点，规模较市立小学要小很多，经费低于普通市立小学自亦属情理之中，但差距似仍有过大之嫌。

四　20世纪30年代北平简易小学师资来源与检定

教师是教育的直接承担者，是培养人才之重要保障，高质量的教师才会有高质量的教育，师资的重要性自不言而喻。

当时北平市共有四种类型小学，即市立小学、私立小学、短期小学、简易小学。"市立小学的教员几乎全体都是师范毕业生"，私立学校则不然，"教员虽然师范毕业的也不少，但大都是中学毕业生，或旧制高小毕业，或从未受过学校教育"，至于简易小学，则与普通小学相差很多。[1]

北平市立简易小学最初因由市公安局所设立之民众学校转化而来，因而校内教职员多为警士兼任，其优点有二：第一，便于管理，学校前身多为前警察厅和市公安局所办民众学校，向来归公安局管理；第二，简省经费，"每校设专任教员一二人，月薪在二十元，其余由警察兼任者，每月每人津贴二三元不等"。[2]但由此亦带来两个问题：其一，担任兼任教师的警士分身乏术，自是无法全身心投入教学当中，例如1935年北平市市立小学检阅发现："二十四日上午据管理员何湘泉声称，三年级教员朱仁誉，四年级教员关丰，耀因系警兼赴区点名发饷，未上课，三年级学生写字，四年级学生演算，均在教室内自习"；[3]其二，警士教学

1　杭小言：《北京市小学教育的一个迫切问题》，《教育学报》1939 年第 1 期，第 63 页。

2　《时代教育》第 1 期第 6 卷，1933，第 124 页。

3　《检阅市立简易小学报告》，北平市政府编印《北平市政府第二次检阅市立各级学校报告》，1935 年 7 月，第 19 页。

水平参差不齐，教学效果亦十分有限，"有些教员是，连常识都讲不清，算术做错，那更是普通的事，最可惊异的是，有一两位教员，整天叫学生自修，他竟自连课都不去上"。[1]

小学教育乃国民基础教育，民国历届政府对于小学师资来源均较重视，从法规层面制定了小学教员检定与登记等实施办法。早在 1916 年，北京政府教育部即颁布《检定小学教员规程》，规定教员检定有无试验检定与试验检定两种。[2]南京国民政府成立后，于 1928 年 10 月核准颁布《北平特别市教育局检定小学校教员暂行规程》，规定："本市小学教员，除国立、省市师范大学，高等师范本科大学教育科及省市立师范学校本科毕业生外，均须依本规程检定，以合格者充之"，同时重申："检定教员分无试验检定与试验检定两种。"[3]1934 年，国民政府教育部颁布《小学教员检定暂行规程》。[4]据此，1935 年 8 月，北平市公安局对担任市立简易小学兼任教师的警士进行甄别考试，决定视其考试优劣而定去留。[5]1936 年 2 月以后，原有警士兼管理员教员一律改为外聘。[6]

与此同时，北平市政府于 1933 年发布《小学教员登记办法》："凡有师范本科、高级中学师范科、师范大学，或大学教育科、高等师范本科、高级专修科毕业者，均得赴社会局登记，由局定期召集，分别征询。遇有小学教员缺出，即优先任用，以杜奔竞。"[7]政府一方

---

1 《再来谈谈市立简小》，《民言报》1937 年 5 月 14 日，第 2 版。

2 李桂林、戚名琇、钱曼倩：《中国近代教育史资料汇编 普通教育》，上海教育出版社，1995，第 504—508 页。

3 北平特别市教育局编辑处：《教育月刊》第 1 卷第 1 期，1929，"法规"第 30—32 页。

4 《中华民国法规大全 第 3 册 财政 实业 教育》，上海商务印书馆，1936，第 4169—4170 页。

5 《公安局昨甄试 简小警兼教员 视其优劣分别去留》，《京报·北京》1935 年 8 月 11 日，第 7 版。

6 《北平市市政公报》第 352 期，1936，第 27 页。

7 邓菊英、高莹编《北京近代教育行政史料》，第 109 页。

面希望通过小学教员登记这种方式掌控全市师资信息，另一方面以所登记之名次作为各小学聘用教员之依据，借此杜绝"奔竞"之风。

南京国民政府将普及义务教育作为实行训政之重要措施，简易小学以其灵活变通的形式在官方推力下得以推广，如此，师资之需求提上日程。然北平简易小学捉襟见肘之经费势必影响其师资来源，在师资紧缺情况下，降低标准追求数量自是形势所迫下不得已而为之策。

1935 年 4 月，《北平市各自治区区立简易小学暂行规程》出台，规定具备以下资格之一者方可成为区立简易小学教员：

一、国、省、市、县立师范本科，高级中学师范科，师范大学或大学教育科，高等师范专修科毕业者，或国省市立大学肄业二年以上，或专门学校毕业，曾受本市小学教员无试验检定合格者。

二、曾受小学教员检定委员会检定合格者。

三、毕业于旧制中学或高级中学以上之学校者。

四、师范学校或乡村师范学校学生已届实习时期者。

五、曾受相当训练可为代用教员之私塾教师。[1]

通览该规程所列简易小学教员应具备之五项资格，第五项对私塾教师的规定尤引人注目。民国成立伊始，于 1912 年颁布《整理私塾办法》，1914 年颁布《整理教育方案草案》等，对旧有塾师进行甄别改造，试图将私塾纳入新式教育体系。南京国民政府成立后，北平市政府先后颁布《北平特别市教育局整理私塾办法》《北平特别市教育局取缔私塾规程》和《北平市社会局取

1　北平市政府参事室编《北平市市政法规汇编 第二辑》"第六类 教育"，第 12—13 页。

缔私塾规程》等规程办法，对私塾教员资格进行审查。而《北平市各自治区区立简易小学暂行规程》第五条明确规定"曾受相当训练可为代用教员之私塾教师"亦可充当区立简易小学教员，一批旧有塾师加入简易小学"传道授业"行列。

北平简易小学新教师招聘工作亦渐次展开。招聘采取考试形式，分笔试和口试，具有高学历的应聘者一般可免去笔试环节，直接进入口试。例如，1936 年 2 月 5 日，北平市公安局举行简易小学管理员与教员考试，应考人员达 160 余人，"其中五十余名，系师范高中及大学预科毕业者，得免笔试。仅由考委会委员长李金铉，委员钱宗超、王执中，施行口试"，笔试人员则"自本日（五日）上午九时至十二时，下午二时至五时，分别考试国文，算术，常识，教学法。一日竣事"。[1]1938 年 8 月，政府举行小学教员登记考询。对报名者资格证件进行审核后，再"试以国文、填表二项"，初录 760 人，此后从初录中选取部分人员参加复试，科目"以数、理、化、国文、史地。结果取录一百八十六人。以前四十九人分发市立小学聘用，其余一百三十七人遇机派用为简小短小教员"。[2]

《北平市各自治区区立简易小学暂行规程》除对区立简易小学教员资格做了规定以外，还规定了简易小学教职员薪资发放标准，如表 8 所示。

表 8　北平市区立简易小学管理员、教员薪额

单位：元

	管理员兼教员	级任教员	科任教员
一级	60	55	50

1 《公安局今日考试 简易小学教员 应考者达百六十余人》，《京报》1936 年 2 月 5 日，第 7 版。
2 邓菊英、高莹编《北京近代教育行政史料》，第 442 页。

续表

	管理员兼教员	级任教员	科任教员
二级	55	50	45
三级	50	45	40
四级	45	40	35
五级	40	35	30
六级	35	30	25
七级	30	25	20
八级	25	20	15
九级	20	15	10
十级	15	10	5

资料来源：北平市政府参事室编《北平市市政法规汇编 第二辑》"第六类 教育"，北平市社会局救济院印刷组，1937，第 14 页。

就资格与薪俸二者之关系，《暂行规程》规定：合五项标准之第一项资格者，月薪以第六级（35/30/25 元）为最低额；合第二项资格者，月薪以第七级（30/25/20 元）为最低额；逐级类推，至合第五项资格者，月薪以第十级（15/10/5 元）为最低额。十级科任教员薪额 5 元，级任教员 10 元，在北平恐连日常温饱都难以满足。

为更直观地了解北平简易小学教师薪俸实际状况，笔者将南京国民政府 1929 年 10 月颁布的《北平市市立小学校长教员俸给暂行标准》列出，以资比较。如表 9 所示。

表 9　校长、教员俸给分级（1929 年 10 月 9 日）

项别	级别			
	校长薪额		教员薪额	
	完全小学校	初级小学校	级任教员	科任教员
一级	105	100	95	90
二级	100	95	90	85
三级	95	90	85	80
四级	90	85	80	75

项别	级别			
	校长薪额		教员薪额	
	完全小学校	初级小学校	级任教员	科任教员
五级	85	80	75	70
六级	80	75	70	65
七级	75	70	65	60
八级	70	65	60	55
九级	65	60	55	50
十级	60	55	50	45
十一级	55	50	45	40
十二级	50	45	40	35
十三级	45	40	35	30
十四级	40	35	30	25

资料来源：邓菊英、李诚编《北京近代小学教育史料（上）》，第 132 页。

对比表 8 与表 9，可以得出两点基本结论：

第一，北平市普通小学级任教员与科任教员最高薪额分别为 95 元与 90 元，最低薪额分别为 30 元与 25 元，对应之简易小学最高薪额则分别为 55 元与 50 元，最低薪额为 10 元与 5 元，两者差距甚大。

第二，《北平市市立小学校长教员俸给暂行标准》第三条中，校长、教员俸给依照的资格酌定标准之一："甲、凡国省市立师范本科、高级中学师范科，师范大学、大学教育科、高等师范、师范专修科毕业者，及国省市立大学肄业二年以上或国省市立专门学校毕业，曾受本市小学教员检定委员会无试验检定合格者，月薪以十一级为最低额"，[1] 月薪十一级即：完全小学校校长薪额 55 元，初级小学校校长薪额 50 元，级任教员薪额 45 元，科任教员薪额 40 元。与《北平市各自治区区立简易小学暂行规程》相对

1　邓菊英、李诚编《北京近代小学教育史料（上）》，第 133 页。

照可以发现，该条资格所对应的是简易小学之第一项，月薪则以第六级为最低额，即校长 35 元，级任教员 30 元，科任教员 25 元，显示出同等学历资格下，简易小学校长与教师薪俸均较市立小学少 15 元。市立小学与简易小学职教员薪俸差异如此，一目了然。且据《暂行规程》第十五条所规定"简易小学职教员月薪，暂由自治事务监理处依照经费多寡临时规定"，亦表明简易小学教师薪俸并不稳定，只有经费充裕时方能享受到表 8 所示标准。

笔者曾撰文探讨过 20 世纪二三十年代小学教师薪俸及其生活状况，[1] 大体属于公职人员链条之最低端。"京师小学教员为一级主任者，所得仅四十元。专任教员只三十元耳……今各机关之录事办事员，少者五六十元，多则八九十元，以此相较，则小学教员尚录事办事员之不若矣。"[2] 然较之简易小学，普通小学教师却似仍有相当"优越感"。

可见虽然做了一些努力，然因北平简易小学的经费拮据，教师薪资微薄，故而相对难以招收到好的师资，这在当时已是不争之事实。"社会所以待遇小学教员者如是，则教员所以自任者亦不过尔尔……盖生活为任事之前提，苟所任之事不足以维持其生计，则空腹从公，终不可能。"[3]

结　语

20 世纪 30 年代北平简易小学之创设与发展无疑有其积极意义，其简省经济的创办优势与灵活的学级编制方式契合了当时社

1　陈育红：《二十世纪二三十年代小学教师的薪水及其生活状况》，《民国档案》2004 年第 6 期。

2　《京师之小学教育》，邓菊英、李诚编《北京近代小学教育史料（上）》，第 49 页。

3　《京师之小学教育》，邓菊英、李诚编《北京近代小学教育史料（上）》，第 48 页。

会状况。据统计，1936—1937 年间，北平市 32 所简易小学每年平均可培养 5000 名学生，而每年教育经费却控制在 30000 元以内，亦即培养一名学生每年花费平均不到 6 元。[1] 简易小学使政府利用有限财力实现了教育更大范围普及化，从而推动了义务教育发展。

然在具体实践上，北平简易小学仍存在诸多问题与困难。国民政府成立后，移都南京，北京改为北平，昔日政治中心地位自不再，则高等教育事业虽较为发达，然地方教育建设却屡遭时人诟病，简易小学更是面临经费困窘，教师薪资微薄，师资难以为继的状况，此为其一。在具体定位上，"简省"是简易小学之最大特点，缩减修学年限与教学时长，其教学效果自无法比肩普通小学，在质与量之较量中，简易小学以质为代价，选择了量的扩张，因而民国义务教育虽得以较大范围普及，然对于国民整体素质似仍不可高估，此为其二。

毋庸置疑，经费问题是北平简易小学发展建设中最为突出问题，由经费问题而衍生出来的教学环境简陋、教员薪资低微与师资水平参差等成为北平简易小学发展之桎梏。北平简易小学虽为一区域之个案，然则亦为彼时全国普遍状况。饶有趣味之处在于，亦恰是囿于教育经费匮乏，简易小学才有了存在与发展空间。而政治稳定与经济发展终是教育发展之基石。

---

1 （伪）北京市教育局第三科设计股编印《教育概况》1938 年创刊号，第 72 页。

中共对北京的接管与改造研究的回顾与展望*

何思源 **

摘　要：近十余年的北京接管与改造研究出现了从革命史向"新革命史"的范式转移，在接管干部、政权建设、社会下层民众等研究领域出现了一批新的成果，与全国其他城市的同类研究共同推动了学界对新中国成立前后国家与社会权力关系的再认识。未来本领域的研究，可以在积极介入国内外学术争鸣、引进相关学科的概念和方法、进行多层面的城市比较研究和不断挖掘利用各种形式的新史料等四个方面予以进一步推进。

关键词：北京接管与改造研究　新革命史　研究综述

"时间开始了"，参加了开国大典的胡风如此评价新中国成立的历史意义。然而在回顾中华人民共和国的历史时，却不能将 1949 年 10 月 1 日作为研究的绝对起点，从而隔断共和国史与民国史，中国现代史与近代史、古代史之间的联系。这种"贯通"的史学方法，既是中国古代史学的传统，又是当下从事跨领域、多层次研究的必需。因此，在目下的中华人民共和国建国史

---

* 在 1949 年 9 月召开的中国人民政治协商会议第一届全体会议上，将北平改名为北京，作为新中国的首都。为行文方便，本文除引用文献名之外，其余各处应用"北平"处统一改为"北京"。

** 何思源，北京市社会科学院历史研究所助理研究员。

研究领域，建国过程中推陈出新的、革命的、与前代断裂的一面，固然是研究的热点，但那些穿越了历史的"风陵渡口"、展现中国历史文化延续特质的事例，也受到了越来越多学者的关注。[1] 尤其对革命影响下农村地区在政治、经济、社会、文化等各个方面变与不变的长时段考察，成为学者了解中国革命的一个重要窗口。[2]

与农村相对应，中国共产党在城市的建政与统治，同样同时具有"断裂"与"延续"的两面性。[3] 从抗战后期新民主主义革命理论对城市问题的探索，到 1945 年 8 月从日军手中解放张家口，再到国共战争中对一系列大城市的接管与改造，中共在解放全中国的过程中不断发展形成了一套较为成熟的城市接管与改造政策。但这一套政策并不是一成不变的，各地的接管干部也会根据当地情况因地制宜地加以调整。而若考察每个城市内部对政策的具体回应，则可发现在摧毁旧秩序、建立新秩序的主旋律背后，仍有一些"不合时宜"的、延续着旧时代城市发展特征的要素存在。这样的城市文化一边抵抗着新政权的改造，一边甚至反过来"改造"着外来干部。它们在建国后构成了城市生活中被压抑的"小传统"，却在改革开放后重新获得了发展的空间。

1　国内学者在这一领域的代表性成果，包括杨奎松《中华人民共和国建国史研究 1》，江西人民出版社，2009；于化民等《裂变与重构：人民共和国的创世纪》，社会科学文献出版社，2016；等等。

2　对此可参阅陈耀煌《从中央到地方：三十年来西方中共农村革命史研究述评》，《中央研究院近代史研究所集刊》（台湾）总第 68 期，2010。该作者的新著《中国农村的副业、市场与共产革命，1900—1965》（"中研院"近代史研究所，2020）也从副业发展的角度揭示了清、民国、新中国三个政权统治下中国农村的面貌。

3　这方面的研究综述，如潘博成《断裂或延续——1950 年代中国城市社会文化史的回顾与反思》，《新史学》（台湾）2018 年第 1 期。

因此，对新中国成立前后中共对城市的接管与改造的研究，不失为理解中国城市发展与共和国初期社会生态的一个有效切入点，同时也为历史照进现实、认识中国当下提供了必要的历史维度。在这一领域，目前已有许多精彩的成果，在史料发掘和理论阐释上均不断推陈出新。1949 年后中共接管与改造北京，是其中一个重要个案，近年的研究也取得了长足的进步，但仍有进一步扩展提升的空间。基于前人的研究回顾，本文将重点讨论中文学术界十余年间的创新性成果，进而对全国其他城市接管与改造的研究趋势予以归纳，以期对北京个案的研究有所启示。

一 从革命史到"新革命史"：北京接管与改造研究的范式转移

北京的和平接管与改造，在 20 世纪一直作为中国革命史上的重大事件，受到中共党史研究者的重视。改革开放后，主要利用出版的档案、回忆录及党报党刊等资料研究这一问题的学术成果不断出现。其中既有从解放到改造的全景式描述，也有针对这一历史过程中细节问题的个案研究，但涉及的人物主要为国家领导人和地方干部，较少讨论各阶层的普通民众。

最近十余年，"新革命史"的概念被学者提出，成为中国近现代史研究的重要议题。年轻一代的革命史、中共党史研究者，或多或少都读过相关论述，在研究中受到影响。根据倡导者的描述，"新革命史"的研究取向可概括为："反思既有的革命史观，革命党在革命过程中形成的革命理论、革命话语、革命逻辑、革命价值，不直接移用为革命史研究的结论和指导思想，而应作为革命史研究的对象"；"将革命放回到 20 世纪中国政治和社会经济文化变迁的大背景下考察，将革命的主体、客体以及局外各方放置于同一历史场域中探讨，以再现其复杂多元而又关联互动的历史本相"；"不满足于史实重建，在'求真'的基础上进一步'求解'。不停留于革命过程的描述，更进一步探寻革命的原理、机制以及革命的政治文化。"[1]核心就是"强调回归实事求是的史学轨道，提倡以常识、常情、常理和新的理念和方法来研究革命史，将革命史对象化、历史化、学术化"。[2]其研究范围，在时间上"注重将 1949 年前后的革命史贯通，考察民主革命时期的革命经验如何影响到中共领导进行社会主义建设的进程"，在空间上"避免过度'重农村，轻城市'的倾向，适度注意革命力量在城市的发展"。[3]"新革命史"的出现并不是对传统革命史研究思路、方法的否定，而是在原有研究基础上更进一步解释革命的真实逻辑，还原被遮蔽的革命中的个人的本来面目。[4]

在北京接管与改造这一领域，研究者近年来也明显受到"新革命史"的影响，主动反思传统革命史"从政策到效果"的研究模式，通过更深入细致地挖掘前人所未用的新史料，努力还原接管、改造过程中基层社会的历史细节，为讨论建国初期国家与社会的双向互动提供了新的材料。例如在接管前后的干部准备问题上，新成果探索了既往研究较少注意的方面。此前的研究以《北平接管前干部的配备与培训刍议》[5]一文最为详尽。文中讨论了北京接管初期的

1　王奇生：《高山滚石——20 世纪中国革命的连续与递进》，王奇生主编《新史学（第七卷）：20 世纪中国革命的再阐释》，中华书局，2013，第 23 页。

2　李金铮：《重访革命：中共"新革命史"的转向》，开明书店，2021，第 Ⅳ 页。

3　陈红民：《"新革命史"学术概念的省思：何为新，为何新，如何新？》，《苏区研究》2018 年第 5 期。

4　有学者指出，"新革命史"推崇的一些研究思路，如重视研究革命与社会的互动，早在 1990 年代时就已经为党史研究者所提倡。"新革命史"与传统革命史研究存在着明显的学统接续。张太原：《学术演进和时代变迁视野下的革命史研究——从"新革命史"的提出和讨论谈起》，《近代史研究》2022 年第 3 期。

5　窦坤：《北平接管前干部的配备与培训刍议》，《北京社会科学》1998 年第 4 期。

干部准备情况和干部履历，良乡培训的内容、形式、学习材料、具体解决的思想问题，以及接管北京后的施政情况与市民反应等问题，史料上充分利用了当时出版的档案和回忆录资料。该文的问题意识是要总结北京接管中干部准备工作的成功经验。文中看到的是接管干部光辉的群像，而没有具体的个人；即便有的干部存在思想误区，也通过党的政策培训顺利解决了。这样的党史研究，将原本动态、复杂的革命现实大为简化了，同时，它也无法解答以下问题：如果党对干部的宣教工作如此有效，为何在进城之后迅速出现了干部腐化的现象？为何还需要通过 1950 年整风运动、1951 年"三反"运动这样的群众运动方式对干部进行整顿？

因此，后来的研究者不断调整角度，对干部问题的研究更加深入。黄利新利用北京市档案馆藏的基层组织工作报告，总结了城区基层干部群体中存在的问题，既有进城老干部不适应城市工作环境的情况，又有新干部缺乏组织性、不愿在基层工作的问题，还有新老干部之间的矛盾和普遍存在的腐化危险。正因为存在各式各样的问题，才需要制定具有针对性的干部教育措施。而其中一些措施，因其采用的群众斗争形式以及背后的阶级斗争思维，也给政权建设带来了一定的负面影响。[1] 除了这篇文章外，安劭凡将过去很少被关注的京郊基层村干部作为研究对象，考察他们在参加 1950 年农村党员训练班时的思想动态。文章指出，面对训练班"做好党员"的政治标准，基层村干部从自身利益出发，或遵从，或修正，或逃避，展现了建国初期国家权力与基层社会之间复杂互动的图景。[2] 李屹通过分析发表于 1950 年的小说

1　黄利新：《新中国成立初期北京市城区基层政权干部队伍建设》，《中共党史研究》2012 年第 1 期。

2　安劭凡：《"做好党员"：1950 年京郊党员训练班的日常政治》，《二十一世纪》（香港）2019 年 10 月号。

《我们夫妇之间》中的情节，揭示了进城后知识分子干部和农民干部在城市管理中的思想差异，以及在"革命的第二天"干部被城市所改造、腐蚀的情况。文中还指出了革命道德与城市生活之间的矛盾。[1] 文学源于生活，小说中反映的问题或许能给予历史研究者启示。

与干部问题密切相关的是政权建设问题。黄利新和李扬的研究都表明，中共在进城后，随着对城市管理的理解不断加深，其城市政策也在实践中不断调整。例如在北京建立基层政权组织的过程中，为了解决政出多门的问题，废除了从乡村移植到城市的"区—街—乡"组织模式，建立起派出所制度，最终形成了"区政府—街道办事处—居民委员会"的制度，这是新中国因应城市社会而做出的制度创新。而地方党委的领导成为巩固基层政权的关键。[2] 陈耀煌详细梳理了北京的街居制在第一个五年计划以及"大跃进"等运动中的制度变动，并指出街居制反映了新中国城市基层治理中集权统治和群众动员的政权特色。[3] 何浩反思了过去基于阶级观念的历史叙事，将中共进城后面临的复杂社会情况展露出来。人心归向和社会重组并不是在进城后自然发生的，而是经过中共的大量实践才实现的。作者通过分析接管旧警署、成立派出所的过程，说明了这一问题。[4] 翟金懿利用公安部门的内部史

1　李屹：《从北平到北京：〈我们夫妇之间〉中的城市接管史与反思》，《文艺争鸣》2017年第4期。

2　黄利新：《新中国成立初期北京市城区基层政权建设》，《当代中国史研究》2018年第1期；李扬：《新中国成立初期北京的"建政"实践研究》，北京市社会科学院历史研究所编《北京史学》2020年秋季刊，社会科学文献出版社，第151—166页。

3　陈耀煌：《国家与群众：北京市城区基层街道体制的建设，1949—1962》，《中央研究院近代史研究所集刊》（台湾）总第88期，2015。

4　何浩：《接管天下：北京市城市接管的历史实践及其思想意涵》，《人间思想03：作为人间事件的新民主主义》，人间出版社，2015，第2—33页。

料，还原了中共改造旧警察、重建城市秩序的历史过程，指出警察部门在新旧转换过程中的紧张。[1] 刘宇、齐小林对北京文化馆的研究，反映了建国初期的文化馆，除了满足市民文娱需求外，还是重要的基层动员机构，将新政权与城市基层社会紧密地关联起来。[2] 以上研究，均试图将中共接管北京的历史过程化、动态化，反映在与基层社会不断互动的情况下推动政权建设走向合理化的历史实践。

对社会下层的重新关注是近年来北京接管与改造研究的主要趋势之一。过去的研究，更多强调中共在进城后颁布的一系列政策对乞丐、摊贩、娼妓等社会群体的正面影响。但亦有越来越多的研究者认识到"一场关乎成千上万人生计的整治行动，远非一场会议、几个文件、两三番漂亮的言辞可以解决"。任伟的研究证明了仅仅利用公布的官方文件是无法还原历史真相的。作者通过列举政府治理措施和不同身份、背景的摊贩的应对之策，揭示了中共在治理城市初期面临的制度与思想困境，反映了官民关系曾出现裂痕，并认为这场摊贩整治运动的背后体现的是城市—农村、本地—外地二元治理模式的雏形。[3] 海外学者陈怡君（Janet Y. Chen）在其研究 20 世纪上半叶中国城市贫民的著作中，对 1949 年后新中国的城市贫民情状予以注意。她虽然也用很大篇幅论述了中共政权在北京、上海两地实施的改造贫民政策，但强调将政策放到具体的历史语境之中。中共一

---

1 翟金懿：《"辞旧迎新"：中共对北京旧警察机构的接管与改造研究（1949—1950）》，"革命与重建：20 世纪北京城市史学术研讨会"参会论文，2023 年 5 月。

2 刘宇：《国家话语下的宣教与娱乐——以北京第一人民文化馆为个案（1949—1953）》，《中共党史研究》2014 年第 8 期；刘宇、齐小林：《二十世纪五十年代文化馆动员功能研究——以北京市东城区文化馆为例》，《中共党史研究》2015 年第 11 期。

3 任伟：《中共新政权与底层百姓的互动磨合——新中国初期北京整治无照摊贩》，《二十一世纪》（香港）2014 年 10 月号。

面从国家和阶级立场出发，提倡劳动光荣，并实行了优于国民党的贫民救济政策；然而受现实经济条件所困，新政权无法完全解决城市失业问题，因此不得不从安定社会的目的出发，将大量无业贫民疏散到农村／外地，甚至将其冠以"社会渣滓"的名号。[1] 除了城市下层，随着"新革命史"对革命中的中国农村进行重新书写，学界对于京郊农村也重新燃起研究兴趣。刘一皋对海淀巴沟村土改的研究加深了学界对建国初期城市郊区土改的认识。作者指出，相较于一般农村，城郊的农村具有非农业人口和外来劳动人口占比高，农村与城市、农业与工商业之间的关系更为紧密等特征。因此在城郊农村土改过程中，如何处理这些前所未有的新情况考验着中共的执政能力。中共在进城后一方面认识到了建立新型城乡关系的必要性，但另一方面囿于阶级斗争思维和过去的土改经验，在京郊农村的土改实践中难以平衡城乡各方的利益需求，最终导致城乡割裂、农村和农业发展滞后局面的出现。[2] 安劭凡的系列研究进一步揭示了京郊土改的复杂性。在宏观层面，作者指出京郊土改虽然在政策上强调积极稳健的策略和保护发展生产力的原则，但在具体实施中土改干部容易走回老解放区土改的惯性思维，"左"的偏差时时出现，对京郊农村社会造成了较大影响。[3] 在微观层面，作者以京郊槐房村的土改为例，还原了在阶级划分过程中"自报"和"公议"的历史细节，以及土改中工作组在"放手发动群众"

---

1 Janet Y. Chen, *Guilty of Indigence: The Urban Poor in China, 1900-1953*, Princeton University Press, 2012, pp. 213-231.

2 刘一皋：《城市郊区土地改革中的界线划分与社会隔离——北京市海淀区巴沟村及其周边村庄研究》，《近代史研究》2013 年第 3 期。

3 安劭凡：《"偏离"与"回归"：京郊土改中的路径依赖与阶级划分（1949—1950）》，朱英主编《近代史学刊》第 17 辑，社会科学文献出版社，2017，第 111—136 页。

和"坚持党的领导"之间收放自如的工作策略。[1] 这些研究使得学界对解放之后北京的城乡底层人民有了更鲜活的认识，曾经被遮蔽的一些社会阶层显露出其历史真面目的一角。

除上述三类研究领域外，在社会生活方面，丁芮利用私密性的日记史料，为理解北京解放后的物价波动、家庭婚姻关系的变动提供了更多历史细节；[2] 刘东庆通过对美国汉学家德克·博迪 1948—1949 年北京日记的研究，展示了一个外国人眼中解放后的北京社会情状；[3] 李玉蓉讨论了建国初期北京蔬菜产销制度的内容及其对市民日常生活的影响。[4] 在文化教育方面，张德明、杨奎松先后以中共接管后的燕京大学为研究对象，讨论了中共政策的变化对学校运行的直接影响，杨文对其被接管、改造、取消的历史过程有非常清晰的梳理；[5] 李滨（Douglas A. Stiffler）从苏联来华专家的视角，探讨中国人民大学创办

---

1 安劲凡：《自报公议：1949 年京郊槐房土改试验中阶级划分的日常实践》，北京市社会科学院历史研究所编《北京史学》2022 年春季刊，社会科学文献出版社，2022，第 303—320 页；安劲凡：《收放之间：1949 年京郊槐房村的土改工作组》，"革命与重建：20 世纪北京城市史学术研讨会"参会论文，2023 年 5 月。

2 丁芮：《"疯狂"到"稳定"：从民众视角看北平解放前后的物价变动——以〈建国日记〉为中心的考察》，《安徽史学》2019 年第 2 期；丁芮：《解放前后知识分子家庭婚姻关系的转变——以仲素纯、喻世长夫妇为个案的考察》，《北方论丛》2021 年第 6 期。

3 刘东庆：《"革命的一年"：美国汉学家 Derk Bodde 亲历 1949 年北平和平解放》，北京市社会科学院历史研究所编《北京史学》2019 年秋季刊，社会科学文献出版社，2020，第 300—318 页。

4 李玉蓉：《新中国成立初期北京市蔬菜产销制度的建立与调整（1949—1956）》，北京市社会科学院历史研究所编《北京史学》2023 年春季刊，社会科学文献出版社，2023，第 105—128 页。

5 张德明：《鼎革前后的博弈与调适：1949 年燕京大学的多重面相》，《中央研究院近代史研究所集刊》（台湾）总第 110 期，2020；杨奎松：《燕大挽歌——1948—1952 年一所美国教会大学的"新生"与幻灭》，《中央研究院近代史研究所集刊》（台湾）总第 115 期，2022。

初期的学校生态，并探讨了中苏两国在治国理念上的差异；[1]张放和宋腾渊详细梳理了北京接办私立小学的历史过程，对其中体现出的国家与社会之间的关系，二人的认识有所不同；[2]吴起民等人以华北人民革命大学学员的思想反省笔记为史料依据展开研究，为深入认识建国初期北京高校的思想理论教育和知识分子的思想转变提供了新的个案；[3]对于建国初期的知识分子改造，张放专门研究了北京的小学教师这一边缘知识分子群体，对其思想改造的内容与限度展开讨论。[4]在城市规划方面，洪长泰的著作讨论了中共在接管北平后为进行意识形态的宣传，从建筑、庆典、艺术等方面对城市空间的再塑造，以及市民群众对这种新政治文化的反应。[5]限于篇幅，本文不再做更多的评介。

以上对本领域最新研究进展的梳理，难免挂一漏万，但仍能说明在"新革命史"研究影响下，对 1949 年后北京接管与改造的研究在各个方面都取得了不小的进步。[6]档案的持续发掘、新视角与新概念的引入、微观个案的探讨，都推动着本领域的研究不断推陈

1　李滨：《创建"新中国第一所新式正规大学"：1949—1950 年》，周杰荣、毕克伟编《胜利的困境：中华人民共和国的最初岁月》，姚昱等译，香港中文大学出版社，2011，第303—323 页。

2　张放：《新中国成立之初北京市私立小学的接办》，《史学月刊》2014 年第 7 期；宋腾渊：《"传递与回应"：北京接办私立小学过程中国家与社会的互动》，《北京党史》2019 年第 4 期。

3　吴起民、汪云生：《"革命熔炉"是怎样炼成的——华北人民革命大学马列主义教学经验研究》，《党史研究与教学》2017 年第 4 期。

4　张放：《新中国成立初期北京市小学教师的思想学习与改造（1949—1952）》，《党史研究与教学》2017 年第 3 期。

5　洪长泰：《毛泽东的新世界：中华人民共和国初期的政治文化》，麦惠娴译，香港中文大学出版社，2019。

6　将本文与 2009 年一篇同领域研究综述所列的研究成果相对比，可以明显观察到在治学思路与方法上的迭代现象。见郑学伟《北平和平接管研究综述》，《北京党史》2009 年第 6 期。

出新。尽管"新"的研究并不意味是"好"的研究，但如果沿着这条"新路"持续推进，必然会出现更多兼具学术与思想的新成果。

二　新中国成立前后其他城市接管与改造研究的现状与趋势

　　1949 年前后全国城市的接管与改造研究，是一个极为宏大又意义彰显的领域。它关系到中国共产党由乡村到城市的建政重心转移，改变了几千万市民的日常生活与思想观念，在某些方面甚至决定了此后七十余年中国社会的样貌。因此，对这一领域的研究，自 1950 年代起就受到海外中国研究者的关注，并在 1990 年代后逐渐成为国内史学界关注的热点，[1] 其热度一直持续至今。研究者一般将海外学者对这一历史事件的研究概括为两种范式——"集权主义"[2]范式和"国家—社会"范式，并认为主流趋势是后者取代前者。[3]范式转移的主要推动力是对以往意识形态对研究造成的影响进行反思，以及社会史兴起后眼光向下的视角变换。这与国内的"新革命史"转向有相近之处。

　　从近年来学术界的相关成果看，许多研究业已超越了对某一城市接管与改造政策和效果的初步介绍，开始关注到新旧政权交替时各种社会存在与社会意识各异的反应，以显现中共在建政初

1　大量史料的刊布推动了本领域的研究。例如在当时出版的史料汇编《城市的接管与社会改造》（收录了浙江、福建、上海、重庆等十几个省市在解放初期的相关史料，由各地出版社在 1996 年至 2000 年陆续出版）、回忆史料《城市接管亲历记》（中国文史出版社，1999）等。

2　即英文单词 totalitarianism，也有译者将其译为"极权主义""全能主义"。

3　对海外城市接管与改造研究的回顾，可参阅肖文明《超越集权主义模式：关于"前三十年"国家与社会关系的海外中国研究述评》，《开放时代》2018 年第 6 期；田圆《美国学界关于中国共产党城市接管史研究述评》，《当代中国史研究》2020 年第 2 期。

期所面临的复杂情势。其问题意识的出发点，是对传统革命史叙事和"集权主义"研究范式下将建国初期国家与社会关系描述为国家权力完全控制并改变着社会发展方向的认识的反思，摆脱过往研究所依赖的宏大叙事话语，转向城市内部空间中"碎片化"的日常政治、日常生活，从而建构起对新政权统治下城市里的国家—社会的权力关系的再认识。为与上一节北京个案研究的热点领域相对照，本节将重点讨论干部问题、基层政权建设问题以及对城市各阶级的研究等领域。[1]

城市接管与改造过程中的干部群体是一个重要的研究对象。对于进城后中共高级干部的研究，过去党史学界的研究已很充分，除研究论文外，传记、年谱、回忆录、口述史料等资料也不断丰富着学界和大众对这段历史的认知。不过，此类研究也应不断"祛魅"，才能更加准确、全面地反映新中国成立初期城市内部的政治生态。[2]

1　更加全面的研究回顾请参阅林超超《中共对城市的接管与改造——一个初步的研究回顾与思考》，韩钢主编《中国当代史研究》（二），九州出版社，2011，第139—163页；连文妹《新中国成立初期城市政权建设与社会改造研究述评》，《中共党史研究》2022年第2期。

2　例如杨奎松的专题研究，指出中央领导从集权统一的目的出发，在任用地方高级干部时，既要重用革命经验丰富的老干部，又要避免出现"山头主义"；在任用地方基层干部时，更加青睐经历了整风学习、土改运动和战争考验的"外地干部"，对于在本地从事地下斗争出身的干部缺乏信任。（杨奎松《建国初期中共干部任用政策考察——兼谈1950年代反"地方主义"的由来》，华东师范大学中国当代史研究中心编《中国当代史研究》，九州出版社，2009，第3—39页）另外，以笔者较为熟悉的彭真研究为例，最新的研究较之前更进一步，从论述彭真在担任北京市委书记、市长期间政策执行、市政建设等方面的业绩，进展到讨论其治理北京的政治方针、领导策略、与中央领导和下属之间的关系以及如何具体配合执行中央的政治指令等问题。可参阅钟延麟的系列论文［如《"文革"前彭真对中共首都的管理：政治方针、领导方式和干部政策》，《中国大陆研究》（台湾）2015年第3期；《彭真和北京市的"大跃进"运动：工农生产及城市建设（1958—1960）》，《中国大陆研究》（台湾）2017年第3期；《彭真与刘少奇政治关系之研究》，《国立政治大学历史学报》（台湾）总第48期，2017；等等］。

对于进城的中共中下级干部的研究，近年来成果较多，尤其是南下干部群体。具体研究方向包括南下干部的任用、动员、培训、分配，南下干部的行军历程、接管城市的实际工作等方面。对前往南方各城市的南下干部，已有一定的个案研究，[1]但许多仍是表层的记述。从目前已公布的大量档案文献和回忆资料可见，这些南下干部在改造城市的同时，也受到城市的"改造"。他们在来到新的城市工作时，大多有着"外地人""农民"的双重身份，在生活环境和工作环境上都需要经历一段适应期。在城市生活和城市治理的过程中，这些干部自觉或不自觉地吸收当地风俗、城市文化，甚至也会在城市光怪陆离的诱惑下腐化变质。对这一问题，高铮的研究最具代表性，其著作《接管杭州：城市改造与干部蝉变（1949—1954）》书名中的"蝉变"二字即提示着进城干部在城市改造过程中思想和生活两方面的变化。中共接管杭州后，在革命干部和城市居民之间产生了革命文化与"不革命"文化、乡村文化与城市文化、齐鲁文化与江南文化、大众文化与精英文化等四对矛盾重重的文化类型。中共干部采取了一系列措施，要将杭州改造成革命城市，将"消费城市"改造为"生产城市"，但由于文化发展的相对自主性和惯习变迁的滞后性等因素限制，国家权力在改造城市文化时存在着一时的限度。[2]杭州的中共干部一方面鄙视城市文化，

---

1 包括但不限于李德成、杨鹏燕《南下干部的组建与新政权的接管——以江西省南下干部为例》，《党史研究与教学》2013 年第 4 期；黄昊《为了新中国：1949 年聊城地区南下干部研究》，中国社会科学出版社，2018；包晨岚《选调与任用：解放初期入浙南下干部研究》，《浙江学刊》2018 年第 3 期；何志明《从乡村到城市：1950 年代晋绥南下干部对成都的接管与改造》，《成都大学学报》（社会科学版）2022 年第 1 期；左方敏、姚宏志《挺进皖南：1949 年干部南下与政权接管》，《安徽史学》2022 年第 2 期；等等。

2 对这一问题更加深入的解释可参阅肖文明《国家触角的限度之再考察——以新中国成立初期上海的文化改造为个案》，《开放时代》2013 年第 3 期。

改造城市文化中资本主义的腐朽元素，另一方面又适应、吸收着城市文化。[1] 国内学者何志明等人也注意到晋绥南下干部在四川进行城市接管工作时存在的"地方性适应"现象，[2] 但这一领域的个案研究仍有所欠缺。

城市与乡村的基层政权，是连接国家与社会不可或缺的机制。因此对基层政权的研究，是准确理解国家政权与基层社会之间关系的前提条件。从抗日战争后期开始，中共通过土改的方式，在农村基层政权建设方面进行了大刀阔斧的改革。随着城市的不断解放，在城市建立有效、稳定的基层政权成为新的考验。城市接管初期一般会经历军事管制的阶段，该领域的研究成果很多，近年较具代表性的研究如曲爱国、吴晓东的《人民解放军对新占城市的军事管制》，将军管制度的来龙去脉及其对城市基层的具体施政内容进行了线索清晰的梳理。[3] 该文同时提示需进一步关注军管结束后的权力衔接、世界范围内军管制度的比较研究等内容。对城市基层政权做整体性研究的成果，如陈辉对城市基层治理模式进行结构研究，指出城市基层的街居制对变革传统中国基层治理模式、实现现代民族国家所需的社会动员和组织能力具有重要作用。[4] 毛丹的系列研究关注到在国家权力下沉到基层、建立街居制的同时，还存在着基层社会对国家体制的配合机制，以及在居委会无法管理的问题上依旧存在的社区自我维持机制。居民在国家无法管到的边缘性社会事

---

1 高铮:《接管杭州：城市改造与干部蝉变（1949—1954）》，李国芳译，香港中文大学出版社，1999。

2 何志明:《二十世纪五十年代初新区的干部培养及其群体发展趋向——以川北区为考察中心》，《中共党史研究》2016 年第 10 期；何志明:《由晋入川：1950 年代初期南下干部的地方性适应》，《党史研究与教学》2020 年第 5 期。

3 曲爱国、吴晓东:《人民解放军对新占城市的军事管制》，于化民等:《裂变与重构：人民共和国的创世纪》上册，第 231—263 页。

4 陈辉:《建国初期城市基层治理的结构研究》，《南京社会科学》2014 年第 11 期。

务上自行填空处理，这是新中国成立初期中国社会组织体系的有效补充。[1]另外，王海光研究了新中国成立初期户籍制度的确立过程；[2]程凯认为，接管初期在各城市召开的各界人民代表会议，逐渐成为政府动员群众、开展实际工作的工具。[3]不少学者注意到中共在进城后将农村土改中的阶级斗争动员模式移入城市，由此推动了国家对城市基层控制权力的增强。这方面的研究，除较早的张济顺、郭圣莉、李国芳等人的成果外，[4]最近又涌现出一些新的个案研究，如霍晓玲、张群梅均以开封为研究对象，考察了通过民主改革运动重塑城市社会的过程。[5]这些研究推动了对建国初期国家与社会关系的进一步厘清。

对于城市市民各阶级的研究，目前学界对工人阶级的研究成果尤为丰富。毛泽东在中共七届二中全会的报告中明确指出，未来的新中国是在政治上"依靠工人阶级"的人民民主专政国家。城市解放后，工人阶级理所当然地成为"领导阶级"，但新政权

1　毛丹：《中国城市基层社会的型构——1949—1954年居委会档案研究》，《社会学研究》2018年第5期；陈佳俊、毛丹：《1949—1956年中国社会组织体系的型构》，《社会》2023年第4期。

2　王海光：《中国户籍制度现代化演进路径的历史考察（1908—1949）》，《安徽史学》2011年第5期；王海光：《从政权控制到社会控制：中国城乡二元户籍制度的建立——对中国当代户籍制度的历史渊源和形成建立过程的考察》，韩钢主编《中国当代史研究》（二），第3—48页。

3　程凯：《"实质民主"——从1949年前后"各界人民代表会议"的确立与演变过程看》，贺照田、高士明主编《人间思想01：作为人间事件的1949》，金城出版社，2014，第90—115页。

4　张济顺：《上海里弄：基层政治动员与国家社会一体化走向（1950—1955）》，《中国社会科学》2004年第2期；郭圣莉：《城市社会重构与新生国家政权建设——建国初期上海国家政权建设分析》，天津人民出版社，2006；李国芳：《初进大城市：中共在石家庄建政与管理的尝试（1947—1949）》，社会科学文献出版社，2008。

5　霍晓玲：《城市民主改革运动与新中国初期的政权建设——以河南开封为例》，《中共党史研究》2014年第7期；张群梅：《街道民主改革运动与城市基层社会治理——以新中国初期的开封为个案》，《史学月刊》2017年第4期。

与工人的关系仍在不断调适、变化。美国学者裴宜理对上海工人在解放初期的抗争活动进行研究，指出中共政府一方面鼓励工人向资方争取权利，以巩固其对新政权的认同，另一方面又担忧过度的罢工会导致复工复产难以进行，无法迅速改善经济、增加就业、稳定秩序。[1] 部分行业因工业化、现代化建设而消失，该行业的工人也面临失业之虞。有学者研究了新中国成立后的人力车夫，指出这一群体虽被划为工人阶级，在政治地位上"翻了身"，但在经济上却要为汽车让步，行业被取缔，个人因此失业。[2] 还有研究指出，如果综合考虑建国初期的货币购买力、非工资性收入、供养人口等因素，上海工人家庭的生活水平并未能实现与工业生产的同步发展。政府对工人工资标准的制定和福利保障的供给，体现出低标准和平均化的特征。[3] 此类研究，再现了新中国成立初期工人阶级日常生活中一个过往被忽视的侧面。

城市政权与工人阶级的另一层关系是对工人阶级的政治动员与政治认同的建构。作为政治学、社会学研究的热点，"认同"（identity）概念也被广泛应用于史学研究中。于之伟以中共对鞍钢的接管为个案展开研究，再现了接管干部在初次管理现代化工厂时所遇到的各种问题。研究认为，中共依靠基层党组织建设，采取群众动员、发动生产竞赛的政治组织模式，提升了生产效率，增强了工人阶级的政治认同。[4] 类似主题的个案研究还有很多，如何浩

1　裴宜理：《国家的主人？人民共和国早期的上海工人》，周杰荣、毕克伟编《胜利的困境：中华人民共和国的最初岁月》，第 63—82 页。

2　毛升：《"翻身"之后：中共建政初期的苏州人力车工人（1949—1958）》，《二十一世纪》（香港）2023 年 4 月号。

3　林超超：《20 世纪 50 年代上海工人家庭生活水平的实证研究》，《中国经济史研究》2019 年第 5 期。

4　于之伟：《初掌大工厂：中共对鞍钢的接管与早期复产（1948—1949）》，《史林》2020 年第 3 期。

通过对沈阳第五机械厂的全国劳动模范小组——"马恒昌小组"的研究，探讨中共在动员工人阶级上成功的实践经验，及其实践背后对马克思主义阶级论基于"中国近现代以来社会结构的特定历史逻辑"的深度理解；[1]符鹏批评有的研究依靠西方理论中国家／个人二元对立结构，将工人阶级视为被国家控制、利用的一方，作者借助对天津解放初期的城市接管个案研究，探讨了中共对工人阶级主人意识和工厂内部新型伦理空间的塑造过程；[2]郑维伟分析了上海"五反"运动中组织、动员工人阶级参与运动的机制、过程，及其对城市基层治理和后续的公私合营产生的影响。[3]不过，有的作者认为部分研究者试图从精心选择的个案中得出普遍性的历史判断，扭曲了国家政权帮助工人阶级树立阶级意识、获得解放的历史事实，这样的评判未免过当。历史事实正是在许许多多"碎片化"的个案不断拼接的前提下才能完整呈现的，不同于主流叙事的个案同样是历史事实的一部分。例如上面的研究都强调劳动竞赛是工厂内部有效的生产动员和认同塑造方式，但林超超的研究提示这种劳动激励方式会消耗大量体制内的成本，进而导致"高增长、低效益"的负面问题，是计划经济模式下的痼疾。[4]城市接管后新政权与工人阶级之间的关系，仍是一个需进一步探索的话题。

与工人阶级直接关联的群体，是城市里的资产阶级。在进城之初，从新民主主义革命理论出发，并出于恢复生产、稳定社

1　何浩：《"马恒昌小组"——以工人阶级建国的历史实践及其思想意涵》，贺照田、高士明主编《人间思想 01：作为人间事件的 1949》，第 68—89 页。
2　符鹏：《重整河山待新生：天津解放初期工厂接管的历史实践与伦理意涵》，贺照田、高士明主编《人间思想 05：新人 土地 国家》，人间出版社，2016，第 161—190 页。
3　郑维伟：《政治动员与阶层分化：上海"五反"运动中的工人群体析论》，《史林》2021 年第 2 期。
4　林超超：《生产线上的革命——20 世纪 50 年代上海工业企业的劳动竞赛》，《开放时代》2013 年第 1 期。

会的目的，中共制定了保护资产阶级和城市工商业的政策，对于在个别城市接管时发生的没收、毁坏工商业者财产的行为予以严厉制止。然而，中共在城市建政，首先必须要依靠工人、店员、贫民等社会群体，他们与资本家存在天然的矛盾；另外，从革命的意识形态出发，共产主义革命在未来必然要消灭资产阶级。[1] 尽管对工商业的社会主义改造是在 1954 年全面展开的，但在中共进城之后，国家权力很快就强力介入工商界，为其后大规模进行公私合营做好了准备。王笛、严鹏分别对成都茶社业同业公会和上海机械工业同业公会开展个案研究，还原了新中国成立后公会在国家权力主导下进行重组、配合国家政治运动和经济政策的历史细节。王文认为国家对公会的改造与控制，反映了新中国成立后国家权力强力扩张、某些社会组织逐渐消亡的趋势，这导致了社会活力的萎靡；而严文则认为，某些行业的公会与国家权力的合作，虽然导致其逐渐边缘化，但其仍在政府与企业之间发挥着协调作用，并配合着国家经济政策推动了该行业的发展。[2] 对新中国成立后同业公会历史地位的评价，仍有进一步讨论的空间。

研究者一般认为，1952 年的"五反"运动是国家权力加强对资产阶级管制和规训的标志性事件。关于"五反"运动与城市资产阶级，近年来也涌现出不少新的个案研究。冯筱才的文章探讨了上海商人在 1949—1957 年间逐步走向"公私合营"的历史过程，文中指出"五反"运动后出现了资本家"献厂"和要求公私

1　关于建国前后中共对待资产阶级的政策，可参阅杨奎松《建国前后中国共产党对资产阶级政策的演变》，《近代史研究》2006 年第 2 期。

2　王笛：《同业公会的改造与国家的行业控制：以 1950—1953 年成都市茶社业同业公会的重组为例》，韩钢主编《中国当代史研究》（三），九州出版社，2011，第 46—71 页；严鹏：《中共建政初期同业公会与产业发展之关系：以上海机械工业为中心（1949—1956）》，《史学集刊》2015 年第 3 期。

合营的第一次高潮。[1] 郑维伟探讨了上海"五反"运动中执政者对工商界上层的策略调整，对不同群体采取不同的运动模式，使上海的"五反"运动取得了预期效果。[2] 王霞、马敏的研究认为，在广州接管初期，中共采取了建立工会、召开劳资协商会议、进行民主改革等针对私营企业的举措，但私企工人的阶级意识淡薄，对新型工会的认识也很模糊。直到"五反"运动期间，中共将农村政治运动的模式复制到了城市，通过"阶级叙事"重建资本家与工人的阶级关系，并对私营企业完成了革命改造。[3] 除了上面两个研究分支外，对于新中国成立初期的资产阶级，还有以上海刘鸿生家族为例，探讨资产阶级选择留下的思想动机；[4] 另有学者研究了1950年广州发行折实公债这一事件，指出一些广州商人不满强行摊派支付公债，从而选择离开广州逃往香港，这对既往关于此次公债发行的历史书写提出了挑战。[5]

限于篇幅，本部分的研究回顾不能做到面面俱到。但仅从以上几个方面的成果来看，近些年研究取得的进展是非常明显的，表现出来的主要趋势为：其一，对未刊档案史料和民间史料的不断挖掘与利用，在广泛搜求史料的前提下逐渐摆脱了传统叙事简单化的倾向，开展了一系列翔实、深入的实证研究；其二，以重探建国初期国家与社会的关系为主流问题意识，开始运用政治

---

1 冯筱才：《政治生存与经济生存：上海商人如何走上公私合营之路？（1949—1957）》，韩钢主编《中国当代史研究》（二），第95—103页。

2 郑维伟：《乡关何处：上海"五反"运动中的工商界上层》，《史林》2018年第6期。

3 王霞、马敏：《阶级关系在私营企业中的建构——基于广州"五反"运动的研究》，《二十一世纪》（香港），2013年10月号。

4 高家龙：《选择共产党中国的资本家：1948—1956年的上海刘氏家族》，周杰荣、毕克伟编《胜利的困境：中华人民共和国的最初岁月》，第375—400页。

5 黎汉基：《公债下的社会冲突——1950年广州人民胜利折实公债研究》，《中央研究院近代史研究所集刊》（台湾）总第73期，2011。

学、社会学、心理学等社会科学方法，对国家权力的限度、对城市社会的多重维度、对普通市民的日常生活与日常政治等问题做出了有益的探索，并与海外相关研究展开对话；其三，研究涉及的城市大幅度增加，对于中、西部城市接管与改造的研究成为新的热点，但上海城市史依旧是该领域的研究高地，在研究对象、方法、视角等各领域起着引领作用。

三 拓宽北京接管与改造研究的路径

北京和平解放后，中共中央派遣了大量"精兵强将"作为接管干部，参与北京的接管与改造之中。中央领导人也明确表示，接管北京就是要为接管其他城市做一个"样板"。因此，从总体来看，北京接管的准备是比较充分的，过程也是比较顺利的，其改造在当时看来也是成功的。然而，这并不意味着一切工作都已尽善尽美。在政策与现实之间、官员与市民之间，总有分歧呈现，总有矛盾需要解决。学术研究也正是在这些分歧纷扰中才能深入腠理，呈现意义。

近些年来学界对北京接管与改造的研究，较之以往惯常的"从政策到效果"的研究路径，已有很大进步。与全国其他城市接管与改造研究的总体趋势相似，北京地区的研究同样重点关注国家权力在城市确立的过程中，城市社会内部不同阶层的不同反应，凸显中共在接管城市之初所面对的复杂状况以及自身的不断调适。不过当下的研究现状，仍有进一步深化的空间。以下笔者结合阅读其他城市研究成果的体会，冒昧地提出一点建议。

首先，从北京的个案出发，积极回应国内外学术界有关中国革命和中华人民共和国史研究的种种论争，在充分的学术交流中不断吸取前沿研究的经验，推动北京接管与改造研究水平的进一步提升。从海外中国研究的"代际更替"过程来看，每一次的新旧范式转移，都是建立在对旧范式的充分研究、讨论的基础上。在具体的研究子课题上，客观的学术评议更能迅速提升本领域的研究深度。在近现代上海研究等领域，一些国内学者不断与海外学者就某些重大问题进行交流。例如肖文明就以上海解放初期国家权力对其城市文化的改造为个案，加入海外学者许慧文和萧凤霞关于新中国成立初期国家与社会关系的论争之中。[1] 魏斐德、叶文心、李欧梵等海外上海研究学者的论著，在学术圈内也不断被提及、讨论。而在北京研究领域，这样大规模的学术讨论似乎尚未常态化。

其次，应注意对政治学、社会学、经济学、心理学、人文地理学等相关学科领域核心概念和基本方法的掌握，这将有助于学术视野的展开和新问题意识的发现。无论是海外的"在中国发现历史""新文化史"，还是近些年国内倡导的"新革命史""新社会史""新制度史"，相邻学科新观点、新概念的加入都是促成史学研究新趋势产生和传播的催动力。一些政治学者、社会学者、经济学者、文学研究者主动加入中共革命史的研究行列，为史学研究注入了新的活力。例如，应星的系列论文阐发了革命史与社会科学相结合的前景，倡导"运用'社会学的想象力'和事件社会学的方式来深入理解中国共产党在革命时期建立起来的独特的政治文化及其所产生的复杂而深远的历史效果"。[2] 具体到城市接管与改造研究，目前已有许多成果将阶层、认同、记忆、惯习、

1　肖文明:《国家触角的限度之再考察——以新中国成立初期上海的文化改造为个案》,《开放时代》2013 年第 3 期。

2　应星:《交界·交叉·交融——浅论史学与社会科学在"新革命史"中的结合》,《中共党史研究》2019 年第 11 期;应星:《"把革命带回来":社会学新视野的拓展》,《社会》2016 年第 4 期。

仪式等概念应用于研究当中，做出了较好的示范。

再次，提倡多层面的城市比较研究。比较研究是人文学科和社会科学领域常用的研究方法，但在目前的城市接管与改造研究中尚较少运用。实际上，由于各城市在解放前的城市功能、发展水平、文化传统等方面的不同，以及或和平或战争的解放方式的不同，中国共产党在进城后面对的客观城市环境各不相同。因此，尽管中共高层在城市接管与改造的过程中总结了"沈阳经验""天津经验"等模式化的城市接管方案，但在具体实施中必然要随着城市具体情况而调整。更不用说不同城市里各个阶层对政策的反应又是难以协同的。例如，有学者指出，新中国成立初期在北京和上海建立的基层街道组织在数量上差异巨大，[1]这种现象背后的原因尚需进一步探讨。另外，不同城市城乡之间的互动关系、改造后文化领域的断裂与延续、同一社会阶层在接管与改造中的反应及日常生活等，都是可进行比较研究的领域。

最后，继续发掘、利用新史料。本文所回顾的研究成果，绝大多数利用了尚未刊布的档案史料。随着档案资料开放程度的不断扩大，必然会出现越来越多基于档案的实证性研究。目前除了省市档案馆的档案外，不少研究者进一步挖掘到区县档案馆，以及学校、工厂、协会等组织的档案。此外，私人的日记、书信、笔记，口述史料，报纸杂志，教科书、实物史料等都应当充分予以关注。尤其是口述史料，由于新中国成立已逾七十年之久，经历了新中国成立初期的老人越来越少，此类口述史料急需抢救性整理。

1　陈耀煌：《国家与群众：北京市城区基层街道体制的建设，1949—1962》，《中央研究院近代史研究所集刊》（台湾）总第 88 期，2015。

史迹考辨

周初燕国殷遗民考

陈光鑫 *

摘　要： 西周初年，燕国殷遗民多是商王朝贵族后代，与商王朝权力中心关系密切，应该是随周人迁入燕地的。燕国是在周人和殷移民的共同努力下建成的。在北京早期历史上，殷商文化功不可没，不仅限于社会下层，燕国统治者也深受殷商文化影响，以至于召公家族同样深受商文化影响。这有助于理解召公家族墓地与青铜器铭文带有明显商文化特征，更为解开召公的身世之谜提供有力证据。

关键词： 殷遗民　燕　冀　举

一　问题的提出

商周北京史是北京早期文明研究重要的组成部分，前辈学者虽已做出很多精深的研究，但由于史料缺乏，在许多问题上仍有分歧，有些问题甚至关涉对中华文明史的认识，其中一个重要问题就是商代的北京与商王朝的关系。

有学者认为，在商代，甚至更早的夏代，商人已经在今北

* 陈光鑫，北京市社会科学院历史研究所助理研究员。

京地区活动了。[1]《山海经·大荒东经》郭璞注曾引《古本竹书纪年》曰："殷王子亥宾于有易而淫焉，有易之君绵臣杀而放之，是故殷主甲微假师于河伯以伐有易，灭之，遂杀其君绵臣也。"据此，陈平先生认为："易水流域本北燕都邑中心之所在，《竹书纪年》中的'有易'，则应是先燕的夏代在易水流域立国的方国。……而另一活动于先燕夏代易水流域的国族，则是殷商。殷之先公王亥、王恒、上甲微在易水河畔上演的悲惨壮烈的历史剧，正说明了这一点。看来河北的易水流域和更北的一些地方，夏代就是商人的活动区域。"[2]如果这样，商人起源就与夏商时期的北京密切相关，北京早期文明的内涵将会大大丰富。所以，回答商代北京与商王朝的关系直接影响对商人起源的理解。

但是，考古发现似乎不太支持这种看法，如刘绪先生指出，琉璃河遗址"在周代以前除夏家店下层文化时期有少量居民活动之外，其他时期无人居处。夏家店下层文化的下限年代不晚于殷墟第一期，而琉璃河遗址的夏家店下层墓早于殷墟第一期，这表明在相当于殷墟第一（或更早）至四期的商时期，这里当是一片渺无人烟的原野，周初燕国城垣的兴建第一次给这里带来繁荣"。[3]在北京地区，我们尚未发现较丰富的夏商时期遗迹，当然，至今未发现并不代表没有，需要我们从其他角度继续探索。从已公布材料看，较其他时段相比，西周初年燕国史料比较丰富，从这些材料中能不能找到一些端倪？

此外，一些旧有观点长期得不到更正。如邹衡先生曾把甲骨

1　石永士、王素芳:《燕文化简论》，苏天钧主编《北京考古集成》(2)，北京出版社，2000，第302页。

2　陈平:《燕史纪事编年会按》，北京大学出版社，1995，第30页。

3　刘绪、赵福生:《琉璃河遗址西周燕文化的新认识》，《文物》1997年第4期，第37页。

文、金文中出现的"叟"字，释读为"燕"字，[1] 这样，燕在夏商时期的文献中就有了踪迹。此观点在学界影响很大，多有学者从之。[2] 虽然林沄先生早已撰文否定了这种说法，[3] 但至今仍有学者读"叟"为"燕"。[4] 笔者认为这与对西周初年燕国殷遗民没有较清晰的认识有关。基于以上考虑，笔者不揣浅陋，提出些粗浅意见，请教于方家。

二　举族在燕

"𣥎"族是商王朝中有名的大族，族徽"𣥎"可隶定为"𩶡"字。对此字的释读，学界有多种看法，于省吾释为"举"，[5] 比较有说服力，暂从之。

据统计，铸有此族名的商代铜器就有 160 件，并涵盖了所有青铜器器型，年代也从殷墟二期到四期，[6] 该族实力之强、持续之久可见一斑。甲骨文中也可寻见此族的身影（《合集》[7]5455、6341），从卜辞看，该族多次参与征伐异族的战争。尤其是在殷末参加了伐人方的战事。商金文中对此有所记载，小子𰽀簋

1　邹衡：《关于夏商时期北方地区邻境文化的初步探讨》，《夏商周考古学论文集》，文物出版社，1980，第 268—271 页。

2　斯维至：《由亚箕铭文推论燕殷文化》，《先秦史论集——徐中舒教授九十诞辰纪念论文集》，中州古籍出版社，1989，第 168—179 页。

3　林沄：《"燕亳"和"燕亳邦"小议》，《史学集刊》1994 年第 2 期；后收入《林沄学术文集》，中国大百科全书出版社，1998。

4　曹定云：《殷代燕国考——兼释甲骨、金文中"燕"字》，《〈人文与社会〉学报》2003 年第 2 期，第 1—16 页。

5　于省吾：《释举》，《考古》1979 年第 4 期，第 353 页。

6　严志斌：《商代青铜器铭文研究》，上海古籍出版社，2013，第 317 页。

7　郭沫若主编《甲骨文合集》，中华书局，1999，本文简称《合集》。

《集成》[1]4138）铭文："癸巳，朔赏小子霥贝十朋，在上鲁，惟朔令伐人方，霥宾贝，用作文父丁尊彝，在十月彡。举。"朔显然是比器主小子霥等级更高的贵族，朔赏赐器主，并令器主伐人方，而器主正是举族成员。从蕎卣（《集成》5417）铭文看，该族还可能有相当的武装力量，有能力进行军事侦察。器铭"举，母辛"，证明此卣的器主应该是举族。盖铭曰："乙巳，子令小子蕎先以人于董，子光赏蕎贝二朋，子曰：贝唯丁蔑汝历，蕎用作母辛彝。在十月，唯子曰：令望人方霥。"子，举族的宗子；小子蕎，器主，小宗之长，蕎是私名；人方，就是夷方，在今山东半岛一带。子让小子参与监视人方的军事行动，说明举族有一定的军事力量和侦察能力。

20世纪80年代中期，考古工作者在安阳刘家庄村北发现了170多座商代墓葬，其中M9出土了大量带有"举"铭的青铜器。此墓为夫妻合葬墓，属于殷墟四期。出土铜器中，鼎1、觯1、爵1、尊1、卣1、簋1带有族氏铭文"举"。由于出土铜器族氏铭文比较单一，墓主应该是举族成员。专家根据随葬品推断墓主人应该是商王朝中的中等贵族。[2]另外，在安阳侯家庄西北岗王陵区也曾发现带有此族氏铭文的铜器（《集成》3114），可能是商王的陪葬墓。能在商王墓葬区陪葬，可见举族在王朝中的影响力。

从史料看，"举"族与商王的关系确实十分密切。小臣缶鼎（《铭图》[3]2224）铭文："王赐小臣缶湡积五年，缶用作享太子乙家祀尊。举，父乙。"小臣缶，马承源、李学勤两位先生根据《合

1　中国社会科学院考古研究所编《殷周金文集成（修订增补本）》，中华书局，2007，本文简称《集成》。

2　杨锡璋、杨宝成：《殷代青铜礼器的分组与组合》，中国社会科学院考古研究所编《殷墟青铜器》，文物出版社，1985，第99页。

3　吴镇烽编著《商周青铜器铭文暨图像集成》，上海古籍出版社，2012，本文简称《铭图》。

集》36525 认为是冪侯缶，[1]可备一说。王，可能是帝辛。商王把淵地五年的收成赏赐给缶，可见商王对缶的重视。此家族成员多次受到商王赏赐。带"举"族族氏铭文的铜器在安阳殷墟刘家庄北大量出现，墓地的规模显示该家族在殷晚期十分强大。

特别需要注意的是，1981 年，北京市文物工作队从北京铜厂的废铜中挑出一组商代铜器，其中大部分铸有铭文"举"。当中有一件方卣、两件方鼎，时代为殷墟后期。专家指出，在商代，拥有青铜方鼎随葬的多是身份较高的贵族，在殷墟，方形器皿的拥有者是王室成员和高中级贵族。[2]这些铜器可能是举族发展的鼎盛时期所铸造的。

如此强盛的家族随着商王朝的灭亡而瞬间倾塌，周人的到来彻底改变了举族的命运。从目前可见商周之际青铜器看，整个家族至少被分成三部分，因为带有"举"族铭文的铜器在北京琉璃河 M52、陕西长安张家坡 M54、山东前掌大 M119 均有发现，说明这支大族的成员在这三地生活过，其中一支随燕侯到了燕国。在今北京地区发现多件带有"举"族族氏铭文的青铜器，为我们了解商周之际举族在燕国建立和发展过程中所起的作用提供了可能。

首先，举族成员在燕国仍然是贵族，并享有很高的社会地位。20 世纪 70 年代，在北京琉璃河集中发掘了西周时期的燕国墓葬，其中 M52 属于中型墓，从出土铜器铭文看，墓主人应该就是举族贵族。M52，墓坑长 4.3 米，宽 2.2 米，深 1.9 米。墓坑填土中埋狗 1 只。一棺二椁，棺内人骨已腐朽，头朝北，仰身直肢。

---

1 马承源：《商周青铜器铭文选》，文物出版社，1988，第 7 页；李学勤：《北京、辽宁出土铜器与周初的燕》，《考古》1975 年第 5 期，第 279 页。

2 杨宝成、刘森淼：《商周方鼎初论》，《考古》1991 年第 6 期，第 533 页；刘一曼：《安阳殷墓青铜礼器组合的几个问题》，《考古学报》1995 年第 4 期，第 395 页。

南二层台上有殉人 1 个，头骨破碎，侧身，头东脚西，面向北，经鉴定为 12 岁左右男性少年。还有殉牲，牛头 1，狗头 5，牛肢骨若干。随葬器物中有大量武器：铜盾饰 3，铜剑 1，剑鞘鞘饰 1，铜戈 1，铜戟残锋 1。还随葬了青铜礼器：鼎、尊、鬲、觯各 1，铜爵 2。[1] 墓中有殉人、殉牲，同时有青铜兵器和礼器，说明墓主人生前应该是带兵打仗的贵族，且有相当数量的随从。M52 南面还伴有 2 座车马坑，可见地位之高贵：第一座车马坑埋有四马一车。马头部都佩带有铜质当卢、铜銮等；第二座埋有一车二马，车箱内有铜戈 1 件，铜盾饰 2 件。墓葬旁陪葬车马坑也说明墓主人社会地位之高。

其次，举族贵族与燕侯保持着密切关系，时常受到燕侯的赏赐。复鼎（《铭图》2046），西周早期器，出土于上文提到的M52，现藏首都博物馆。铭文记："侯赏复贝三朋，复用作父乙宝尊彝。举。"铭文记载，器主名复，燕侯赐器主三朋贝，复为祭祀父乙做了这件鼎。复鼎制作精良，可见器主生前的生活还是十分富足的。从铭文看，器主复和燕侯的关系也是非常近的，应该时常受到燕侯的赏赐。除了这件鼎外，该墓还出土了一件青铜尊（《铭图》11770），内底铸铭文 17 个字，曰："匽侯赏复同衣、臣妾、贝，用作父乙宝尊彝。🦅。"燕侯赏赐给器主衣服、贝之外，还赏赐臣妾，可见器主在燕国的社会地位。同墓另出土了一件青铜爵（《铭图》7582），爵腹一侧有兽首半环鋬，鋬内铸有"父乙"二字，腹部铸有兽面纹，可能是墓主祭祀父亲的礼器。同时发现一件铸有"父辛"的铜器，也应该是祭祀父辈的器物。墓中还出土一把青铜剑，应该是墓主生前的佩剑。墓主应该是燕国的一员武将，立有战功而受到燕侯的赏赐。墓中还出土了

1　苏天钧主编《北京考古集成》（11），北京出版社，2000，第 20 页。

一件青铜戟（《铭图》16596），从铭文看，应该是燕侯自用的兵器，铭文记"匽侯舞戟"，应该是燕侯亲赐给器主复的兵器。此外，在墓中发现了铸有"匽侯"字样的铜泡，显示了墓主人因燕侯的赏赐而感到荣光。

《续殷文存》第43号铭文"举，亚矣"，"举"与"亚矣"的关系存在三种可能：（1）二族联合；（2）一方是另一方的分支；（3）"举"是族名，"亚矣"是私名。葛英会先生认为"举"是"亚矣"的一个分支家族，"亚矣"是族徽号，[1]可备一说。重要的是，"亚矣"确实也是燕国一支重要的殷商旧族。

三　燕国眞族

1982年，北京顺义牛栏山的一个墓葬中发现了8件青铜器，[2]均有铭文，其中一件族名为"亚眞矣"，其余的均是"圖"，隶定为"亚眞"。这些铜器同出一个墓葬，铭文中都有"亚眞"，应该是一个族氏铭文，问题是"亚眞"与"矣"是什么关系呢？

王献唐先生认为，"矣"是人名，是商代祖庚祖甲时代卜辞中出现的贞人矣，在武丁时代是眞国的侯。[3]曹定云先生认为，祖庚祖甲时代的贞人"矣"在晚年或死后新封于眞，家族中不继承侯爵爵位的可采用"亚矣"族徽。[4]葛英会先生认为，亚矣是燕的国族徽号，眞是文献中的蓟，是亚矣国族下分衍派生出来的分族之

1　葛英会：《燕国的部族及部族联合》，《北京文物与考古》第1辑，北京燕山出版社，1983，第1—18页。

2　程长新：《北京市顺义县牛栏山出土一组周初带铭青铜器》，《文物》1983年第11期。

3　王献唐：《黄县眞器》，山东人民出版社，1960，第23、24、64页。

4　曹定云：《"亚其"考——殷墟"妇好"墓器物铭文探讨》，《文物集刊》第2期，文物出版社，1980，第143页。

一，即眀是亚夶的分支。[1] 何景成、严志斌两位先生与葛先生的观点近似。[2] 彭邦炯先生认为夶为眀侯国族的一支。[3]

周初眀国或眀族的铜器主要出土于北京地区，至少说明西周初年，眀族的活动范围在今北京地区。问题在于，是商代末期，眀族就已经在北京地区活动，还是在周初迁来燕地的？这直接决定了燕国眀族的来源。有学者认为商代晚期，眀国已经在燕地了。[4] 对此，我们认为还有继续讨论的空间。

商代有关眀的几件铜器铭文抄录如下：

亚盉：亚眀侯夶，匽侯赐亚贝，作父乙宝尊彝。（《集成》9439）

孝卣：丁亥，妶赐孝贝，用作祖丁彝。亚眀侯夶。（《集成》5377）

斐方鼎：亚眀侯夶（腹底）。丁亥，妶赏有正斐要贝，在穆朋二百，斐辰妶赏，用作母己尊口（腹壁）。[5]

先看亚盉铭文，"亚眀侯夶"是族氏铭文，器主是亚，应该是"亚眀侯夶"之族的宗族长之类，受到燕侯的赏赐，为祭祀父乙作器。这个"亚"很可能是"亚眀侯"的省称。孝卣铭文中的"亚眀侯夶"，与亚盉铭文中的"亚眀侯夶"所指相同。斐方鼎出土于

1　葛英会：《燕国的部族及部族联合》，《北京文物与考古》第 1 辑，第 1—18 页。

2　何景成：《"亚夶"族铜器研究》，《古文字研究》第 25 辑，中华书局，2004，第 150—151 页；严志斌：《商代青铜器铭文研究》，第 269 页。

3　彭邦炯：《从商的竹国论及商代北疆诸氏》，《甲骨文与殷商史》第 3 辑，上海古籍出版社，1991。

4　曹定云：《"亚其"考——殷墟"妇好"墓器物铭文探讨》，《文物集刊》第 2 期，第 143 页。

5　喀左县文化馆、朝阳地区博物馆、辽宁省博物馆、北洞文物发掘小组：《辽宁喀左县北洞村出土的殷周青铜器》，《考古》1974 年第 6 期，第 366 页。

辽宁喀左北洞村一窖藏，"𩁹"与孝卣铭文中的"𩁹"应该是一个人。唐兰先生认为𩁹可能是燕的公族。[1]孝和有正斐都是他的下级，又同属一个家族。

此三件铜器与牛栏山出土的 8 件铜器的器主当源于同一家族。而此族的历史悠久，可追溯到商代。这个家族最早的族长当是矣，是祖庚祖甲时的贞人，同时也是矣侯。从族氏铭文看，该族最初的族名为"𤕫"或"𤰔"。"𤕫"类，据学者统计，已发现 31 件铜器，可确定出土地点的有 11 件，均出自安阳，明确的地点有两个。一为侯家庄西北岗。尊（《集成》5570），另一件瓿（《集成》9948），据传均出于安阳侯家庄西北岗。斝（《集成》9157）同出土于安阳侯家庄西北岗。侯家庄西北岗属于王陵区，该族铜器铭文在此发现，至少说明该族与殷商的权力中心有着较亲密的关系，在商王朝中有着重要的地位。另一为大司空村南地。《集成》11744—11746，器型、铭文相同的三件钺，虽不知具体出于哪个墓葬，是否同出一墓，但如学者们的共识，钺在商王朝中是权力的象征，钺一般与高等级墓葬同时出现，此家族的族氏铭文铸在青铜钺上，说明家族在商王朝中地位显赫，同时，家族墓地也可能在大司空村附近。

殷商晚期，家族开始分化。一支分散在河南洛阳、上蔡、安阳，河北邢台一带。"𤕫"在上述几地均有发现。也有族名"𢽝"，两个族名的铜器同出一墓，[2]说明二者联系密切，却又不尽相同。

另一支则迁到了今北京地区，这支家族族氏铭文的特点是都带有"矣"字。我们认为这支家族很可能是随燕侯来到燕地的。如上文所言，和举族类似，矣族在燕国的社会地位相当高，并多次受到燕侯的赏赐。从矣族墓葬和铜器出土地看，矣族的活动中

1　唐兰：《西周青铜器铭文分代史征》，中华书局，1986，第 110 页。
2　刘东亚：《河南上蔡出土的一批铜器》，《文物参考资料》1957 年第 11 期，第 66 页。

心应该在燕山南北。1982 年在顺义牛栏山发现的曩族成员墓葬，再加上辽宁喀左发现的青铜器窖藏，都显示了曩族与燕山南北的密切关系，很可能是受燕侯的命令经营燕山南北。

四　召公家族与殷文化

《史记·燕召公世家》曰："召公奭与周同姓，姓姬氏。周武王之灭纣，封召公于北燕。"关于召公身世，目前存在多种说法，如皇甫谧认为召公是文王庶子（见《诗经·召南·甘棠》孔疏引皇甫谧《帝王世纪》）。日本学者白川静认为甲骨刻辞中的"旨方"就是"召方"，即召公家族的先族。[1] 韩巍先生赞同白川静的说法，并认为王赐姬姓于召公家族。[2] 这些看法多源于召公家族与殷遗民和殷文化的密切关系，而其中的误解还在于对商周之际两种文化交融的考察不够。

召公家族与周王族的血缘关系暂且不论，从文化上说，召公家族接受殷文化是有一个过程的，这与二次征商、兴建雒邑、建立燕国都有关系。

召公生于商末，主要生活在文王、武王、成王、康王时期，他本人受商文化影响是不深的，重要表现就是召公自己不用日名和族氏铭文。太保玉戈，传于光绪年间出于岐山，[3] 现存美国弗利尔美术馆，戈上刻铭文："六月丙寅，王在丰，令太保省南国，帅汉，遂殷南，令厉侯辟，用朱走百人。"器主是太保本人，王应该是成王，太保为纪念此次省察南国而作此器。可见召公本人并

1　白川静「召方考」『甲骨金文学論集』朋友書店、1973、171—203 頁。

2　韩巍：《西周金文世族研究》，博士学位论文，北京大学，2007，第 85 页。

3　庞怀靖：《跋太保玉戈——兼论召公奭的有关问题》，《考古与文物》1986 年第 1 期。

未用日名和族氏铭文。召公下一代也几乎不用日名和族氏铭文。如琉璃河 M1193 出土的克罍、克盉铭文中同样不见日名和族氏铭文的使用。可见，至少在成王时期，召公家族在铸造青铜器时，还没有使用日名和族氏铭文的习惯。

日名在召公家族中的使用与燕国的建立应该有很大关系。如上文所言，像举族这样的殷商大族随召公家族迁往雒邑，又来到燕地，长时间的熏染，使殷商文化逐渐得到传播。祭祀文化在商贵族的文化生活中占据重要位置，这是商王朝维护政权的重要方式，到了周代，依然如此，所谓"国之大事，在祀与戎"。燕国初建，要保持燕政权的巩固，重要举措之一就是要维护和周王朝的密切关系，学习殷商发达的祭祀文化，强化周族的祭祀意识，使用日名以方便祭祀，正是题中之义。这种学习是从燕国上层开始的，甚至燕侯本人也使用日名。匽侯旨鼎（《集成》2269）的作器者是一代燕侯，他为父亲作器，称呼父亲为"父辛"。周康王时期，燕国社会上层已经广泛接受商文化。

召公家族在铸造青铜器铭文时大量使用日名，如康王时期的宪鼎（《集成》2749）、伯宪鼎（《集成》9430）、伯龢鼎（《集成》2407）、龢爵（《集成》9089）均出现"召伯父辛"，虽然目前学界对"召伯父辛"是谁还存在争议，但一定是召公家族的成员，且使用日名，并与燕侯一定有关系。"召伯"与"父辛"的连用，从文化上看，正是商周文化融合的产物。商人多用"伯"称呼异族族长，不用来称呼自己族人。"伯"多用于周人称呼宗族之长。类似于商人的"子"，而又不同于商人，"伯"在周文化中还带有尊称的意思。"召伯"，显然是召公之长的意思，是对召氏家族族长的称呼，是周人常见的用法。与商人常用的日名"父辛"连用，这既不见于商金文中，也鲜见于周王畿内的金文中，正是在东土商周文化结合的产物。值得注意的是，这种文化交融不局限于燕国，随着召公家族内部对商文化的接受，远在西土的召公族人同时也广泛接受商文化，如洛阳北窑墓地 M101 出土的叔造尊，铭文曰："叔造作召公宗宝尊彝，父乙。""召公宗"，就是召公家族的意思。器主为召公家族作器，铭文最后的"父乙"说明用日名称呼死去的父亲，在召公家族中已很普遍，无论在燕国还是雒邑。正如张懋镕先生所指出的，召公后代用日名是受殷商文化影响的结果。[1]

与日名类似，"太保"作为族名使用也是召公家族深受商文化影响的结果，这种影响应该发生在西周初年，而非在商代就产生了。值得注意的是，"太保"族名的使用起于召公去世之后。"太保"原是对召公在世时的尊称，西周金文中常见，如太保簋（《集成》4140）："王伐录子圣，戫厥反，王降征令于太保，太保克敬亡遣，王永太保，赐休余土。用兹彝对令。"铭文讲周王因录子圣谋反而决定讨伐，太保接受周王下达的讨伐诏令，能够尽职尽责，周王嘉奖太保，封赐余土，太保铸造这件簋来感恩周王的封赏。这里的太保是对召公的尊称，又见于康王时期的栖簋（《集成》3790）、叔卣（《集成》4132、4133）、旅鼎（《集成》2728）

"太保"作为族名，显然是因世人尊称召公为"太保"而来，族人因太保召公而感到荣光，故以"太保"二字作为家族的标志。而这一切都发生在召公去世之后，这也是周初一段时期受殷文化影响的结果。商人因何使用族氏铭文，尚不得而知。但客观上族氏铭文把分布在不同地区的同一家族成员联系在了一起，召公家族也利用这一方式把同样分布在"普天之下"的宗族成员聚拢起来。如果召公家族是一个殷商时期就存在的大族，应该早就有自己的族氏铭文，不至于到了周康王时期才想起用"太保"作为家族的象征。

1　张懋镕:《周人不用族徽说》,《古文字与青铜器论集》, 第 226—228 页。

从《尚书》的记载看，召公本人兴建雒邑过程中，负责迁移、管理殷遗民，确实与殷遗民接触频繁。同时，召公的下属中，殷移民占据很大比重。如康王时期的梧簋（《集成》3790）铭文："太保赐厥臣梧金，用作父丁尊彝。""臣"是器主梧的身份，是太保的下属或家臣，受到太保的赏赐；"父丁"，日名，是器主对去世父亲的称呼，日名的使用说明器主是殷遗民，在周王朝中为召公效力。御正良爵（《集成》）："唯四月既望丁亥，公太保赏御正良贝，用作父辛尊彝。"器主良的官职是"御正"，受到太保赏赐，良显然是太保的下级。从使用日名"父辛"看，良也是殷遗。

持续数百年的商文化也熏染着来自西方的周人，出身召公家族的燕贵族逐渐接受商文化的熏陶，仿效商人的族氏铭文，使用"太保"作为自己家族的象征，铸造在铜器上以留存千年。接受商人的日名传统，使用日名对祖先进行祭祀，使与召公家族有关的文物、墓葬带有浓厚的商文化气息，以至于学者认为召公家族可能是通过"赐姓"的方式得到的姬姓身份，血缘上原本并不是周人，更不是文王后代。[1] 通过了解商周时期燕国的情况，这个猜想可能是不能成立的。从燕国史看，召公家族在与商遗民的交往中，逐渐接受商文明中的先进部分，这也是周人文化自信的表现。在燕国，商周文明在燕地不断融合，铸就了灿烂的燕文化。

结　语

商周关系一直是中国古史上的大问题。从区域史角度看，当时北京地区也存在着"商周之辨"。从举、冀二族在燕国的情况

1　韩巍：《西周金文世族研究》，博士学位论文，北京大学，2007，第84页。

可以看出，曾经在商王朝煊赫一时的世家大族，在燕国一样受到重用。燕侯通过封赏钱贝、臣妾等方式笼络商遗民。商遗民也因受到燕侯的赏赐而感到荣光，特作铜器以示纪念。以燕侯为首的燕国贵族更是广泛接受商文化。这些都显示了周初燕国融洽的商周关系。过去，我们总是把武王克商后的商周关系想象成统治者与奴隶的关系，商遗民总是以悲惨的亡国奴形象出现。这种想象至少不符合西周初年燕国的情况。从克罍、克盉铭文可见，燕国立国之初，众多部族随燕侯来到燕地，参与燕国的建设。其中商王朝的遗民由于在物质、文化等领域都占据优势资源，在燕国建设过程中发挥重要的作用。这一点在燕国考古新发现中正在不断得到验证。

燕侯旨卣"姑妹"考

王　超[*]

摘　要： 燕侯旨卣"姑妹"之称，从典籍及出土材料反映情况看，无法得出其有"姑姑"或"小姑"之义的结论。由侄为姑、兄为妹作器的青铜铭文可见，姑、妹这类亲称经常出现于父家亲人为外嫁之女子作器的语境中。燕侯旨的姑、妹属姑侄关系，她们均嫁与大河口墓地 M1 墓主即一代霸伯为妻。燕侯旨卣所反映的即为西周早期燕国与霸国之间存在侄媵婚现象。

关键词： 燕侯旨卣　姑妹　侄媵　霸伯

2008 年山西省翼城县大河口西周霸国墓地 M1 发掘出土了三件同铭青铜尊、卣，从器形、纹饰及铭文书写等方面看，其时代有明显的西周早期后段特征。[1]

以所出卣为例，铭文曰"燕侯旨作姑妹宝尊彝"（《铭续》[2] 0874）。器主为燕侯旨，其身份一般被认为是姬姓燕国的第二任君主。[3] 以往学者讨论此器，主要是涉及西周早期燕国与其他诸侯国的

---

* 王超，北京师范大学历史学院博士研究生。

1　山西省考古研究院等：《山西翼城大河口西周墓地一号墓发掘》，《考古学报》2020 年第 2 期。

2　吴镇烽编著《商周青铜器铭文暨图像集成续编》，上海古籍出版社，2016。本文简称作《铭续》。

3　《北京琉璃河出土西周有铭铜器座谈纪要》，《考古》1989 年第 10 期；陈平：《克罍、克盉铭文及其有关问题》，《考古》1991 年第 9 期。

关系问题。[1] 笔者以为，对燕侯旨卣"姑妹"一词的重新理解，或许对相关讨论的深入，能够提供新的思路。不揣浅陋，撰此小文，以供方家批评。

图1　燕侯旨卣器形及拓片
资料来源：山西省考古研究院等《山西翼城大河口西周墓地一号墓发掘》，《考古学报》2020年第2期；《铭续》0874。

一　"姑妹"诸说献疑

"姑妹"连称，在目前所见的先秦各类文献中，仅见于山西翼城大河口燕侯旨诸器。有关其内涵，目前大致有如下几种意见。

其一，"姑妹"指"姑姑"或"小姑"。[2] 此说之依据，主要是唐代大儒孔颖达关于《左传》"姑妹"的解释。《左传》襄公十二年《正义》谓：《释亲》云：'父之姊妹曰姑。' 樊光曰：《春秋传》

1　冯时：《霸国考》，陕西省考古研究院、上海博物馆编《两周封国论衡——陕西韩城出土芮国文物暨周代封国考古学研究国际学术研讨会论文集》，上海古籍出版社，2014，第385—386页；黄锦前：《金文所见霸国对外关系考索》，陕西省考古研究院、上海博物馆编《两周封国论衡——陕西韩城出土芮国文物暨周代封国考古学研究国际学术研讨会论文集》，第423页。

2　冯时：《霸国考》，陕西省考古研究院、上海博物馆编《两周封国论衡——陕西韩城出土芮国文物暨周代封国考古学研究国际学术研讨会论文集》，第385页。

云'姑姊妹',然则古人谓姑为姑姊妹。若父之姊为姑姊,父之妹为姑妹。《列女传》梁有节姑妹,入火而救兄子。是谓父妹为姑妹也。后人从省,故单称为姑也。"[1]"姑姊妹"指父之姊妹,文献中可以得到证明,此应无疑义;[2]然樊光以"姑姊"为"父之姊",恐有未妥之处。如,《左传》襄公二十一年记载,邾庶其以邾邑漆、闾丘投鲁,季武子"以公姑姊妻之",若"姑姊"指"父之姊",则此"公姑姊"当为鲁襄公父鲁成公之姊,此时鲁成公已卒二十余年,成公之姊若仍健在,恐已年长,若妻与邾庶其则不合常理。而文献中的"姑姊",很可能只是"姑姊妹"之省。如,《荀子·仲尼》中说齐桓公"姑姊妹之不嫁者七人",《管子·小匡》又谓齐桓公"姑姊有不嫁者",此"姑姊"即省"妹"字。而且,孔疏引《列女传》称"梁有节姑妹",然目前通行的《列女传》中"姑妹"作"姑姊"。[3]故《左传》孔疏于此处恐存在着问题。

也有学者认为,"姑妹"指姑姑中最年少者,或是该姑姑的年龄小于燕侯旨故称"妹"。[4]然姑、妹俱为亲称,恐不宜以"妹"来指示姑的年齿大小。[5]

其二,"姑妹"为燕侯旨"妻母"。[6]该说的主要依据,是礼书注疏中"姑"为"妻之母"的说法。[7]然正如冯时所辨析,若

---

1 孔颖达:《春秋左传正义》卷31,阮元校刻《十三经注疏》,中华书局,1980,第1952页。

2 例如,《左传》襄公十二年谓天子求后于诸侯,诸侯"无女而有姊妹及姑姊妹,则曰'先守某公之遗女若而人'","姑姊妹"指比"姊妹"长一辈的"先守某公之遗女",当指"姑姑"。

3 刘向:《列女传》卷5,刘晓东校点,辽宁教育出版社,1998,第55页。

4 吴镇烽:《浅议北白鹅虢季颟中的"匽姬"》,《出土文献综合研究集刊》第14辑,巴蜀书社,2021,第31页。

5 亲属称谓中指示排行大小,典籍及出土材料用法相近,一般皆以伯、仲、叔、季缀于亲称之前。

6 冯时:《霸国考》,陕西省考古研究院、上海博物馆编《两周封国论衡——陕西韩城出土芮国文物暨周代封国考古学研究国际学术研讨会论文集》,第385—386页。

7 孔颖达:《礼记正义》卷31,阮元校刻《十三经注疏》,第1622—1623页。

"姑"为"妻之母","姑妹"的"妹"指代何意就不易理解了。[1]
再有,两周金文中,有子为母作器,或妻为公、姑作器,目前为
止并未见有贵族男子为妻母作器的例子。

其三,"妹"为私名。[2]西周金文有豳王盉"豳王作姬姊盉"
(《集成》[3]9411),"姬姊"的"姊"或可视作私名,因此"妹"
用为人名,理论上可行。但金文中女子的私名多与父姓组合使
用,如"姬尚母""姜縈""叔妊襄"中,"尚母""縈""襄"为
私名,皆与姓搭配;或是仅以私名单独作为该女子的称谓,如夔
膚簠(《铭续》0500)"夔膚择其吉金,为骍儿铸媵簠",杞伯鬲
(《铭续》0262)"杞伯作车母媵鬲",其中"骍儿""车母"皆
为私名,尚未见有以"亲称 + 私名"来表示的女子称谓。而且,
"姑"为"父之姊",也就是燕侯旨的长辈,金文中称女性长辈,
一般皆在其名或字末缀以"母"字。[4]

综上,学者们对"姑妹"内涵之解释,皆有所据,不可谓无
根之说,但似仍有讨论余地。如将其放到西周乃至春秋时代具体
语境下,或许我们还会有新的认识。

二 "姑妹"指姑、妹二人

燕侯旨卣出土于山西翼城大河口西周霸国墓地 M1,墓主

---

1 冯时:《霸国考》,陕西省考古研究院、上海博物馆编《两周封国论衡——陕西韩城出土芮
国文物暨周代封国考古学术研讨会论文集》,第 385—386 页。

2 吴镇烽:《浅汉北白鹅虢季盨中的"匽姬"》,《出土文献综合研究集刊》第 14 辑,第 31 页。

3 中国社会科学院考古研究所编《殷周金文集成(修订增补本)》,中华书局,2007。本文
简称作《集成》。

4 吴镇烽:《试论周代女性称名方式》,《青铜器与金文》第 6 辑,上海古籍出版社,2021,
第 39 页。

应是一代霸伯，[1] 出自同一墓葬的铜器，还有一件旨爵（《铭续》0666）"旨作父辛盉"，"旨"即燕侯旨。[2] 燕侯旨所作诸器之所以出现在霸伯墓中，应是燕、霸两国存在婚姻关系，诸器为燕国公室陪嫁之媵器，或是用作墓主的赠赠之物，燕侯旨卣中的"姑妹"，当为嫁往霸国的燕国公室女子，"姑妹"的丈夫即为 M1 墓主霸伯。

燕侯旨卣"姑妹"究竟指何人呢？笔者以为，此处"姑妹"当为姑、妹两人之合称。"姑""妹"作为亲称已见于西周金文。表示"父之姊"的"姑"，一般出现在侄为已嫁之姑作器，如伯庶父簋（《集成》3983）"伯庶父作王姑凡姜尊簋"；或是侄为姑作陪嫁媵器，如复公子伯舍簋（《集成》4013）"复公子伯舍曰：啟亲，作我姑邓孟媿媵簋，永寿用之"。为"妹"作器者，有楷侯盂（《铭续》0968）"楷侯媵妹宝皿"，鄝伯受簋（《集成》4599）"鄝（养）伯受用其吉金，作其元妹叔嬴为心媵𦈢簋"，等等。综上可见，侄、兄为姑、妹作媵器，或是赠送出嫁在外的姑、妹礼器，这种现象在当时不难见到。

燕侯旨卣称作器对象为"姑妹"，则铭文所载有可能反映了燕侯旨为"姑"和"妹"共同作器的现象。若此，"姑"和"妹"当为姑和侄女的关系。侄女在文献中又作"姪"，《释名·释亲属》云："姑谓兄弟之女为姪。姪，迭也。共行事夫更迭进御也。"即谓姑姪可同嫁一夫，这种现象被称作"姪媵"。据《左传》记载，贵族婚姻中有实行"姪媵"婚的现象，例如，《左传》襄公十九年记载："齐侯娶于鲁，曰颜懿姬，无子，其姪鬷声姬生光，

1　山西省考古研究院等：《山西翼城大河口西周墓地一号墓发掘》，《考古学报》2020 年第 2 期。
2　同属西周早期后段的燕侯旨鼎（《集成》2269）谓"燕侯旨作父辛尊"，旨爵称父考亦为"父辛"；再结合与旨爵同出的大河口墓地 M1 中的燕侯旨卣、尊，旨爵器主"旨"为"燕侯旨"应为可信。

以为大子。"[1] 颜懿姬、鬷声姬为姑姪关系，二人均嫁与齐灵公。《左传》襄公二十三年亦谓："臧宣叔娶于铸，生贾及为而死，继室以其姪，穆姜之姨子也。"[2] 即臧宣叔先后娶铸族一对姑姪。此二例均表明姪媵婚的存在。

春秋早期的齐繁姬盘（《集成》10147）云："齐繁姬之嬗作宝盘，其眉寿万年无疆，子子孙孙永宝用享。""嬗"屡见于青铜器铭文，如苏夫人匜（《集成》10205）"苏夫人作嬗改襄媵匜"，嬗妊壶（《集成》9556）"嬗妊作安壶"。"嬗"，不少学者认为其读为"姪"，用以指示姪媵婚中的"陪媵"身份。[3] 周代青铜铭文中，女子称谓的构成要素往往是氏（父／夫）、名、排行、父姓，上面所举"嬗改""嬗妊"，若"嬗"读为"姪"，表示陪媵身份，在辞例上确实较难找到相似证据，这里的嬗不排除有作为私名或氏名的可能。不过，仅就齐繁姬盘而言，作器者自称是"齐繁姬之嬗"，称谓形式类似于曾姬无恤壶（《集成》9710）"圣桓之夫人曾姬无恤"、嬭加编钟（《铭三》[4]1282）"余文王之孙、穆之元子"，"夫人""孙""子"皆为亲称，所以齐繁姬盘中的"嬗"读作表亲属称谓的"姪"当属可信。两周时期，贵族女子多数情况下是以夫家女性的身份来作器，[5] "齐繁姬"是指嫁往齐国的姬姓女子名繁者，其侄女以"齐繁姬之姪"自称，应是与繁姬在同一

1　孔颖达：《春秋左传正义》卷 34，阮元校刻《十三经注疏》，第 1968 页。

2　孔颖达：《春秋左传正义》卷 35，阮元校刻《十三经注疏》，第 1978 页。

3　陈昭容：《两周婚姻关系中的"媵"与"媵器"》，《中央研究院历史语言研究所集刊》第 77 本第 2 分，台北："中研院"史语所，2006，第 231—234 页；陈剑：《甲骨金文旧释"𩢃"之字及相关诸字新释》，《出土文献与古文字研究》第 2 辑，复旦大学出版社，2008，第 37—42 页。

4　吴镇烽编著《商周青铜器铭文暨图像集成三编》，上海古籍出版社，2020。本文简称作《铭三》。

5　陈昭容：《周代妇女在祭祀中的地位——青铜器铭文中的性别、角色与身份研究》，李贞德、梁其姿主编《妇女与社会》，中国大百科全书出版社，2005，第 13—21 页。

个夫家,齐萦姬盘或可表明青铜器铭文中亦记载有姪媵婚现象。

与姪媵婚相似的还有娣媵婚,也就是同家族的姊妹共嫁一夫。西周晚期的师奂父簋(《集成》3706)记载:"师奂父作叔姞宝尊簋。"属于同人器的师奂父鼎(《集成》2353)则云:"师奂父作季姞尊鼎。"叔姞、季姞当为姊妹关系。师奂父,学者一般认为其即姬奂母豆的器主姬奂母的丈夫师宲,[1]尽管师宲族姓目前还存有争议,[2]但其为非姞姓的家族,当大致没有问题,因此,师奂父诸器中叔姞、季姞,最有可能指师奂父的妻子,他们当属来自同个姞姓家族的女子。又如,西周早期的姬隽母鼎(《铭续》0153)载:"姬隽母作鮨鼎,用旨尊厥公厥姊。"该鼎的作器对象"厥公""厥姊"应为夫妻关系,[3]姬隽母为公、姊作器,说明其与公、姊同属一个家族,姬隽母当与"姊"共同嫁给了"公",该器中姬隽母、姊为姊妹关系。[4]通过以上两则材料,至少可以说明,同出一族的多个女子共嫁一夫,在西周时即已出现。燕侯旨的"姑""妹"同嫁霸伯,应存在可能。

西周春秋的青铜器,有不少器的作器对象是两位女子,这两位女子之间一般是共嫁一夫的关系。例如,西周中后期的伯猎父鬲(《集成》0615)载"伯猎父作邢姬、季姜尊鬲",尽管该器性质是夫为妻作器抑或是陪嫁之媵器,从铭文信息中较难看出,

---

1 高婧聪:《师宲钟、姬奂母豆铭文所见人物关系与族属——兼论西周国家构建模式》,《管子学刊》2019年第1期;黄锦前:《金文夫妻同字称谓释例》,《文献》2019年第4期。

2 师宲族属有妫陈、姬曹、姜太公后裔、虢仲之后诸说。如刘雨《师宲钟和姬奂母豆》,《古文字研究》第26辑,中华书局,2006,第165—171页;李学勤《论西周王朝中的齐太公后裔》,《烟台大学学报》2010年第4期;耿超《浅议姬奂母豆与师宲钟作器者关系及族姓》,《考古与文物》2011年第1期;黄锦前《岐山孔头沟出土尚爵与虢氏家族的有关人物及史事》,《宝鸡文理学院学报》2021年第3期。

3 袁国华:《姬隽母温鼎初探》,张光裕、黄德宽主编《古文字学论稿》,安徽大学出版社,2008,第253—254页。

4 黄国辉:《略论"姬隽母温鼎"中的人物关系及婚姻制度》,《中国史研究》2010年第1期。

但两位异姓女子出现于同一器中，她们很可能是同嫁一夫的两名女子。约属两周之际的伯氏姒氏鼎（《集成》2643）载："唯邓八月初吉，伯氏、姒氏作媭、嫚筼饙鼎，其永宝用。"伯氏、姒氏当指邓伯及其夫人，他们为媭、嫚二位女子作器，媭、嫚谁为主嫁、谁为陪嫁，尽管难以确定，但该器内容至少说明，当时父家为出嫁女子作器，会为主嫁和陪嫁女子一起作器。又如，曾侯簠（春秋早期，《集成》4598）载："叔姬霝适黄邦，曾侯作叔姬、邛媭媵器齍彝，其子子孙孙，其永用之。"该器叔姬来自曾国，邛媭应是媭姓邛国的女子，她们共事一夫。再如，春秋中期的曾夫人匜（《铭图》[1]14964）："曾夫人作仲姬、辛姬盥匜，其万年眉寿永用之。"此器是曾夫人为仲姬、辛姬而作，其中"仲姬"应指曾国公室女子；"辛姬"有学者认为是来自姬姓辛国的女子，她是仲姬的陪媵，[2]不过，金文中的辛氏只有姒姓，[3]未见有姬姓辛氏。"辛"在这里若用为氏名，似只能是姒姓，辛姬应指嫁往辛氏的姬姓女子，[4]那么，"辛姬"这一称谓当是"夫氏＋父姓"的形式。

从一器媵二女的铭文之中，我们发现，出自不同国别的两位女子，其称谓中通常会以标明父氏而非夫氏作为区分她们族属的重要标志。[5]曾夫人匜中，曾夫人为仲姬、辛姬作器，而辛姬的"辛"又为夫氏，则辛姬很可能也是出自曾国的女子。金文中父家为出嫁女子作器，出嫁女子的称谓中氏名往往为夫氏，如楚

1　吴镇烽编著《商周青铜器铭文暨图像集成》，上海古籍出版社，2012。本文简称作《铭图》。

2　刘丽：《两周时期诸侯国婚姻关系研究》，上海古籍出版社，2019，第143—144页。

3　韩巍：《西周金文世族研究》，博士学位论文，北京大学，2007，第195—197页。

4　金文中有辛氏与姬姓联姻的例子，如中伯壶（《集成》9668）"中伯作辛姬辮人腰壶"，其中"中"为姬姓，铭文反映了姬姓中氏的女子姬辮人嫁到辛国。又如，西周晚期有辛中姬皇母鼎（《集成》2582），辛中姬皇母亦应指姬姓中氏嫁到辛国的女子。

5　除上举诸例以外，还如曾侯鼎中汤媭、许子疲簠中秦嬴、上都公簠中番改等。

王钟（《集成》0072）铭谓"楚王媵邛仲嬭南龢钟"，鲁伯愈父鬲（《集成》0690）"鲁伯愈父作郑姬仁媵羞鬲"，邛、郑皆为夫家氏。[1] 若此，仲姬、辛姬当均出自曾国。从"辛姬""仲姬"的称谓来看，前者的姓前冠以夫氏，而后者仅以家族排行"仲"冠之，辛姬则很有可能是主嫁女子。仲姬、辛姬同来自曾国公室，她们之间是姊妹还是姑姪关系，仅从铭文内容难以判断，但曾夫人匜至少可说明，父家为共嫁一夫的两位同族女子共作一器作为媵赠，这种情况当时应是存在的。

因此，燕侯旨卣中"姑妹"为姑、妹二人之合称，也即燕侯旨为同嫁霸伯的姑姑、妹妹作器，应是大致符合当时情形的。

---

1 根据吴镇烽对出嫁女子称谓形式的总结，其中亦有缀以母家氏称的，但一般不单独与女子姓或名组合出现，而是其后也加上夫家氏称，且仅有一例，即冕侯簋盖"冕侯作冕邢姜妢母媵尊簋"。从"冕邢姜妢母"这一称谓来看，即便称谓中有父氏，夫氏仍是不可或缺的成分。（吴镇烽：《试论周代女性称名方式》，《青铜器与金文》第6辑，第31—33页）

北京明代寺观碑志题记校札四则 *

朱学斌　张　冶 **

摘　要： 通过对照中国国家图书馆藏中国历代石刻拓本，可校订北京明代寺观碑志题记相关著录四通碑刻释文的十八处讹误，并对明代碑刻异体字以及其他相关问题展开进一步探讨：分别是明弘治八年《重建都龙王庙碑记》的"余文""韦番""韦鼎""韦贤""库礼"，明万历十九年《重修圆通寺记》的"叶云礽""郑奎""杨一桂""眭友""缴喜""刘进朝"，明天启七年《曹老虎观白纸圣会碑》的"侯拱""蒲昇""邢宠"，明崇祯五年《敕建东岳庙碑记》的"王门周氏""邓门拱氏""李门于氏""吕门丘氏"等。

关键词： 明代寺观　明代北京史　明代碑刻　碑刻题记　异体字

引　言

碑刻作为古代文献的重要组成部分，可与传世文献相互对读，多角度提供佐证材料，正如王国维所言"既据史传以考遗刻，复

* 本文为国家博士后第 73 批面上资助项目（项目编号：2023M731118）和上海市哲学社会科学规划课题青年项目（项目编号：2023EYY001）阶段性成果之一。

** 朱学斌，华东师范大学中文系讲师；张冶，河北金润置地公司金石学者。

以遗刻还正史传"。[1] 一方面碑刻可以补充史志记载有限的缺漏之处，另一方面碑刻保存了大量未经后世篡改的记录，因此其史料价值难以取代。

其中地方碑刻的作用在于"能够提供所属地方基层社会及地区相互关系之历史"，"除非我们应用这类资料，或从其他更容易失去之文献，如家族记录、田土契约、商业账簿等处得到所需的资料，否则我们便无法有信心地或详细地重建前代社会之历史"。[2] 明代作为北京发展的重要历史阶段，其寺观碑志反映了当时社会信仰活动的基本面貌，而碑刻的题记直接呈现了宗教活动信众的规模大小、参与层次和互动交流程度。

要充分发掘碑刻的有效信息，基础工作是要先正确释读碑刻的释文。而以往对于北京明代碑志题记的研究仍有不充分之处。本文选取了明代北京建都之后内容涵盖从官方到民间不同阶层宗教活动的四通寺观碑刻，对其中十八处释文的讹误及其相关问题展开讨论。

一　明弘治八年《重建都龙王庙碑记》

编号	1–1	1–2	1–3	1–4	1–5	1–6	1–7	1–8
原释文	畲文	常番	常鼎	常贤	韦芳	韦冬	使鉴	缺释
字形								
新释文	余文	韋番	韋鼎	韋賢	韋芳	韋冬	侯鑑	厍礼

1　王国维：《宋代之金石学》，《王国维文集》第4卷，中国文史出版社，1997，第124页。

2　许舒：《序言》，科大卫等编《香港碑铭汇编》，香港市政局，1986，第3页。

中国东部季风区的各地省份普遍分布有"龙王庙",但以"都"字冠名敕建的龙王庙位于北京昌平。都龙王庙位于北京昌平区化庄村龙山顶,而大运河白浮泉遗址在龙山(又名龙泉山、神山、白浮山、凤凰山、神岭山等)东北麓半山盆地,所以都龙王庙是大运河文化带的重要节点。昌平"都龙王庙"冠以"都"名,与北京作为首都的水源密切相关,代表了都城的级别,正殿门口楹联"九江八河天水总汇,五湖四海饮水思源"。元代熊梦祥《析津志辑佚》之《属县·昌平县·桥梁》有言:"龙王泉祖之庙,为诸泉水之始",[1] 亦有总首号称"都管天下龙王之庙"之义。

北京作为首都需要充足的水源。元代迁都于大都之后人口增长很快,很快达到数十万人的规模。这导致粮食引水乃至其他物资的供给都很紧张,但是漕运物资集散地位于通州张家湾,与大都城内还有相当距离,畜力人力驮运都不便利。在北京周边的西山诸泉水量不足,永定河原名"无定河",流量大起大落,河道迁徙无定而灾害频繁,而且河水因为泥沙较多而常显混浊。[2] 水利工程专家郭守敬历经三十余年遍寻水源,地处温榆河上游地区的龙山虽然海拔不高,但山麓当时有裂隙泉出水甚旺。郭守敬于是引昌平龙山白浮泉水收束改道,沿途吸纳温榆河上游诸水及西山诸泉,西折南转过双塔、榆河、一亩泉、玉泉诸水,经瓮山泊(今昆明湖)至京城西水门入都城,南汇积水潭,出东南文明门,至通州入白河,至元三十年(1293)竣工,总长80余公里,元世祖赐名为"通惠河"。[3] 由此南方人员物资的运输无须换乘车马便可直抵

1 (元)熊梦祥著,北京图书馆善本组辑《析津志辑佚》,北京古籍出版社,1983,第261页。

2 郭蔷主编《风物中国志·昌平》,北京联合出版公司,2021,第79页。

3 陈玉起主编《昌平文物志》,北京燕山出版社,2010,第119—120页。

京城。[1] 所以白浮泉引流保障了元代"经济动脉"京杭大运河最北端通惠河的水源，也为北京成为全国首都乃至国际化大都市奠定了扎实基础。

元代引白浮泉水济漕工程完成后，在龙山之巅奉敕扩建了都龙王庙。中国传统文化中的"龙王庙"多为祈求风调雨顺，所以紧邻大运河北端上游水源的"都龙王庙"在明清时是著名的祈雨圣地，因"祈天祷雨最为灵感"而负盛名。而白浮泉（又名龙泉、神山泉）也是昌平著名的"燕平八景"之一的"龙泉漱玉（明代称龙泉喷玉）"，有诗赞曰"苍翠云际岑，流泉清且深，常疑有龙伏，喷玉解为霖"。隆庆《昌平州志》载："按州东南五里有龙泉山，上建都龙王庙。山之东麓泉涌山下石窦，潆洄如玉，喷吐清冽可爱。州之游观者无间四时，盖以此为便云。"[2] 因此龙泉山庙（龙泉山庙乃上寺、下寺合称，上寺指都龙王庙，下寺为龙泉寺和白衣庵）也成为昌平民俗文化活动的重要场所。[3]

"白浮泉遗址——九龙泉"因其作为元大都漕运通航引水工程对于北京都城文化和运河文化突出的历史价值，故而在 1990 年被列入北京市文物保护单位，2013 年被列入全国重点文物保护

1　侯仁之《白浮泉遗址整修记》指出："昌平沿山一带多有流泉，其为利之溥与历史上之北京城息息相关者，首推白浮泉。白浮水导引入京，始于元初。时新建大都城，急需引水以济漕运，遂有通惠河之开凿，其最上源即在白浮泉。郭守敬经始其事，开渠引水，顺自然地势，西折南转，绕过沙、清二河之河谷低地，经今昆明湖之前身瓮山泊，流注大都城内积水潭。于是南来漕船可以直泊城中。今日新开京密引水渠，自白浮泉而下直至昆明湖，仍循元时故道，仅小有调整，足证当初地形勘测之精确。"侯仁之：《北京城的生命印记》，生活·读书·新知三联书店，2009，第 484 页。

2　隆庆《昌平州志》卷 1，隆庆二年刻本万历增修本，第 18 页。

3　除了祈雨、谢雨等祭祀活动之外，昌平还有"龙山庙会"传统民俗节日。龙泉山庙乃上寺、下寺合称，上寺指都龙王庙，下寺为龙泉寺和白衣庵。龙泉山庙会会期在农历六月十一日至十三日。其中六月十三日最热闹。先是昌平官府举行上香参拜仪式，后有各档花会大显身手，有开路、五虎棍、跑旱船、花钹大鼓等，其中单腿踩高跷登上 108 级台阶尤为精彩。彭俐编《北京大运河的浪花》，北京出版社，2019，第 38 页。

单位。都龙王庙作为见证北京城市文明史的"大运河源头遗址公园"的重要组成部分在 2023 年 4 月重新对外开放。[1]

都龙王庙整体建筑格局为坐北朝南，中轴线依次为照壁、山门、钟楼、鼓楼、东西财神药王配殿、正殿。其中钟楼、鼓楼均为单开间二层楼阁，歇山顶。东、西配殿为面阔三间的硬山建筑，均为近年修缮。[2]正殿明间前月台有柱础，原先可能有抱厦。明间黄琉璃外为灰布瓦，减柱殿内梁坨柱础为老构。现存大殿结构仍有元明遗制，其余建筑主体多为清构。照壁南侧山下原先的戏台是都龙王庙的正门。光绪《昌平州志》记载："都龙王庙在龙王山巅，明太祖洪武八年（1375）重修，光绪四年（1878）祈雨有灵，奏请御赐'祥徵时若'匾额，重修殿宇。"此次御赐匾额由李鸿章奏议。[3]都龙王庙正殿内供奉龙王塑像及雷公电母、风伯云童，两侧墙上在清末民初绘有 45.97 平方米的"龙王行雨图"壁画。

都龙王庙正殿前原先的明清修庙记事碑移到了殿后东北角院内，分别书于明孝宗弘治八年（1495）、清康熙五十一年（1712）、康熙五十三年（1714）、乾隆十七年（1752）和光绪五年（1879），记述了重修龙王庙、置买庙田和祈雨往事的经过，是研究明清风土民俗的重要实物资料。例如 1989 年在都龙王庙东房山墙外庙田内发现的清高宗乾隆十七年（1752）《都龙王庙置田碑记》，碑文中记载："吾州东南，去城五里许，有山蔚然深秀。山下有泉，水声潺湲，峰回路转，中有庙翼然者三：一白衣庵，一龙泉寺，其峰顶则都龙王庙焉。"碑中还记载："每年（农

1　孙云柯：《大运河源头遗址公园开园迎客——重现"龙泉漱玉"，展现元明时期白浮泉风貌》，《北京日报》2023 年 4 月 9 日，第 1 版。

2　张剑葳：《白浮泉、都龙王庙与龙泉寺——京杭大运河通惠河段旧源的建筑与景观》，中国建筑学会建筑史学分会：《第五届中国建筑史学国际研讨会会议论文》，2010，第 30 页。

3　《昌平州请颁匾谢神片》（光绪四年十一月初五日），顾廷龙、戴逸主编《李鸿章全集·奏议八》，安徽教育出版社，2008，第 240—241 页。

历）六月十三，报赛尊神，演剧三胡，结社鸠资，香火繁盛。"[1]

其中《重建都龙王庙碑记》刻于明孝宗弘治八年（1495）十月。余何撰并正书，李曼篆额。阴题名，额正书。重修庙宇的捐助由天寿山钦差守备郭福领衔，署名者还有下属诸守陵太监以及陵区附近各级官吏等。原碑目前仍保存在都龙王庙，《昌平石刻》录有此碑释文，[2]但通过与中国国家图书馆（原称北京图书馆）藏相关拓本[3]对照发现仍有可校读之处。例如原释"畲文"不辞，对照拓本（1–1）可知所谓"畲"字的下部并无构件"田"，因此应改释为"余文"。通过拓本（1–7）可推断原释"使鉴（鉴）"的首字**佚**形应释为"佚"字，而"佚"字又是"侯"字的异体字，例如见于《碑别字新编》引《隋徐智竦墓志》，[4]所以释文应改为"侯鉴"。另外，《昌平石刻》所释碑文还有夺文，例如漏收拓本人名"厍礼（1–8）"。需要注意的是"厍""库"原本并非一字，"厍"字在现代汉语普通话的发音为 shè，在《广韵》意为"姓也。出《姓苑》。今台括有之。《韵会》引《后汉书·窦融传》'金城太守厍钧'，李贤注：今羌中有姓厍，音舍，云承钧之后也。"

另外，《昌平石刻》对于碑刻题记的"帬"字的释文前后也没有统一，甚至相互之间存在矛盾：对于同一处碑文有些"帬"字被释为"韦"字，例如"韦芳（1–5）""韦冬（1–6）"；但其他更多的"帬"字却被释为"常"字，其实"帬"字是"韋（韦）字"的异体字，例如在台湾《异体字字典》是"韋（韦）"字的俗字或体。"**帬**"字作为"韦"字的异体见于许多相关字书。《隶辨·卷六·

1　中共昌平县委老干部局编《十三陵地区风物记》，东方出版社，1994，第 160 页。
2　邢军编《昌平石刻》，北京出版社，2016，第 99 页。
3　余何：《重建都龙王庙碑记》，北京图书馆金石组编《北京图书馆藏中国历代石刻拓本汇编》第 53 册，中州古籍出版社，1989，第 38—39 页。
4　秦公、刘大新编《碑别字新编（修订本）》，文物出版社，2016，第 122 页。

偏旁》："帟、韦（韋）《说文》作𩏩，从舛从口，笔迹小异，亦作𩏩、𩏩，变作𩏩、𩏩，上讹从牛，或作𩏩，下讹从屮，或作帟、𩏩，下讹从巾，卫（衛）本作衛，从韦从币，隶省作衞，讹从巾者，因衞字致讹也。衞亦作卫（衛），省币从韦（韋）。"[1]《字鉴·平声·微韵》："韦、于非切，熟曰韦，生曰革。《说文》从舛口声，口音围，舛古舛字，俗作韦（韋），或作帟。"[2]《字学三正·体制上·俗书简化者》："韦俗作帟。"[3]《字汇·韦部》："韦（韋），俗作帟。"[4]按帟字既为韦（韋）之俗字，故定作韦（韋）之异体。所以，此处碑文误释的"帟"字都应改释为"韋（韦）"字：例如将"常番（1–2）"改释为"韋（韦）番"，将"常鼎（1–3）"改释为"韋（韦）鼎"，将"常贤（1–4）"改释为"韋（韦）贤"。

二　明万历十九年《重修圆通寺记》

编号	2–1	2–2	2–3	2–4	2–5	2–6
原释文	叶云祁	政奎	杨以桂	睦友	刘进	殷喜
字形						
新释文	葉雲礽	鄭奎	楊一桂	眭友	劉進朝	繳喜

北京昌平圆通寺在如今十三陵镇西山口村以北。万历年间总督皇陵工程的内官监太监张祯、刘济等对昌平境内的圆通寺等多处庙

1　（清）顾蔼吉撰《隶辨》卷 6，涣古山房藏板，清同治十二年（1873）重刊本，第 35 页。
2　李文仲编《字鉴》，中华书局，1985，第 14 页。
3　（明）郭一经：《字学三正》卷 1，北京出版社，2000，第 54 页。
4　（明）梅膺祚、（清）吴任臣编《字汇》，上海辞书出版社，1991，第 534 页。

宇大加修葺。正是这些天子周围中贵官的参与，使相对偏远都城外部的乡村社会与国家中枢相联系。[1]黄裳《云烟过眼新录》指出明刻本《西山纪游》提到的圆通寺"在京郊西山至十三陵一带。诗不足观，然所著诸胜，今存者已无几"。[2]光绪《昌平州志》记有"圆通寺，在州治北，地极清幽，今废"。[3]郭汉文认为昌平的圆通寺可能就是后人说的城后（壕）寺，在今火车站北。[4]

值得注意的是北京明清时期的"圆通寺"重名者甚多，[5]研究时需小心留意以免混淆：例如成化十七年（1481）宦官王全等重修圆通寺，[6]清穆宗同治十年（1871）重修圆通寺在东城菊儿胡同33号[7]等。《北京图书馆藏北京石刻拓本目录》即已收录5类7种不同圆通寺碑拓本，今按年代先后排列如下。

（1）圆通寺碑拓本（京3243），张骏撰并正书，张懋篆额。弘治十三年（1500）十月，首题"敕赐圆通禅寺修造碑记"，额

---

1 赵世瑜：《狂欢与日常——明清以来的庙会与民间社会》，生活·读书·新知三联书店，2002，第348页。

2 《黄裳文集（4）·榆下卷》，上海书店出版社，1998，第676页。又见黄裳《翠墨集》，生活·读书·新知三联书店，1985，第171页。

3 彭兴林著，传印主编《北京佛寺遗迹考（下）》，宗教文化出版社，2012，第996页。

4 中共昌平县委老干部局编《十三陵地区风物记》，第74页。

5 例如1928年北平特别市政府寺庙登记的"圆通寺（档号18-15-127）"："坐落东郊区署四分署东坝河三十五号，建立年代失考，清同治六年吉月重修，属私建。本庙面积约二亩余，房屋十一间。管理及使用状况为住户居住。庙内法物有铜像一尊，木像一尊，泥像六尊，大铁挂钟一口，铁磬一口，另有柳树四棵。"北京市档案馆编《北京寺庙历史资料》，中国档案出版社，1997，第113页。

6 何孝荣：《明代北京佛教寺院修建研究（下）》，南开大学出版社，2007，第752页。

7 东城的"圆通寺"始建于元代，清代时曾为热河溥仁寺下院，整体呈"伽蓝七堂"布局，主要建筑有山门、天王殿、观音殿、三世佛殿并东西配殿等。观音殿面阔三间，进深7.15米，圆通寺旧址硬山筒瓦顶，天花上有藻井，殿中供奉南海观音并十八罗汉，东西为伽蓝、祖师二配殿，三世佛殿内供奉释迦牟尼佛。1936年第一次寺庙总登记时圆通寺面积四亩五分，殿宇33间，今已不存。郗志群：《京华通览 南锣鼓巷》，北京出版社，2018，第142—143页。

篆书题"敕赐圆通禅寺重修碑文"。一张 204 厘米 ×102 厘米 +
45 厘米 ×32 厘米，在今丰台区铁匠营分钟寺村。另有圆通寺碑拓
本（京 3247），张骏撰并正书，张懋篆额。弘治十三年（1500）十
月，首题"敕赐圆通禅寺重修碑文"，额篆书同首题。一张 204 厘
米 ×102 厘米 +45 厘米 ×31 厘米，也在今丰台区铁匠营分钟寺村。[1]

（2）圆通寺碑拓本（京 8679），叶云初撰，正书，薛永年刻。
万历十九年（1591）三月，首题"重修圆通寺记"，额篆书同首
题。阴题名二张，尺寸为 128 厘米 ×76 厘米 +25 厘米 ×23 厘米，
128 厘米 ×76 厘米，在昌平县（今昌平区）大富门西北西山口。[2]
此即本文所讨论圆通寺碑。

（3）圆通寺碑拓本（京 6271），黄辉撰，周叔宗正书，傅光
宅篆额，万历二十七年（1599）九月。首题"重修圆通寺碑"。[3]
一张，尺寸为 174 厘米 ×93 厘米，[4] 在崇文区（今东城区）永定
门外。阴见唐王勃撰董其昌行书《达观说韦李柏偈》。[5] 此圆通寺
在北京南城珠市口明因寺街由万历皇帝生母慈圣李太后重修。[6] 明
因寺街在今北京东城区南部，1965 年明因寺街、清化寺街（建
国后谐音改为清华寺街）、椅子圈胡同、幸福胡同、北水道子、

---

1 徐自强主编，王巽文、冀亚平编《北京图书馆藏北京石刻拓片目录》，书目文献出版社，
  1994，第 224 页。
2 徐自强主编，王巽文、冀亚平编《北京图书馆藏北京石刻拓片目录》，第 244 页。
3 黄辉：《重修圆通寺碑记》，北京图书馆金石组编《北京图书馆藏中国历代石刻拓本汇编》
  第 58 册，第 98 页。
4 徐自强主编，王巽文、冀亚平编《北京图书馆藏北京石刻拓片目录》，第 248 页。
5 彭卿云主编《中国历代名人胜迹大辞典》，上海文艺出版社、三联书店（香港）有限公司，
  1995，第 715 页。
6 此圆通寺始建年份不明，至明朝后期"几中废"。明神宗生母李太后"兴之"，而正光居
  士宦官徐法登"实成其事"，"佛像、殿堂、门廊、庖宇，无一不备"。碑刻于万历二十七
  年九月，则该寺重修在万历二十七年左右。何孝荣：《明代北京佛教寺院修建研究（上）》，
  南开大学出版社，2007，第 335 页。

山佑夹道合并，统称"清华街"。后因城市建设需要，清华街部分街道被拆除。[1]

（4）圆通寺碑拓本（京852），许其光撰，王应孚正书，咸丰八年（1858）十二月，首题"重修圆通寺碑记"，额篆书题"永垂不朽"。一张，尺寸为119厘米×65厘米+19厘米×17厘米，在宣武区（今西城区）东北部裘家街。[2]此圆通寺在今北京西城。[3]

（5）圆通寺碑拓本（京4520）邸书田撰并正书，陆得顺刻，光绪元年（1875）六月上浣，首题"重修古刹圆通寺碑记"，额题"百代流芳"。阴题名及地亩四至，额题"万善同归"。二张，尺寸为121厘米×56厘米+22厘米×18厘米，在丰台区看丹西庙。[4]另有圆通寺碑（京4518）正书民国二十四年（1935）六月十九日，首题"修古刹圆通禅寺立碑记"，尾题名。额题"妙因胜果"。阴题名，额题"各结来因"。侧题名，三张尺寸为95厘米×54厘米+13厘米×11厘米+95厘米×20厘米，在今丰台区看丹村西庙。[5]

明万历十八年（1590）重修的昌平圆通寺石碑及遗址尚存，还有两株国槐（胸径15米，为北京市二级保护古树）。[6]通过与万历十九年（1591）所刻《重修圆通寺记》拓本对照[7]可改释以往学界误释的碑文。

1　王彬、徐秀珊：《北京地名典》，中国文联出版社，2001，第245页。

2　徐自强主编，王巽文、冀亚平编《北京图书馆藏北京石刻拓片目录》，第350页。

3　重修碑记立于咸丰八年十二月。张江裁、许道龄编著《北平庙宇碑刻目录》，知识产权出版社，2017，第107页。

4　徐自强主编，王巽文、冀亚平编《北京图书馆藏北京石刻拓片目录》，第357页。

5　徐自强主编，王巽文、冀亚平编《北京图书馆藏北京石刻拓片目录》，第387页。

6　《北京百科全书》总编辑委员会、《北京百科全书·昌平卷》编辑委员会编《北京百科全书·昌平卷》，奥林匹克出版社、北京出版社，2002，第345页。

7　叶云祁：《重修圆通寺记》，北京图书馆金石组编《北京图书馆藏中国历代石刻拓本汇编》第58册，第8—9页。

例如《北京图书馆藏北京石刻拓本目录》将撰写碑文的作者"叶云礽"误释为"叶云祁（2-1）"[1]。"礽"意为"福"，《玉篇·示部》："礽，福也，就也。"古代的"礽"字常用于人名，例如《清史稿》列传的"允礽"。此处"云礽"意为"遥远的孙辈"，例如龚自珍《己亥杂诗（其五十九）》："端门受命有云礽，一脉微言我敬承"。其中"礽"同"仍"，从自身下数到第八世孙称"礽孙/仍孙"。《尔雅·释亲》："晜孙之子为仍孙。"《旧唐书·白居易传》："白居易字乐天，太原人。北齐五兵尚书建之仍孙。"赵彦卫《云麓漫钞》卷六："此帖流传至於智永，右军仍孙也。"赵翼《兕觥归赵歌》："礽孙凛然念先绪，誓返故物奔家庙。"[2]又如《昌平石刻》将各作监工太监等官的"郑奎"误录为"政奎（2-2）"，"杨一桂"误录为"杨以桂（2-3）"；长陵神宫监掌印太监"睦友（2-4）"[3]应是"睅友"之误，此人在万历二十一年（1593）《重修敕赐昭圣寺碑记》（现存昌平区旧县村内马池口工作站）[4]的题记也有出现。此处的"睅"用作姓氏，例如《三国志·魏志·武帝纪》的"睅固"。张治来信认为释文各作监工太监等官的"刘进朝（2-5）"误录为"刘进"，其说可从。其改释的工部厂司房等官的"殷喜（2-6）"[5]仍应释为"缴喜（2-5）"，此字左边偏旁"纟"仍依稀可见部分痕迹，右边所从明显为"攵"而非"殳"。"缴"姓虽然少见，但在碑文中也有出现，可对照清嘉庆二年（1797）《如意老会题名碑（京6775）》的题记"缴福宝"，目前在山西和台湾仍有"缴"姓存在。

1　徐自强主编，王巽文、冀亚平编《北京图书馆藏北京石刻拓片目录》，第 244 页。

2　汤克勤编著《龚自珍诗全集汇校汇注汇评》，崇文书局，2019，第 255—256 页。

3　邢军编《昌平石刻》，北京出版社，2016，第 75—77 页。

4　晓阳编《昌平文物探寻》，金城出版社，2003，第 11 页。

5　张冶：《金石姓氏录》，河北大学出版社，2020，第 398—440 页。

三　明天启七年《曹老虎观白纸圣会碑记》

编号	3-1	3-2	3-3
原释文	倭拱	潇升	邪宠
字形			
新释文	侯拱	蒲昇	邢寵

　　属于东岳庙香会的曹老虎观白纸圣会曾于明熹宗天启七年（1627）三月立有大小相同的两块碑，原碑题名为《东岳天齐大生仁元圣帝白纸圣会碑记》，龙纹风格较为饱满。天启七年这次香会人数达455人，其中乾清宫等各衙门太监220人为会首，毕朝用、刘升等235人为会员。[1] 胡锐认为此次香会是由民间自发组织形成，具体而言组织者和发起者是地区居民。然而根据其理论，此次香会其实也汇集了众多"志同道合者"。[2] 赵世瑜认为在具有一定经济实力和社会地位可以起会立碑的人中，不可能有太多平民百姓。即使是那些一般殷实富户，也需要拉拢官宦太监，列名其上，以壮门面。他从此碑前无高官显贵撰文、篆额、书写的说明，碑文简陋，认为应属一般市民所立，此会虽属民间组织，但"锦衣"二字仍表明会首具有一定的身份。[3]

1　吴承忠：《明清休闲地理·北京城市史》，北京出版社，2018，第300页。

2　胡锐：《道教宫观文化概论》，巴蜀书社，2008，第171页。

3　赵世瑜：《小历史与大历史——区域社会史的理念、方法与实践》，生活·读书·新知三联书店，2006，第198页。

　　由《冥用什物圣会碑》万历十九年（1591）宦官刘经、陈钦创立"进贡东岳庙白纸簿籍笔砚墨朱等物圣会"可知，至晚在当时就已经出现这类活动。[1] 曹老虎观在当时名为崇玄观，为明代宦官集资修建，俗称为曹公观或曹老虎观。其中一通碑断为三截，掩埋庙中达 70 余年，直到 2021 年 11 月 27 日北京民俗博物馆（位于东岳庙旧址）在安防工程铺设管线时才发掘出土。[2]

　　另外一通碑在北京民俗博物馆西碑林，保存良好，民国时期北平研究院《北平寺庙碑目（续二）》对其有存目，但并未录其释文。[3]《北京东岳庙与北京泰山信仰碑刻辑录》录有释文，但有可商榷之处，[4] 对照国家图书馆藏拓本[5]可以进行校正。原释"倭拱"对照拓本图版（3-1）可知所谓"倭"字右下部明显不从禾从女，当改释为"侯"字，可参考毕沅《经典文字辨证书》矢部的"侯"字，释文应改为"侯拱"。另外，原释"邪宠"不辞，所谓"邪"字左部并不从牙，对照拓本图版（3-3）可知当释为"邢"字，因为左竖有所残泐所以影响释读，释文应改为"邢宠"。原释"潇升"对照拓本图版（3-2）可知所谓"潇"字上部并无"聿"形构件的痕迹，残泐之处可纳横画，而"升"字上部还有留存构件"日"，所以释文改为"蒲昇"。

1　赵世瑜：《狂欢与日常——明清以来的庙会与民间社会》，第 349 页。

2　方非：《东岳庙石碑发掘出土》，《北京日报》2021 年 11 月 30 日，第 9 版。

3　北平研究院：《调查：北平寺庙碑目（续二）：明东岳庙碑记》，《国立北平研究院院务汇报》第 2 卷第 5 期，1931，第 2 页。

4　陈巴黎辑录《北京东岳庙与北京泰山信仰碑刻辑录》，中国书店，2004，第 50 页。

5　《曹老虎观白纸圣会碑》，北京图书馆金石组编《北京图书馆藏中国历代石刻拓本汇编》第 59 册，中州古籍出版社，1989，第 188—189 页。

四 明崇祯五年《敕建东岳庙碑记》

编号	4-1	4-2	4-3	4-4
原释文	望门王氏	邓门洪氏	李门与氏	昌门丘氏
字形				
新释文	王门周氏	鄧門拱氏	李門于氏	吕門丘氏

　　北京东岳庙位于朝阳门外大街，始建于元仁宗延祐六年（1319），是道教正一派在华北地区最大的庙宇，现存建筑多为清代重修的遗存。北京东岳庙最多时立有140多通石碑，可惜历史上损毁不少。现存89通石碑存放在二进院出岱门通向岱岳殿御道的东西两侧，根据碑文纪年可分辨出有元代石碑1通、明代石碑19通、清代石碑57通，其余石碑因为碑文漫漶已经难以断代。这些石碑按内容可分为三类：御制碑、重修庙宇纪年碑和民间香会碑。[1]

　　崇祯五年（1632）九月一日，王瓉撰《明崇祯五年敕建东岳庙碑记》，王存一行书，额篆书，阴题名。[2]此碑由"四季白纸圣会"所立，原碑仍保存在北京朝阳区东岳庙，雕工较为粗狂。崇文门卫东南坊的会众每年四季进供于勾魂司神前，立碑时香会已成立四十多年。碑阴残漶较甚，而会众的题名可识别者大概有七百多名信女，题记格式为"某门某氏"。

1　张迎：《北京东岳庙龙纹碑首浅析》，《遗产与保护研究》2018年第1期，第57—61页。
2　《东岳庙碑》，北京图书馆金石组编《北京图书馆藏中国历代石刻拓本汇编》第60册，中州古籍出版社，1989，第42—43页。

通过与拓本的对照可对原有释文进行校正。《北京东岳庙与北京泰山信仰碑刻辑录》（京933）[1]所释"望门王氏"有误，对照拓本图版（4-1）应改释为"王门周氏"。张冶来信指出不能完全依赖拓本，有时拓本跟原碑并不一致，其改释"邓门洪氏"与拓本图版（4-2）有所不同，姑且仍释为"邓门拱氏"。"拱"姓在明代有拱廷臣，可参考《续通志·氏族七》。张冶认为原释"李门与氏"的第三个字由于碑泐不甚清晰，但与"与"不类，故应阙释；今对照北京图书馆馆藏对应拓本图版（4-3）改释为"李门于氏"。

另外，原释"昌门丘氏"对照拓本图版（4-4）可知其上下框架内部留空，所以应改释为"吕门丘氏"。"吕"字在今文字各书体都有上下框架不相连（即作"吕"形而非"吕"形）的字样，隶书例如《衡方碑》作█形、《礼器碑》作█形等，楷书例如蔡襄《门屏帖》作█形、文徵明《小楷离骚经》作█形，行书例如米芾《紫竹山房法帖》作█形、董其昌《浚路马湖记》作█形等。[2]所以，在使用碑刻文献进行研究时，即使碑刻有著录释文，在可能情况下应尽量对照原碑或拓本复核，避免出现二次误录。

结　语

综上所述可知以往论著对北京明代寺观碑志题记的误释现象可分为四种类型：第一种误释是误增构件，如例1-1"畬文"的"畬"字误增偏旁"田"，所以应改释为"佘"字；又如例2-4

1　陈巴黎辑录《北京东岳庙与北京泰山信仰碑刻辑录》，中国书店，2004，第50页。

2　黑須雪子『大書源』二玄社、2007、475頁。

原释"睦友"的"睦"字中部并无"八"形构件，所以应改释为"眭"字。第二种误释是阙文，如例1–8释文对"厍礼"的缺释，例2–5"刘进朝"录为"刘进"。第三种误释是认错部件，如例2–1原释"叶云祁"的"祁"字右部半包围结构并未与撇笔相连，所以应改释为"礽"字；又如例3–3原释"邪宠"的"邪"字左侧长笔上下其实相连，所以应改释为"邢"字。第四种误释是转写释文时误录别字，如例2–3误将"杨一桂"释为"杨以桂"，例4–1误将"王门周氏"释为"望门王氏"，例4–3误将"李门于氏"释为"李门与氏"等。

误释构件是造成碑文释文有误的主要类型，由前文举例可以推断这些误释现象的客观原因在于虽然碑刻文献较纸质文献更容易保存，但随着时间推进碑文残泐较多影响构形辨识。主观原因除了马虎大意之外，还有对于古代异体字关系的熟悉程度不足：例如"帠"字是"韦"字而非"常"字的异体字，"俟"字是"侯"字而非"使"字的异体字等。古代碑刻用字习惯与现代汉字存在不小差异，对于这类现象的归纳可以推动金石文献乃至相关学科的研究。

致谢：张冶老师在成文的过程中提供了大量宝贵的帮助，吕佩珊老师对于本文的修改提供了许多宝贵的建议，在此深表谢忱。

北京大学历史地理学专业 70 年发展历程 *

韩光辉 **

摘　要： 本文回顾了北京大学历史地理学专业 70 年来的发展历程。以亲身经历的所见所闻及保存的珍贵书信，呈现了侯仁之先生在早期历史地理学学科发展及推动成立北京大学历史地理研究室过程中所付出的努力。侯仁之先生带领历史地理学专业同仁、学生共同推动了北京大学历史地理学专业从教研室向研究室、研究中心发展壮大的历程。但是，近年来由于各种原因，北京大学历史地理研究中心人员急剧缩减。基于多年的观察和思考，本文提出了两点有关北京大学历史地理学专业建设的方向和反思：坚持地理学科学方向、在新形势下应努力复兴和发展北京大学历史地理学专业研究团队，希望历史地理学专业能吸取经验，发扬传统，反思问题，获得新的发展契机。

关键词： 北京大学　历史地理学专业　发展历程　回顾反思

北京大学历史地理学专业是侯仁之先生一手创办起来的，它

---

* 20世纪90年代初，侯仁之先生亲手交给我本文所用的几份材料，让我保存并于日后利用，二十多年过去了，一直没有考虑好写什么。今年春天崔海亭、周一星让我参与大事记编写，考虑较长时间才下决心动笔，确定了题目，三四个月写了一万字的文章。交给两位老领导和三位年轻朋友，大家都提了修改意见。

** 韩光辉，北京大学城市与环境学院历史地理研究中心教授。

从小到大，从弱到强，曾被公认为国内历史地理学三大研究中心之一。[1]侯仁之引进西方达比（H. C. Darby）的学术思想，将自己的历史学研究方向转变为历史地理学，并改造成为地理学的重要组成部分。除进行历史地理学理论和方法的探索之外，侯仁之还结合中国的实际情况，展开了北京城市历史地理、沙漠历史地理考察与环境变迁研究，取得了丰硕的成果，均属学术带头人。1980 年，侯仁之先生与谭其骧先生一同当选为中国科学院学部委员（院士）。同时侯先生身边集中了一批优秀的学者、学生，完成了《北京历史地图集》（第一、二、三卷）等重要成果。因此，回顾北京大学历史地理学专业七十年发展历程非常有必要。

一 筚路蓝缕：侯仁之为早期历史地理学发展付出的努力

1949 年 9 月底，侯仁之从英国学成归国就开始了自己的学术活动，而且他较早注意到学术队伍的建设。1950 年 1 月初，侯仁之就任燕京大学历史系副教授，7 月 10 日，在燕京大学临时会议上又被晋升为教授。就在这个月侯先生在《新建设》（第 2 卷第 11 期）上发表了《"中国沿革地理"课程商榷》，建议把我国传统沿革地理课程尽早改造为"历史地理"，从根本的立场观点与方法上把这门课程彻底改造过来。侯先生一开始就关注学科的建设。

1　中国历史地理三大研究中心中，复旦大学、陕西师范大学都是独立科研单位，拥有 30 人上下的编制，而北京大学历史地理中心只申请到了 7—8 个编制，挂靠在地理系，实际上是地理系的一个小教研室。其实 20 世纪 80—90 年代，还有石泉先生创办并长期执掌的武汉大学历史系历史地理研究所。1986 年底被批准为全国第四家历史地理学博士学位授予单位，石泉先生为该学位全国第五位博士研究生导师。

1956 年，徐兆奎首先来到北京大学，跟侯仁之进修历史地理学，一年后学业结束，侯先生得知他准备回南方工作，就努力促使徐兆奎愉快地留校工作。1957 年 9 月，王北辰又通过考试，成为侯先生的第一位历史地理学副博士研究生（副博士为学习苏联设立的学位制度），1961 年春毕业，留校任教。师生三人自然形成了一个形式上的历史地理科研小组，附设在当时的地质地理学系经济地理教研室。侯先生为这个小组倾注了大量的心血。1962 年，他在《北京大学学报》（自然科学版）第一期上发表了《历史地理学刍议》一文，乃中国第一篇从历史地理学理论方法论的高度论述历史地理学学科性质的文章，为学科建设奠定了基础。

20 世纪五六十年代，因北京城市规划建设与西北地区沙漠治理的需要，侯先生主持了华北平原地下湮废古河道和西北沙漠地区汉代垦区的研究。这两项历史地理研究成果在内部传阅，引起了国家科委领导的重视。

1963 年 3 月 27 日，国家科委综合局黄正夏局长来访，提出了有关华北平原与西北沙漠地区历史地理研究的几个问题，经讨论后，黄局长对进一步开展历史地理的研究工作提出了几点建议，要点如下：

> 今后一段时期结合沙漠改造与利用的十年科学研究规划，在西北沙漠区开展历史地理的研究工作，很有必要。现在从鄂尔多斯地区开始，将来可以逐渐进入河西走廊与新疆，需要研究的问题很多，弄清这些问题，对今后这些地方的开发和建设，很有参考价值。
>
> 为了更好地开展这方面的工作，应该考虑建立一个研究室或研究组。其次还应该考虑历史地理研究人才的培养。历史地理是一门新学科，须要大力培养年轻人，带研究生的办法是很好的。培养历史地理的研究生，不需要什么仪器设备，是否可以考虑一次多培养几个研究生。

　　为了更好地开展历史地理的研究工作，应该有个全盘考虑，因此有什么计划和要求，可以写一份书面材料，经过学校，转呈聂总。[1]

　　当时聂荣臻元帅全面负责分管科学与技术工作。因当时华北平原地下湮废古河道的研究成果还在保密状态，所以黄局长在上述建议中没有提及。

　　侯先生留下的"全国科学技术研究成果登记卡片"介绍了当时的两项工作。

　　（1）北京古河道研究。《北京地下湮废河道的复原》完成人：侯仁之、王伟杰。协作单位：北京市城市规划管理局地质地形勘测处（提出要求及提供资料）。起止时间：1964 年 7 月至 1965 年 9 月。内容摘要：北京是一座历史悠久的古城，地下埋藏有已经湮废的天然河湖和不同历史时期人工开凿的河道，分布情况相当复杂。其埋藏深度，据已知者在今地表下三四米至八九米不等。这些埋藏地下的河湖水道，虽然已经湮废，仍然是城市建设的一种"隐患"。在有些地方，还会造成对建筑的严重危害（这种情况已经发生）。因此查明这些埋藏地下的湮废河道的确切位置，在当今地面加以"复原"，对城市规划和城市建设来说，是非常重要的一项任务。本项成果是这一研究的第二期结果。地面范围包括东西长安街至前三门一带，约计六平方公里，共查明有天然的高粱河一段，金朝及元朝所凿金口河、金口新河和通惠河各一段（都是运河），还有元朝大都城的南护城河。这五条河道都已在五千分之一的大比例尺地图上复原。其中重要的还绘制了河道埋藏的纵剖面图、横剖面

1　1963 年 3 月 7 日，《国家科委综合局黄正夏局长关于开展历史地理研究工作几点建议》（摘要），侯仁之抄录。20 世纪 90 年代初逸夫二楼落成，地理学系搬至新地学楼，侯先生交给韩光辉保存。

图（注明河床及左右河岸埋藏深度）和覆盖物质结构图。在复原的平面图上，表示了建筑物下面埋藏的古河道的确切位置。这项工作根据历史文献和考古发现进行研究所提供的线索，再利用大量钻孔资料加以勘测核实。处理或推广意见：这项成果为历史地理学的研究如何为城市规划和城市建设服务，找到了一条新的道路，提出了一些新的方法，可以应用于其他有悠久历史的城市研究上，也可应用于平原地区地下湮废河道的研究上。因为这也是水利建设所必须掌握的情况。后面还有研究成果的资料目录。

（2）西北沙漠研究：《乌兰布和沙漠北部的汉代垦区》（后发表于《治沙研究》1965 年，第 7 期）。完成人：侯仁之。协作单位：北大考古专业和中科院地理研究所历史地理组。起止时间：1963年 6 月至 1965 年 3 月。材料的内容摘要："经过实地考察和重点发掘的结果，结合历史文献的印证，已经确定三座古城是汉朝的三封城、临戎城和窳浑城；两座石城中主要的一座应是《汉书·地理志》所载鸡鹿塞的石城，至于数以千计的古墓，也都是汉墓。其繁荣时期，曾历时半个世纪……这一研究的结果，有助于了解这一带沙漠形成的历史和原因，指出了现在开垦中应该避免的地区。"后面还有处理或推广这一成果的具体意见，及研究成果的资料目录。

从 1963 年 3 月黄正夏局长提出建立历史地理研究室的建议，到 1966 年初，侯先生提出落实建立研究室，中间过去了近两年。从当时留下来的"科学技术研究成果登记卡片"来看，他在这两年集中精力开展了北京古河道和西北沙漠考察的研究。

1965 年 10 月到 1966 年 5 月，侯仁之在京郊门头沟清水公社下清水大队参加农村的"四清运动"。为落实黄正夏建立历史地理研究室的建议，在校任课的徐兆奎先生两次写信给侯先生。从徐兆奎信的内容来看，应该是 1966 年 1 月 29 日和 2 月 1 日。第一封信后，1 月 31 日，张炳光（系行政领导）召集地质地理学系的会议，对系里本学期工作进行了安排。其中科研工作上，准备成立历史地理研究室，要求教研室考虑形成具体意见上报学校。

徐兆奎参加了这次会议，会后给侯先生写了一封信，说明了情况。

仁之师：

廿九日曾上一函，告以北京在河道展品事，想已收到。卅一日张炳光同志召集了一次系会，对于本学期工作（备战、教学、科研，以及加强政治思想教育等方面）作了一些指示。

会上他在科研工作中谈到学校领导很重视您的历史地理研究工作，准备成立历史地理研究室，要我们教研室考虑后上报。我们几个人对此项工作都缺乏经验，尤其是研究室的规模设备以及人员编制方面（是否留用毕业生，用自然地理专业同学还是经济地理专业）以及其他一些问题都很希望得到您的指示。您的四清工作很忙。本不应搅您的工作，可是这是一项大事，希望能在百忙之中抽暇惠复。（下略）

徐兆奎

66.2.1[1]

侯先生给徐兆奎的回信，信前附有说明（该信原有 7 页，后侯先生将前 6 页转由我保存，最后一页已经遗失）：

为在我校筹建《历史地理研究室》事，复经济地理教研室徐兆奎同志：

按 2 月 1 日代理经济地理教研室工作的徐兆奎同志来信说："31 日，张炳光同志召集了一次系会，对于本学期工作，作了一些指示。会上，他在科研工作中谈到学校领导很重视……

1　1966 年 2 月 1 日，为成立历史地理研究室事，徐兆奎给侯仁之的信。按：当时侯仁之在京郊门头沟区清水公社下清水大队参加农村"四清"运动。此材料由侯仁之抄录，亦由韩光辉保存原件。

历史地理研究工作，准备成立历史地理研究室，要教研室考虑后上报……尤其是研究室的规模设备以及人员编制方面以及其他一些问题都很希望得到你的指示"。因在病中，故有较多时间，就筹建研究室的一些想法，作复如下。

兆奎同志：

连收你两信，首先应该谢谢你对北京古河道展品的下落，多方了解情况，认真查询到底，现在总算都清楚了。……这项研究成果是促使研究室成立的重要因素之一，它代表了我们的一种努力，即为历史地理学打开一条直接为社会主义建设服务的道路，坚决贯彻了党的教学、科研、生产建设三结合的原则。在开辟这条道路的过程中，不是没有遇到困难，但困难总是可以克服的，哪个新生事物不会遇到困难呢？困难的克服就是新生事物的成长。可以预计，在发展我国历史地理学为社会主义建设服务的道路上，一定还有许多困难等待我们去克服，还有许多矛盾等待我们去解决。在前进的道路上，我们只有一个依靠，依靠主席思想挂帅，不断地改造自己，改进工作，就可立于不败之地。我国历史地理学发展的前景，对我来说，始终是光明的、远大的，因为我们已经看到它的社会主义建设服务的极大可能性。应该认为发展这门科学，就是我们的一项革命工作，只须前进，不能后退；只能胜利，不许失败。紧紧遵照党的原则，好好听毛主席的话，是我们工作胜利的保证。

学校决定建立历史地理学研究室，对我们是一个极大的鼓励，必须把这个研究室作为在我国发展毛泽东思想指导下的历史地理学的一个重要基地，而且从一开头就应该放眼在这门学科发展的世界水平上，并努力超过它。

从一开头还必须把历史地理研究室建立为一个革命化的、毛泽东思想挂帅的科学研究单位，坚决开展对资产阶级学术思想的斗争——包括对自己的斗争在内。要坚决割除个人主义在任何掩饰下，任何伪装下的作祟，要在研究工作中表现出一心为革命、一心为人民的思想。

这虽然是一个很小的研究单位，但也必须学习大庆人，大庆精神，要自力更生，要"两论"起家。

正是从以上的考虑出发，我觉得研究室的物质条件应该从最低的标准开始，且忌要求好条件，好设备的错误思想。从研究室的一创立起，就得使一切参加创立的人有一穷二白、平地起家的思想，有勤俭干一切事业的精神。特别是我们抱着发展一门崭新的学科的思想，对过去很少凭借，要有斩荆辟棘的魄力。这样，我觉的物质条件越差，对我们就越好。例如起码的物质条件，有三间小房子就可以。楼里房子挤，找不出，那么楼外找几间小土房也可以，只要大家能有个集中工作的地方就行，这几年来连这么个地方也没有，不是也做了一些工作了么？其次，房子里有几件桌子板凳也就行了，再找几个书架，就更好。[我下乡后，头两个月房间里只有一个炕，无桌无凳，都是在炕边上坐着看书写字，也习惯了。后来队上送来一张小书桌，虽然已很破旧，但我觉得它却比我过去用过的任何桌子都好。写到这里，忽然想起一段日记，抄给你看："十二月十九日，早起。两个多月以来，没有能够在桌子上读书写字了，昨天李华平同志（队长）亲自送来一张小桌子，放在炕边，临睡之前，把它擦了一遍，铺好干净的旧报纸。今早一醒，就想起来试试在桌子上读书写字，这张小桌子真是有很大的吸引力呀。但是也要看到，过去两个多月，虽然没有一张桌子可以用来读书写字，然而这却是我有生以来读毛主席的书和写读书心得最多和最有感受的两个多月。可见学习重要的不在客观条件，重要的是主观努力"。学习如此，研究工作也是一样。闲话太多了，言归正传]。

希望这里四清工作结束之后回到学校，能先有个集中工作的地点，如果实在找不到，继续在我家里工作也可以，因为目前还只有两个研究生。本年五月以后的几个月，主要的还是野外工作。

图书：常用的工具书、参考图书，学校图书馆和系图书馆拨给一部分，不知可否？万不得已，以后再设法补充，例如我自己的一些工具书、参考书，就可搬到研究室供大家使用。

总之，一切物质条件，务求因陋就简，万万不可铺张，这有利于事业的开创，有利于工作人员的革命化。这看来是小事，其实并不小。我下来以后，觉得北大的一切物质条件，太优越太优越了！一切要力求朴素些，艰苦些。大庆油田有许多办公室，到现在不是还用"干打垒"么？尽管旁边已经建立起了非常现代化的厂房和实验室。

因此，我希望研究室的成立，在物质设备方面，不多花学校一分一文，一切从现有条件开始。就是现有条件中，也是要挑大家认为差的，勿与人争，你看如何？我记得陆平校长曾告我，想把原来农园食堂那一带房子拨归我系，不知后来如何使用了，如果那里能找到几间小房，我认为就已经很理想了。如果有房子而内部脏旧，也无关系，等我回校后，大家自己动手去改造。

最重要的是人！

一（开始）创立，工作开展的还有限，人员编制宜精不宜多，我想急需的只有两种专业训练的人：（1）有考古学训练的一人（可以从我校考古专业毕业生中留，如有教师转来更好）；（2）有古地理学或第四纪地质学训练基础者一人，还要训练他进行孢粉分析的工作，这项训练对今后历史地理学的发展很重要。（这个人可能是自然地理或地貌专业毕业都可，地质专业有适当的也可考虑）。这两个人的政治条件很重要，从研究室的创办来说，也应该说是绝对重要。希望都能是党员，至少也必须有一个是党员，可考虑作为研究室的学术秘书。如果两人都是党员，一个……（注：以下遗失）。[1]

在这封长达七页的书信中，侯先生主要讲了如下几个内容。

（1）北京古河道展品失而复得。侯先生认为"这项研究成果是促使研究室成立的重要因素之一，它代表了我们的一种努力"，发展这门科学"只须前进，不能后退；只能胜利，不许失败"。侯仁之对历史地理学学科发展寄予厚望。

（2）学校决定成立历史地理学研究室。侯先生认为这个研究室是"历史地理学的一个重要基地，而且从一开头就应该放眼在这门学科发展的世界水平上，并努力超过它"，从一开始侯先生就树立了远大的目标，而且要求研究人员在研究工作中表现出一心为革命、一心为人民的思想。

（3）学大庆精神，自力更生。研究室的物质条件，从最低的标准开始，"从研究室的一创立起，就得使一切参加创立的人有一穷二白、平地起家的思想，有勤俭干一切事业的精神"，"抱着发展一门崭新的学科的思想"，起码的物质条件，有三间小房子，几张办公桌，几个书架就可以。侯先生还以"四清"运动农村条件艰苦为例，勉励徐先生；"四清"工作结束回到学校后，希望能有个集中工作的地点。

（4）希望学校图书馆、系图书馆能拨给一部分图书、常用工具书、参考图书，"我自己的一些工具书、参考书，就可搬到研究室供大家使用"。总之，一切物质条件因陋就简，"等我回校后，大家自己动手去改造"。

（5）"最重要的是人"。研究室"一创立，工作开展得还有限，人员编制宜精不宜多"，急需的只有两种专业训练的人：①有考古学训练的一人；②有古地理学或第四纪地质学训练基础者一人。

---

1 侯仁之"为在我校筹建历史地理研究室的事，复经济地理教研室徐兆奎同志"的信前有按语均系侯仁之亲笔，同是 20 世纪 90 年代初交给韩光辉保存。

总之，侯先生的考虑全面细致，创立历史地理研究室只欠东风了。然而接踵而来的政治运动打乱了全部工作计划。

侯先生在"文革"以前，除王北辰之外，先后还招收了研究生朱士光（1964 年）、王伟杰、尹钧科（1965 年），当时工作重点的转移和政治运动的影响，使两届正式招收的学生不能正常培养，他们也未能正常毕业。"文化大革命"爆发，侯先生被打成"资产阶级学术权威""走资本主义道路的当权派"，历史地理研究室成立的事就被搁置了起来。这一搁置就是 10 年，实际上前后耽误了 15 年的时间。

二 "拨乱反正"：从教研室、研究室到研究中心的发展

十年"文化大革命"结束，1977 年 9 月高松凡从北京大学历史系毕业后，作为侯先生的助手，调入地质地理学系。1978 年 3 月，"历史地理小组"正式成立，成员包括侯仁之、徐兆奎、王北辰、高松凡四人，仍留在经济地理教研室。庆幸的是，侯仁之、徐兆奎同年一次招收了三位研究生，即于希贤、尹钧科、唐晓峰。1978 年，全国科学大会召开后，科技教育均走上了正轨，可以正式培养学生并授课，研究力量迅速壮大。1979 年初，校党委与校行政任命侯仁之为地理系主任，4 月 29 日，北京市教育工作部批准徐兆奎由讲师晋升为副教授（1951 年 8 月在东北大学任讲师），年底北京大学党委批准侯仁之加入中国共产党；1980 年 10 月 16 日，侯仁之当选为中国科学院地学部学部委员（后称院士）。

1981 年上半年，"历史地理小组"独立为"历史地理教研室"，侯仁之兼任教研室主任。经过三年的培养，于希贤等三人毕业，于希贤、唐晓峰留校，尹钧科分配到北京市社会科学研究所（今北京市社会科学院）。1982 年初，又有四位研究生入校，即韩光

辉（按：本文作者）、陈晓田、武弘麟、赵中枢。1984 年初，为
落实国家领导人"办好北京大学地理系"、加强历史地理研究的指
示，学校主要领导召开了讨论会，决定将历史地理学教研室改为
历史地理研究室。20 世纪 60 年代初，国家科委建议北京大学成立
研究室或研究组并培养历史地理研究生的计划，至此才得以实现。
1984 年底，韩光辉读博，武弘麟留校，壮大了教研室的教学和科
研力量；陈晓田和赵中枢分别进入中国科学院地理研究所和中国
城市规划设计研究院工作。1985 年夏，王北辰晋升副教授。1986
年 9 月，唐晓峰去美国留学。1986 年 11 月王北辰离休。1987 年
7 月，高松凡研究生毕业，调入中国科学院地理所工作。

　　1987 年 12 月，我通过博士学位论文答辩，毕业留校。1988
年 11 月 23 日，我赴苏联敖德萨国立大学进修一年。1989 年 11
月 29 日，在从莫斯科回北京的列车上，我与王义遒先生（当时
任北大教务长、回国后不久就任北京大学副校长）见面。因乘车
时长近五天，我有机会当面向校领导充分介绍当时北大历史地理
学的主要任务及面临的问题：（1）北京古河道研究；（2）西北沙
漠考察；（3）北京历史地图集第一集；（4）北京历史地图集第二、
三集，都已完成验收或正在推进中，但研究工作缺乏人手，希望
能发展历史地理学专业，并向王教务长提出了创办历史地理学专
业、成立历史地理研究所的迫切需求。王教务长听得认真，并表
示让我回校后和侯先生商量下一步计划。

　　回到学校，我向侯先生汇报了在苏联乌克兰敖德萨国立大学进修
和考察的收获，以及在回程中巧遇王义遒教务长，向他介绍了历史地
理教研室这些年来的工作和发展面临的问题。侯先生很高兴，叮嘱我
抓紧机会，起草扩建历史地理研究所的申请报告。为慎重起见，我起
草了四稿，第五稿是打印稿，题目为《扩建历史地理研究室为研究所
的申请报告》，理由五条，并根据《北京大学成立科研机构暂行办法
的精神》，特申请五项条件，其中要求申请 16 个人的编制。城市与环
境学系历史地理研究室上报，时间为 1991 年 3 月 26 日（全文见下）。

扩建历史地理研究室为研究所申请报告

城环系并自然科学处：

我校是负有教学与科研双重任务的重点大学。历史地理研究室除培养少数硕士和博士研究生外，其他教学任务较少；而随着社会环境意识的增强，其研究环境演变规律的重要任务正在不断增加。为进一步发挥本研究室的科研作用和我校潜在的多学科科研合作优势，加强我校历史地理研究的力量，以进一步发挥其在全国历史地理学发展中所坚持的理论联系实际的带头作用，特申请将历史地理研究室扩建为研究所。

理由如次：

1. 现代历史地理学是新中国成立后首先在我校成长起来的。为把传统的沿革地理改造为现代历史地理学并将其纳入地理学的研究体系，使之成为直接为国家经济建设和文化建设作出贡献的学科，侯仁之教授及徐兆奎教授等进行了持续不懈的艰苦工作。经过三十多年来我室同志的共同努力，在历史地理学研究领域中，不仅开创了学科理论与方法论的探索，而且开拓了城市历史地理和区域历史地理研究的新领域，形成了研究室的特长；并在与社会实践的结合中坚持了直接为国家建设服务的发展方向，并组织外单位的有关同志参加工作，从而获得了一系列学术界公认的成果。这就为历史地理学在我校的进一步发展奠定了坚实的基础。

2. 近年来钱学森教授强调，地理学是自然科学和社会科学的会合，是一个复杂的巨系统；并指出国家要建设，怎样改进生产和生活环境，就是地理科学的主要研究任务。显然，这个系统的复杂性不仅表现在事物的空间关系上，而且还表现在时间序列即地理事物的动态变化上。参加研究和揭示这个系统的动态，正是历史地理学责无旁贷的任务。近来一些有远见的学者又提出了建立自然科学与社会科学联盟的倡议。建立新的跨学科的综合学科，实际上，研究当今地理环境的由来、变迁及其演变规律的历史地理学，早已开始并继续发挥着其桥梁作用。因此与本系各专业以及历史、考古、社会学、经济学、应用数学等专业的有关同志建立了密切的科研联系。但可惜的是这种联系在目前还仅仅限于个人的接触，而缺乏在组织上的合作和保证，这是由于我研究室的从属地位所决定的。

我校作为多系科综合性重点大学，为历史地理学的发展提供了得天独厚的条件，但由于研究室本身对外联系上的局限性，使得我校多学科的潜在优势，未得充分发挥。为了改变这一情况，以进一步发展我校在历史地理研究领域中的领先地位和带头作用，提高历史地理研究室的规模和地位已是急需解决的一个问题。

3. 若干年来，以侯仁之教授为学术带头人的历史地理研究室在国际交往中已建立了较为广泛的学术联系，在国内科研中也已获得了一定的经费支持。在已完成和正在进行中的六项研究中共获经费 30 万元。目前，侯仁之等正在酝酿以城市历史地理研究为主的新课题，争取更多的经费支持。这就为我校历史地理研究室的扩大和发展提供了必要条件。

4. 北京大学历史地理研究室以其突出的成果和富有特色的工作在全国高校三大历史地理研究单位中独树一帜，但比较之下我研究室规模最小，地位最低，（在复旦大学为历史地理研究所，有编制 29 人；在陕西师大亦是历史地理研究所，有编制 17 人，而我室仅有 6 个编制），与其在国内外的影响和担负的繁重科研任务极不相称，更不利于发挥我校多学科综合科研的优势和潜力。事实上，因研究室编制少，人员缺，严重影响了科研工作效率和进度，也影响了我校历史地理重大科研项目的获得。例如出版后已获得国内外学术界高度评价并已获得北京市 1990 年科技进步一等奖的《北京历史地图集》（第一集）即因上述原因，是经历了 8 年时间才得完成的；现在又正在编绘《北京历史地图集》的二集、三集，可是也同样遇到了上述的问题，急待解决。

5. 我系全国唯一的人文地理重点专业是由历史地理与经济地理两个专业组成的，从保持和巩固我校人文地理重点专业的地位出发，历史地理研究室也必须有一个相应的发展。

面对上述客观事实，根据"北京大学成立科研机构的暂行规定"的精神，特申请如下：

1. 扩大历史地理研究室为研究所，确定人员基本编制为16人（包括一名行管与资料员）。有计划，有步骤地陆续择优录用校内外学有专长的学者、博士后、博士、硕士，充实科研队伍以解决人员短缺问题，同时继续返聘目前还在承担多项科研任务的侯仁之、徐兆奎、王北辰三位教授、副教授，缓解人员的不足。另外历史地理与经济地理合建的博士后点将是研究所录用人才的重要渠道。

2. 在管理体制上，研究所继续挂靠城环系，行政与后勤均由城环系统一管理。所长拟由谢凝高教授担任。研究所下设若干研究室。

3. 享有单独人员编制（16人），在人事安排和人员进出方面，给予一定自主权。

4. 配备"北京大学历史地理研究所"图章一枚。

5. 学校每年给予一定的办公经费支持。以上申请，请审核批示！

城环系历史地理研究室

1991 年 3 月 26 日 [1]

---

1 韩光辉执笔的这份材料为慎重起见做了反复修改，侯先生、徐先生均做过修订。第一稿进行了反复修改；第二稿和第三稿，侯先生做了修改；第四稿韩光辉又做了调整，最后打印成为第五稿。

在这个过程中，徐先生、侯先生先后于 1990 年、1991 年退、离休，学术带头人、学术泰斗的退休，对历史地理研究中心的发展具有明显影响。

城环系将《扩建历史地理研究室为研究所的申请报告》上报学校之后，1991 年下半年，侯先生访问荷兰和美国，出席了在荷兰召开的国际地理协会地理学思想史专业委员会工作会议，其间，先后 5 次来信催问历史地理研究所成立的消息。

1991 年 8 月 3 日的来信提到："最惦记的事，历史地理研究所已被批准成立否？学报专刊的稿件已收齐否？有关建所的事，请多和谢凝高同志商量。"

8 月 21 日，侯先生从纽约来信："最难忘怀的是，校方对扩建历史地理研究所的计划，不知是否已经批准？或者还应做好进一步的说明，务必请光辉同志和谢凝高同志多多考虑此事。另，在北大学报出版历史地理学专号的事，进行的如何了？"

9 月 3 日，侯先生从西雅图来信："新地学楼接近完工了吧，不知何时可以迁入？更盼望得到关于历史地理研究所有无可以成立的消息。"

9 月 11 日，侯先生飞往旧金山之前来信："扩建历史地理研究室为研究所的计划，不知进展如何？为此而筹划出版的《北京大学学报（历史地理学专号）》集稿情况如何？大约何时可以付印？即使研究所的扩建有困难，学报的这个专号还是应该争取按计划出版，因为这也关系到我国历史地理学的发展问题"，"（谢）凝高同志的研究，各方重视，每每应邀外出，仍希望能为研究室扩建的事多加考虑，请光辉同志主动加强联系。"

11 月 19 日侯先生的来信，用了较大篇幅，讲了与康奈尔大学合作的事情，其中提到"能得到康大城市与区域规划系的协作，是非常有利的，不知校方如何考虑，希望你能先向王义遒副校长口头汇报一下，然后尽快把他的意见写信告诉我"。在三个半月的时间内，侯先生 5 次来信催问历史地理研究所成立的事情，可以用"心急如焚"来形容，当年他老人家已经八十岁高龄了。

眼见历史地理研究所即将成立，侯仁之用心栽培的历史地理学科，在北京大学将得到发展，将为国家经济社会建设服务、为国争光，他对北大历史地理学的前景非常乐观。在 1992 年 1 月 4 日的来信中，侯先生提及我写给他的 12 月 6 日的电传。

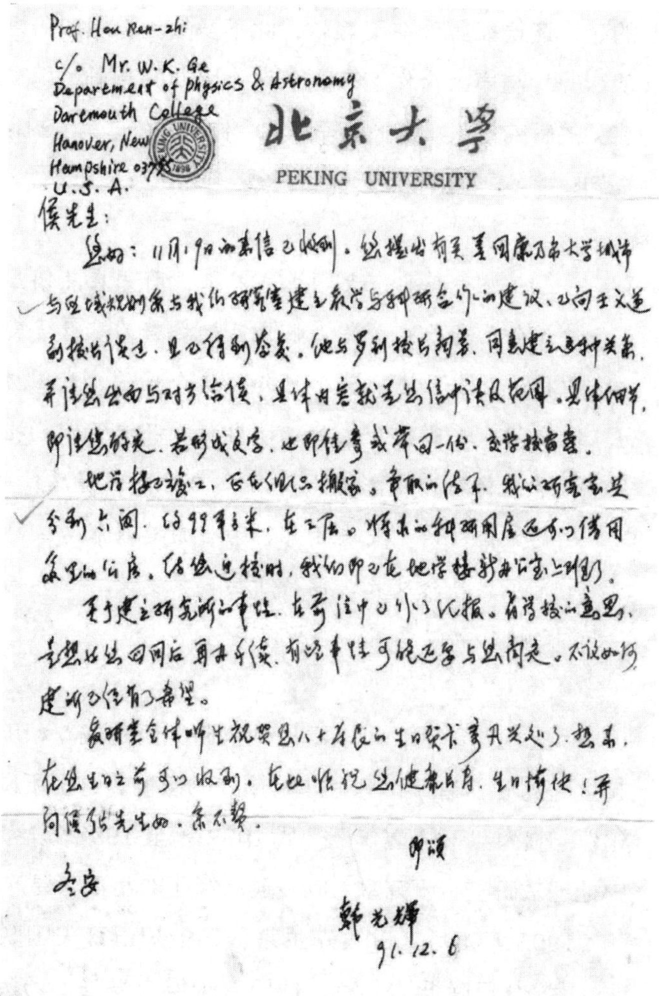

图 1　笔者 1991 年 12 月 6 日发给侯先生电传

我给侯先生写的这封电传，分为四段，讲了四个问题：（1）国际合作;(2)工作环境改善;(3)创建历史地理研究所;(4)寄给侯先生八十岁生日贺卡,祝他生日快乐。前三事均是侯先生极为关心的事情。

侯先生为北京大学历史地理学专业的发展呕心沥血,1992 年 1 月 4 号,侯先生的信讲到月底回国,29 日回校,"到校后,当尽先向王副校长和罗副校长报告与康奈尔进行商讨的情况,主要的是,还得靠康大在美筹款,此不多叙。盼望建所之时能早日实现,此为与康大合作的有利条件,以此为基础,再扩大到与我系有关的研究室(如经济地理)的合作"。在这第六封信中,侯先生提到:

> 1952 年新北京大学成立以来,萌芽在燕园里的历史地理学如今已是而立之年,眼见后起之秀为献身于发展这一冷门学科而奋发前进,其乐可知。迄今确信,我国历史悠久,土地广阔,人民群众之加工于自然,既深且广。屹立在大地上的丰功伟绩,昭彰在人耳目;同时,值得总结的经验教训,也是俯拾即是。矢志于此,为当前建设服务,也就是为祖国增光了。每念及此,期待于后起之秀者,自是与日俱增。拳拳之忱,敢以奉闻,尚祈谅我。

侯先生这段话,可以看出他对研究所的成立和历史地理学后起之秀的培养造就,具有非常热烈的感情。这里所说的"而立之年",应为"不惑之年"。从 1952 年至 1992 年恰为 40 年,历史地理教研室(研究室)的发展历经了非常不容易的漫长历程。

1992 年 1 月 7 日侯先生来信,告知已订美国联航机票,将于 1 月 29 日晚抵达北京,他已安排侯方兴去机场接站。侯先生对我说:"您工作繁忙,就请在校等候。30 日下午 3 时后,就可请来舍下畅叙阔别了。"最后侯先生讲道,12 月 20 日康大两位教授来我校访问并住宿,学校对其住处已安排妥当。

1992 年 1 月 29 日，侯先生回校后，要求我约请王教务长讨论建所的事情。学校工作一直很忙，最终约定 4 月 20 日在逸夫二楼 3350 室见面，我陪同参加。王教务长对侯先生很尊敬，对侯先生提出的问题，尽量满足。但在编制问题上，他一直强调学校编制紧张，做了不少解释，最后答应可以给 7—8 人的编制，这还是内部掌握的数字。侯先生是顾全大局的人，而且校长办公会议上达成一致的意见，不可能让王教务长为难。我们送走王教务长，回到 3349 室又谈我们 7—8 个编制怎么安排、怎么发展的事。我建议无论进人还是留人都要注意梯队建设，7—8 个编制，不注意一填就满，我们自己要掌握好。侯先生同意我的意见。当时，在成立中心的批准书上，因不是校属独立单位，就没有明确人员编制，很容易被挤占。

经过一年多的努力，1992 年 5 月 8 日，北京大学第 301 次校长会议批准成立了历史地理学研究中心，不是历史地理研究所，属二类，挂靠城环系。

当时我们在编人员只有三个老师：于希贤、韩光辉、武弘麟（徐先生于 1990 年、侯先生于 1991 年先后退、离休）。1992 年 7 月，北大学报历史地理学专刊发表；1993 年，韩茂莉留校；1995 年，唐晓峰回校，同年邓辉留校。需要说明的是，侯先生通过考察认为张宝秀工作认真细心，学术研究也不错，要留她在北大工作，最后没能成功。侯先生把她安排到北京大学分校工作。1996 年 7 月，我们举办了国际中国历史地理学术研讨会，影响不小，此时我们历史地理学研究中心已恢复到 6 位教师。在之后的两个月里，我一边完成国际学术会议的善后工作，并先后两次跟侯先生谈过，也跟系党委书记吴月照正式谈过，请求从研究室主任的位置上退下来，原因是我在研究室主任位置上已经干了 6 年多时间（1990.02—1992.05.28 代理教研室主任，1992.05.28—1996.09 正式任研究室主任），做了不少有益的工作，历史地理研究中心的工作已经走向正轨，更重要的是因为中

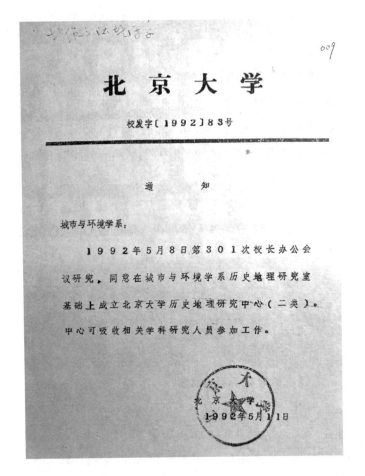

图2 1992 年 5 月 11 日北京大学关于成立北京大学历史地理研究中心的通知

心主任一职已有合适的人选。在师生畅谈中，我还特别讲到，国际会议后期，我带队去避暑山庄考察，发现复旦大学、陕西师范大学、武汉大学都注意自己的梯队建设，我们的教师却是拥挤在四五十岁这个年龄段上。我把这种现象告诉了侯先生，建议中心引进人才，一定注意梯队建设。这是第二次和先生谈起这个话题，先生表示同意。9 月下旬，国际会议善后工作结束，我与谢凝高主任就势退出北京大学历史地理研究中心负责位置。我从历史地理研究中心负责人的位置上退下来，一身轻松，但明显感觉到体力透支后的疲惫。1999 年 7 月，岳升阳留校。2003 年，随着单位的变动，中心改名为历史地理研究所，属环境学院。2007 年，城市与环境学院独立后，历史地理研究所属城市与环境学院。2018 年 7 月，王长松作为研究员进入历史地理研究所工作。

我们教师随着年龄的增长，先后有于希贤（2003 年）、韩光辉（2013 年）、岳升阳（2014 年）、武弘麟（2016 年）、韩茂莉（2018 年）退休。同时，学校人事改革提出的理科学术评价体系及理科学术评价因子使历史地理学专业进入极其困难的境地。20 年来历史地理研究所形成了中青年教师短缺、青黄不接的严峻局面。

北京大学历史地理教研室（研究室、所、中心）的负责人，1981 年 7 月侯仁之兼任教研室主任，后由于希贤接任至 1990 年 2 月，韩光辉于 1990 年 2 月至 1996 年 9 月任研究室主任，谢凝高任第一任历史地理研究中心主任（1992 年 5 月至 1996 年 9 月），唐晓峰于 1996 年 10 月至 2017 年任历史地理研究所所长，邓辉自 2017 年至今任历史地理研究所所长。

三 专业建设方向与反思

1. 坚持地理学学科方向

历史地理学是一门既有重要学术价值又有广阔应用价值的学科，对现代地理学、历史学、考古学、环境变迁研究、城乡国土规划都发挥着重要作用，在学术研究和服务社会方面均取得了重要成果。学科创始人侯仁之将其从传统沿革地理发展为现代历史地理学，使其成为地理学的组成部分。改革开放以来，北大历史地理学专业在城市历史地理、历史人口地理、历史农业地理、环境变迁研究等方面都有了很大的发展，尤其《北京历史地图集》

（三卷本）历经数十年研究和编绘，成为北京历史文化研究和城市规划的重要参考；在国家自然科学基金和国家哲学社会科学基金重点和非重点、省部级基金、地方服务项目等方面，都取得了很多成果，得到了多方面的支持；在教学方面，既有国家优秀课程，也有北京市优秀课程，显示了历史地理学教学和科研的实力。侯先生一生招收的学生不是太多，博士生更少一些，加上博士后，大概 32 人，[1] 地理出身和理科学生，却占了绝大多数（地理学包括理科学生 26 人，占 81.25%；历史、考古与政府管理专业背景的学生共计 6 人，占 18.75%）。侯先生一直坚持历史地理学是地理学的分支学科，并非传统沿革地理，也不属历史学。他本人从历史学转向地理学的历史地理学方向，工作单位也从历史学系转到地质地理学系，对地理学情有独钟。

数十年来，国内学者很少有人认为历史地理学属于历史学科，1983 年，《中华人民共和国学位条例》将历史地理学列入历史学和地理学的两个分支学科；但到 1990 年，中国历史地理学却仅属历史学的分支学科；1997 年仍属历史学的分支学科，将历史地理学归入历史学的门下。在《第四批博士和硕士授权学科专业名单》和《专业目录修订后调整分布的博士点名单》中，竟然也把历史地理一律列入历史学的学部门类，这就造成了学科性质的极大混乱，极不利于这门学科的发展。[2] 正如侯先生所说："不知何时，因何理由，竟将历史地理学列在历史学的门类之中……这是名实之间的严重混乱……是一个严重的错误，应予更正。"（侯

1　详见《侯仁之先生指导过的研究生》（其中不包括文革前中科院地理研究所研究生郑景纯），北京大学历史地理研究中心编《走进侯仁之——恭贺侯仁之先生百岁寿辰》，学苑出版社，2011，第 390—391 页。

2　侯仁之：《再论历史地理学的理论与实践》，载《北京大学学报》（历史地理学专刊），1992。

仁之致王忠烈先生的信，1995 年 2 月 7 日）做了 10 年历史地理学专业委员会主任的陈桥驿认为"从其学科属性来说，现在又回到两千年前《汉书·地理志》的所谓沿革地理的位置上"，[1] 这是"官论"出现后学术的倒退。这些年来，因专业所属学科造成的思想混乱，直接影响了专业的发展，竟使历史地理学成为"冷门"学科。

北大历史地理研究中心隶属理学部城市与环境学院，2003年春北京大学进行人事改革的同时提出的理科学术评价体系更偏向实验科学，更重视在国外重要的学术刊物，而注重理论、文献与实践的历史地理学因重视古代文献，学术论文几乎无法在国外重要科学类刊物上发表。若以此为评价标准，历史地理在研究成果、数量，尤其是论文影响因子方面，往往无法与实验科学或现代地理学相比。由于城市与环境学院引进教师遵循的是"一刀切"理科评价标准，经过学校 20 年的改革，本来在国内属三大研究中心之一的北京大学历史地理研究中心迅速衰落下来，难以引进适合本专业的人才，以至形成了梯队断档的问题。学校在全面改革过程中，对历史地理学这种理科内相对弱势的边缘交叉学科有所忽略，影响了学科持续发展。回顾院系历届领导，如胡兆量、崔海亭等先生，一直支持侯先生关于历史地理学是地理学的一部分，一直支持历史地理学发展。事实上历史地理学专业发展到今天这一步，除教育部、学位办将历史地理学"一刀切"纳入历史学门类，造成上述状况外，和我们自己的工作多少也有关，我们是应该认真反思一下了。既然北京大学历史地理的学科发展方向没有错，我们努力的方向也没有错，希望继续坚持地理学的学科方向，经过新一代教师

---

1 陈桥驿：《学论与官论——关于历史地理学的学科属性》，《学术界》2001 年第 2 期。学科划分"一刀切"，造成了分支学科混乱。

的努力，历史地理学专业应该得到复兴。

2. 新形势下北大历史地理学的复兴与发展

新形势下北大历史地理学的复兴与发展，可以从以下几个方面考虑。

一是需要传承侯先生现代历史地理学学科建设基础和历史地理学理论、城市历史地理、沙漠历史地理研究的传统。历史地理学是一门经世致用的学问，在环境变迁与治理、人地关系研究、边疆政治地理、历史文化名城保护、城市规划建设、文化遗产保护与利用、国际关系研究等领域均具有广阔研究前景。在近几年国家社科基金冷门绝学研究专项立项学科范畴里，即包括"历史地理学"。习近平总书记和党中央高度重视五千年中华文明的深入研究、文化遗产的保护、传承与利用，历史地理学遇到了前所未有的发展机遇，进入了可以大有作为、大显身手的新时代。近年来北大历史地理影响力不断萎缩的原因之一在于缺少重大项目支撑与突出成果。历史地理研究中心人不多，各做各的研究，取得一定成果，但是缺少凝聚力，没有再像当年侯先生那样整合力量带领团队，承担大项目以服务首都和国家发展战略，取得突出成绩。

二是在当今学术环境、学术体制及研究方法有所差异使弱小专业历史地理学在理科发展空间遇到困难的情况下，国家正在大力推进学科交叉创新发展，2021 年 8 月国务院学位委员会、教育部正式发文，在学科目录中新增一个学科门类，即设置"交叉学科"，为第 14 大学科门类。属于地理学的历史地理学是典型的交叉学科，最有条件带头申报，推动将历史地理学列为"交叉学科"门类之下，至少可以让历史地理学活起来。

三是学校、院系在人员招聘、职称晋升等方面，给予队伍建设的特殊政策。有"人"才有一切。五十年前，为成立历史地理研究室，侯先生就提出了"最重要的是人"的观点。学校领导出台一些有关学科的政策措施时，不应僵硬地"一刀切"，要适当留有空间，让弹性和柔性发生边际效应，[1]"救活"像历史地理学这样的"冷门"和交叉学科。边缘交叉学科是科学技术的生长点。希望学校、院系考虑到历史地理学的学科特殊性，也考虑到历史地理学的学术传统，不能把它与自然地理学、环境科学与工程、生态学等学科等量齐观，在科技交叉融合的学术生态下，决不能靠单一学科全面解决重大的科学技术和科学问题。北京大学地理学系（城市与环境学院）是由自然地理、人文地理、历史地理、环境、生态等多个学术方向构成的机构，研究成果各有特点，来自不同的专业，运用不同的资料、不同的方法完成研究。历史地理学专业的学术，长期靠的是历史地理学理论和历史地理研究方法的指导，其中研究方法用的是五把钥匙：古代制度、古代文献（目录）、年代学、地理考察、考古成果。因此情况最特殊，方法最传统，但成果丰富多样，也受到学术界和社会的欢迎。但历史地理学学术成果的价值对国家和社会的发展具有重要意义，所以在成果评价方面应多样化。历史地理学是有用的学问，"经世致用""为世所用"是历史地理学研究的重要目标。侯先生以自己的亲身实践证明，历史地理学是一门理论性和应用价值兼备的地理学分支学科。在中国地理学会历史地理专业委员会下，各地拥有一批活跃的会员，研究各个方向的历史地理学术问题，成果丰硕。这也是侯仁之、陈桥驿等老一辈著名学者站出来为学科发声，为学术进步呼吁的根本原因。希望年轻学者利用国家社科"冷门"研究专项和国家大力推进"交叉学科"的机会，努力推动历史地理学的发展，并根据国际学术发展趋势提倡历史地理发表外文论文，与国际学术接轨；也希望政府部门、学校、

1　王义遒：《"漏网之鱼"或许是"卓越"之源——从〈"双一流"建设，学科真的那么重要吗〉一文说开来》，载《中国科学报》2019 年 12 月 18 日，第 1 版。

院系领导能给予历史地理专业相关政策支持，在招聘、职称评定、成果鉴定等方面，充分考虑学科特点，参加学校人文社科组汇报，帮助历史地理学专业渡过难关，并能长期坚持这一政策，集思广益，迎接北京大学历史地理学第二个春天。

（王洪波、周一星、张宝秀、王长松、丁超、刘沛林、张莉、何峰、邓辉、刘旭、崔海亭、唐晓峰、赵中枢、武弘麟等对修改本文提出了不同的意见，在此表示感谢！）

稿　约

　　《北京史学》创刊于 2012 年，最初为年刊。2018 年正式改由社会科学文献出版社出版，每年分春季刊、秋季刊，总计出版两辑。

　　本集刊系学术性、理论性出版物，定位于北京史研究与交流的专业阵地。为进一步拓展研究领域，我们倡导"大北京史"研究，凡是与北京史相关的研究论题，都在我们的征稿范围之内。

　　来稿篇幅以 8000—15000 字为宜，个别文章可扩展至 30000 字，需提供 200 字左右的中英文题目、摘要与关键词，并请附作者简介、电话、电子邮箱、邮寄地址等信息。基金项目或资助项目请注明具体名称及编号。注释体例以社会科学文献出版社相关要求为准。

　　本集刊特设青年论坛，尤其欢迎青年学人（包括博士研究生、硕士研究生）赐稿，一切以学术质量为取舍标准。

　　本集刊对拟采用稿件有酌情删改权，如不同意删改者，请在来稿中特别声明。来稿一经刊用，即付稿酬，并赠送样书两本。凡刊载于本集刊文稿的著作权，均由本集刊与作者共同享有，作者著作权使用费已在稿酬中一次性给付，不再另行支付。

　　所有稿件均实行匿名审稿制，如在两个月之内未获采用通知，作者可自行处理。

　　本集刊倡导良好学风，严格遵守学术规范。来稿如发生侵犯他人著作权的行为，作者应负全部责任并赔偿一切损失。

　　投稿邮箱：bjsx910@163.com

　　编辑部地址：北京市朝阳区北四环中路 33 号北京市社会科学院历史研究所

　　邮编：100101

　　联系电话：010-64872644

《北京史学》编辑部

图书在版编目（CIP）数据

北京史学 . 2023 年 . 秋季刊：总第 18 辑 / 北京市社
会科学院历史研究所编 .-- 北京：社会科学文献出版社，
2024.4

ISBN 978-7-5228-3406-1

Ⅰ . ①北… Ⅱ . ①北… Ⅲ . ①北京 - 地方史 - 文集
Ⅳ . ① K291-53

中国国家版本馆 CIP 数据核字（2024）第 065428 号

北京史学 2023 年秋季刊（总第 18 辑）

编　　者 / 北京市社会科学院历史研究所
执行主编 / 李　诚

出 版 人 / 冀祥德
责任编辑 / 郑彦宁
文稿编辑 / 白纪洋
责任印制 / 王京美

出　　版 / 社会科学文献出版社·历史学分社（010）59367256
　　　　　地址：北京市北三环中路甲 29 号院华龙大厦　邮编：100029
　　　　　网址：www.ssap.com.cn
发　　行 / 社会科学文献出版社（010）59367028
印　　装 / 唐山玺诚印务有限公司

规　　格 / 开 本：787mm×1092mm　1/16
　　　　　印 张：21.5　字 数：283 千字
版　　次 / 2024 年 4 月第 1 版　2024 年 4 月第 1 次印刷
书　　号 / ISBN 978-7-5228-3406-1
定　　价 / 128.00 元

读者服务电话：4008918866